外国人労働者受け入れと日本社会
技能実習制度の展開とジレンマ

上林千恵子 ――［著］

東京大学出版会

ACCEPTING FOREIGN WORKERS IN
JAPANESE SOCIETY
The Dilemma of a Temporary Immigrants Program
Chieko KAMIBAYASHI
University of Tokyo Press, 2015
ISBN 978-4-13-050186-6

はじめに

「移民」という言葉から，私たち日本人は何を思い浮かべるだろうか．ある一定の年代以上の人にとっては，戦前にハワイやアメリカに渡って苦労した日本人であろう．より若い世代は，この言葉からほとんど何のイメージも浮かばず，強いていえば，難民とほとんど同義の，母国を戦争や食糧難で追われて他国へ流れ着いた人，という意味にとるかもしれない．あるいは，アメリカの人々の祖先を思い浮かべるかもしれない．いずれにしろ，移民に対する現代日本人のイメージは，普段の日常生活からほど遠いものであり，昔の，あるいは遠い他国での出来事という感覚を持っているようだ．

ところが，移民の問題は，日本では現在も，そして将来においても実に重要な問題なのである．移民という言葉は必ずしも正確ではないので，これを外国人労働者，あるいは外国人高度人材，という用語を使用してもよいだろう．外国人労働者問題とは日本社会が受け入れた外国人の問題であり，内容は多岐にわたっている．その問題を思いつくままに列挙してみよう．たとえば，

　日本社会は，将来，外国人労働者を積極的に受け入れるか
　不法就労者の発生を防ぎうるか
　受け入れた外国人に自由と権利を保障し，内外人平等原則を確保できるか
　受け入れた外国人が日本人の雇用と労働条件を悪化させないか
　彼らの定住化をどう位置づけるか，循環型移民として受け入れるのか
　受け入れた外国人が定住化した場合の第2世代の教育と雇用を保障できるか

等々，実は日本社会が真剣に考えなければならない問題は広範囲にわたっており，しかもその1つ1つが複雑で，多くの要因を考慮に入れて回答しなくてはならない．少子高齢化という日本の人口構造と日本経済の将来展望を前提として，周辺国の産業発展および政治状況という国際的な視野も必要である．

2013年の時点でおよそ70万人の外国籍者が就業しているという事実にもかかわらず，彼らの存在は意外に日本社会の中で認知されていない．就労場所が工場や地方都市など人目につきにくい場所であることと同時に，彼らを雇用する企業も，また外国人労働者自身も，その存在を示すことにためらいがあるからでもあろう．そして外国人労働者の問題は，景気が良くなれば人手不足としてメディアで話題になることがあっても，不景気時には取り上げられず，その存在も忘れられてしまう．しかし，人口が減少し，高齢化が進展する現在の日本では，外国人労働者の存在を長期的に考えないわけにはいかないと思う．

　本書は，以上のように様々な議論を呼び起こしている外国人労働者問題に対して，一定の材料を提供する目的で企図された．筆者がこれまで調査し発表した，外国人労働者にかかわる論文をまとめたものである．外国人労働者の受け入れ事例を，主として面接調査という手法を用いて，外国人労働者受け入れの実態とそれに伴う問題を明らかにするという観点に立っている．本書に収めた論文は，外国人労働者受け入れ初期の1991年という25年前のものから，最近年の外国人労働者受け入れ事情を説明したものまでおよそ四半世紀にわたっている．もっとも多く言及している外国人労働者は技能実習生であるが，その他，日系人と中国の労働力送り出し制度についても言及している．

　本書の各章は，執筆時期もまた掲載された報告書，単行本も異なるために，簡単に執筆された背景と内容を記しておく．

　序章「外国人受け入れに関する近年の動き」は，2013年後半からの景気回復に伴い，日本の外国人受け入れ論議が再燃した理由と，受け入れのための制度変更を解説した章である．第2章以下がこれまでに書いた論文をとりまとめたものであるのに対し，近年の動きを簡単に解説した．現在の制度変更の延長上に，今後の日本の外国人労働者受け入れ，すなわち移民政策が展開するのであるから，まず直近の事情説明を冒頭に置いた．

　第1章「日本社会と移民政策」は，本書のために新たに書き下ろした章であり，本書の第2章から第9章をつなぐための筆者の見解を示している．日本の外国人労働者受け入れの歴史と，移民労働市場に関する理論展開，日本における受け入れ理由について触れている．理論的な体系書とはいえないような本書

であるが，二重労働市場モデルから日本の外国人労働者受け入れを説明した．

　第2章以下がこれまでに書かれた論文をまとめたものである．第Ⅰ部は，「移民政策成立以前の外国人労働者受け入れ」と題し，第2章「町工場のなかの外国人労働者」と第3章「自動車部品工場のなかの外国人労働者」をまとめた．

　第2章は筆者が当時所属していた，そして現在は廃止された東京都立労働研究所の調査報告の1章である．都内中小企業の労働問題研究を行うために設立された都労研に，当時の東京都労働局（現産業労働局）から都内で発生した幾多の外国人労働者問題を研究してほしいとの要請があった．そこで都労研内に新たに外国人労働者部門がたちあげられ，最初の研究成果がこの報告書である．それまでの研究方法は，都内中小企業に調査票を配布し，回収された調査票のなかで，面接調査も受諾可能という質問に答えた企業を選んで面接調査を行うというものであった．しかし，外国人労働者のなかには就労資格のないいわゆる不法就労者も多数存在することが予想され，面接調査を受諾する企業が存在するかどうかが，調査前の懸念事であった．

　ところが実際に調査票を配布すると，面接調査も承諾する企業が多数あり，研究員が1社ずつ訪問面接をすることになった．その結果が第2章である．外国人労働者の就労資格を問わない，という約束で都内の町工場で面接を行って回答を得た．こうした調査方法が可能であったのは，当時は，外国人労働者が合法就労者か不法就労者かを問題にする意識が雇用する企業に希薄で，それよりも支払う賃金（当時のパートタイマー並みの水準）に見合うだけの労働能力を示すかどうかに雇用主の関心があったことによるものと思われる．1990年に新設された雇用主への不法就労助長罪が当時はまだ導入されておらず，外国人労働者の就労資格については全般にのんびりとしていたように思える．

　1990年，今からほぼ25年前に執筆した報告書の一部をあえて第2章においた理由は，外国人技能実習制度を移民政策の1つと考えるならば，本章が移民政策成立以前の状況，それが成立する以前の原風景ともいうべき日本社会の外国人労働者受け入れの実態を明らかにしておきたかったからである．

　この第2章で報告されている外国人労働者の受け入れ実態は，後の技能実習制度につながるいくつかの論点をすでに含んでいる．その第1は，中小企業の

従業員の高齢化である．東京都は，他の日本の府県と比較して，人口の社会的流入により年齢構成に占める若年者の比率は高めに保たれていたものの，零細中小企業レベルまで下りて丹念に見ると，従業員の年齢構成はこの時点ですでに若年者の採用がみられず，高齢化が甚だしかった．当時は，そして現在でも，こうした小零細企業は外国人労働者を雇用するか，海外進出するか，廃業するか，の岐路に立たされていることに変わりはない．

　第2に，外国人労働者の就労目的は何といっても金を稼ぐことにある．そのため残業を要求し，ダブル・ジョブで就労することもいとわない．こうした外国人労働者の就労目的を見ると，技能実習制度が掲げる技能移転という制度目的は，ある意味では金を稼ぐという彼らの来日目的に対して，化粧を施すようなものであったということがうかがわれるのである．この点は第6章で詳しく触れた．

　そして第3に，技能実習制度が成立する以前の時期に，すでにこうした企業のなかに1981年の入管法改正で設けられた「技術研修生」を雇用している事例がみられたことである．そしてその延長上に，現在の技能実習制度が設計されるのである．

　また，技能形成との関連に触れれば，第8章第3節で日本が単純労働者受け入れを不要とした理由を考察し，その要因の1つとして職場組織の特徴を指摘した．日本の職場では単純労働は新入りの仕事として新来者が担当する長期的なローテーション職務となっているために，あえて単純職務を括りださないという職務編成をとる．その事例として第2章の記述を参照してほしい．

　また当時の小零細事業主の意見として，調査時点では成立していなかった技能実習制度，すなわち2-3年で受け入れ外国人を入れ替える，あるいは言い換えると少なくとも2-3年は受け入れ外国人が定着するような何らかの制度を要望していたことも興味深い．その後，こうした中小企業のニーズに応える形で，技能実習制度が発足に至っている．技能実習制度の発足以前は，不法就労者（就労資格を持たない外国人），日本人の配偶者，就学生，留学生，日系ブラジル人，など多様な在留資格保持者が町工場で就労していたのであり，これを何とか秩序づけようとしたのが，いわゆる技能実習制度であったといってもよいだろう．

第3章「自動車部品工場のなかの外国人労働者」は，日系ブラジル人を対象とした調査結果である．調査当時は，日系人の就労が可能となった直後であり，現在のようには派遣・請負労働が拡大しておらず，派遣労働市場も狭かった．調査対象としてのA社は大手自動車会社の第1次下請けであり，日系ブラジル人を担当者がブラジルまで直接出向いて採用し，直接雇用の形態で雇用していた．したがって住居も派遣業者の供給する寮ではなく，A社がもつ社員寮であった．日系ブラジル人の労働条件は，より規模の小さい他社の中小企業よりも恵まれていたといってよいだろう．ただしそうした良好な労働条件下でも，日系人の場合は勤続年数の制限によって日本人とは区分される労働市場が形成されることを明らかにした．

　日系ブラジル人について論じた章は，この第3章のみである．外国人労働者としての日系ブラジル人については多くの研究がすでに発表されている．したがって本書中で第3章を収録した理由は，日系人が技能実習生と並ぶ低熟練労働者としての外国人労働者供給源であり，序章で論じた日本の移民労働市場モデルを理解してもらうためである．それと同時に，移民労働力としての技能実習生を理解するには，同じく外国人労働者として分類される日系人への理解が欠かせないと考えるからである．日系人は，労働移動の自由があること，家族帯同が許可されていること，再入国が可能であること，などの要因で労働市場では技能実習生よりも上位に位置づけられるが，それでも技能形成という観点から見ると，やはり日本人より不利な状況に置かれている点は技能実習生と同様である．

　第Ⅱ部では外国人技能実習制度に関する3つの章を収めた．第4章「外国人技能実習制度の創設と発展」は，現在，制度改革の渦中にある技能実習制度について1993年に創設された経緯とその後の発展を追ったものである．2009年の入管法改正以前の技能実習制度の実態が，ここから読み取れよう．技能実習制度創設当初の1994年当時は，研修手当は1カ月ほぼ8万円であったが，その金額は当時の上海の工場の賃金のほぼ2年分近くに相当する金額であった．制度としては基本的に同じものとはいえ，当時の技能実習制度に比べ，現在では，中国からの実習生を引き付ける魅力において格段に低下したといわねばなるまい．

しかしながら，現在の技能実習制度が成立後，25年ほどの歴史を持ち，ある程度受け入れノウハウを蓄積している事実を直視しないわけにはいかない．日本が何らかの形で移民受け入れを必要としているのであるから，この制度を手掛かりとして受け入れ政策を立案していくことが効率的であろう．その意味で，本章は技能実習制度そのものを考えるうえで，制度の歴史的考察の役割を果たしている．

　第5章「技能実習生の受け入れ費用」は，技能実習生の受け入れ費用について企業側からの観点から論じた．すなわち，技能実習生が低賃金労働力の代替として利用されているという非難に対して，技能実習制度は制度的に多くの事務的手続きが必要とされ，また教育訓練の見地が強調されているために，総体としてみると，必ずしも労働費用を大幅に低下させることにならないこと，受け入れ中小企業は労働費用削減以上に，そもそも雇用可能な労働力を求めていることを論じた．

　続く第6章「中国人技能実習生の就労と生活」は，誰が中国から日本に技能実習生として就労してきているのか，技能実習生への面接とアンケート調査から整理したものである．初出は2012年に出版された連合総研の調査報告書の一部である．2008年のリーマンショック後の調査であったが，不況下でも一部企業では，技能実習生なしには操業可能ではないこと，また中国人技能実習生は中国の農民層中心であることに触れた．

　第III部は，外国人労働者受け入れに伴う社会的なジレンマをテーマとして3つの章により構成されている．第7章は「外国人労働者の権利と労働問題」と題して，技能実習生が日本で就労する際に遭遇する権利制限の内容について論じている．日本人労働者と異なって労働移動の自由が付与されていない点，その理由とその制限がもたらす影響について触れている．一時的滞在者としての移民労働者については，どの受け入れ国も滞在期間，就労可能職種に制限が付されていることが一般的であり，その制限が存在すること自体は否定していない．そのうえで，日本の技能実習生の事例に即してどのような制限がどのような理由で付されているかをテーマとした．

　続く第8章「低熟練労働者受け入れ政策の検討」は，日本の技能実習制度がもつ技能実習生に対する権利制限と，西欧諸国で見られる権利制限の内容を比

較したものである．ここでは定住化する移民ではなく，短期滞在を前提とした低熟練労働者の受け入れ制度が持つ共通点を西欧諸国の事例から明らかにすることに努めた．

　第9章の「中国の労務輸出政策と日本の技能実習制度」は，これまでの章が日本が受け入れた外国人労働者を取り上げたものであったことから視点を変えて，技能実習生の主たる送り出し国である中国側から見た日本への労働者送り出しを明らかにしようとしたものである．筆者自身は中国研究の専門家ではないので不備な点は多々あると思われるが，日本の技能実習制度を送り出し側から見る視点も重要と考え，あえて送り出し側の政策の概要について触れた．

　以上が本書を構成する各章の論点である．本書は基本的には日本で受け入れた外国人労働者の問題を過去25年間について論じたものであり，今後の日本の移民政策を考えるための一助となれば幸いである．また日本でもすでに海外の大学でみられるような「移民研究」という講座が大学に置かれる日もさほど遠いとは思われない．そうした研究を志す若い方にとって本書が何らかの参考になればと願っている．

　本書の多くは筆者が参加した研究会での研究成果に負っている．研究会の座長となった先生方とそのメンバーには色々とアドバイスをいただいたので，当時の研究会の座長名を記して感謝したい．各章の初出は以下の通りである．なお，初出論文については本書に収めるにあたって，重複箇所を削るなど加筆訂正を行った．

序　章　書き下ろし
第1章　書き下ろし
第2章　東京都立労働研究所編（主査：石川晃弘）『東京都における外国人労働者の就労実態』東京都立労働研究所（1991年）のうち「外国人労働者の就労実態と生活構造」
第3章　「日系ブラジル人の雇用管理と企業内での役割」江戸川大学紀要『情報と社会』第3号（1993年）
第4章　「一時的外国人労働者受入れ制度の定着過程──外国人研修・技能実

習制度を中心に」法政大学社会学部紀要『社会志林』第 55 巻第 1 号（2009 年）

第 5 章　NIRA・シティズンシップ研究会編（主査：梶田孝道）『多文化社会の選択』日本経済評論社（2001 年）のうち「外国人研修・技能実習制度と中小企業」

第 6 章　連合総合生活開発研究所編（主査：鈴木宏昌）『経済危機下の外国人労働者に関する調査報告書』連合総合生活開発研究所（2012 年）のうち「中国人技能実習生の出身階層と技能実習の成果──母国への送金と職場規律・生活規律の習得」

第 7 章　宮島喬・吉村真子編著『移民・マイノリティと変容する世界』法政大学出版局（2012 年）のうち「外国人労働者の権利と労働問題──労働者受け入れとしての技能実習制度」

第 8 章　五十嵐泰正編著『労働再審 2　越境する労働と〈移民〉』大月書店（2010 年）のうち「外国人単純労働者の受け入れ方法の検討──日本の技能実習制度と西欧諸国の受け入れ制度との比較から」

第 9 章「中国の労務輸出政策の内容と展開──労働力送り出し制度と日本の技能実習制度への影響」法政大学経済学部紀要『経済志林』第 80 巻第 4 号（2013 年）

　本書をまとめるに至ったのは，宮島喬お茶の水女子大学名誉教授からの強いお勧めによる．これまでに書いた論文をまとめる価値があるとご判断いただき，出版に向けて背中を押してくださったのが宮島先生であり，先生からの励ましがなければこの本は上梓できなかっただろう．また石川晃弘中央大学名誉教授は筆者の最初の外国人労働者研究の主査でもあり，新しい分野の研究を開始するに際して丁寧なご指導をいただいた．現在の同僚でもある田嶋淳子法政大学教授には，中国現地調査のなかで中国について知識のない筆者を専門家としてリードしていただいた．

　調査研究とは決して 1 人ではできないものである．ここに名前を記さないが，遠隔の調査地まで同行していただいた若い研究者の方，調査機関の方，そして私どもの調査チームをお忙しいなか快く受け入れてくださった企業の方，労働

組合，NPO の方，そして技能実習生の方，すべての方々に非常にお世話になった．衷心より感謝したい．最後に本書の企画から出版に至るまで東京大学出版会の宗司光治氏には大変お世話になった．本書は筆者にとって初めての単著であるが，不慣れな点について非常に我慢強く対応してくださった．記して感謝したい．

2014 年 9 月

上 林 千 恵 子

目　次

はじめに　i

序　章　外国人受け入れに関する近年の動き―――1

1　外国人受け入れ論議の再燃と受け入れ拡大政策の展開　1
2　移民政策に関するこれまでの論争　2
3　労働力逼迫にともなう外国人労働者へのニーズの高まり　4
4　近年の制度改革をめぐる関係機関の主張　6
5　将来展望　8

第1章　日本社会と移民政策―――11
日本の外国人労働市場を中心に

1　本章の目的　11
2　日本の外国人労働者問題発生の経緯　12
3　1990年の改正入管法の主な内容　13
4　日本の外国人労働者受け入れと移民理論　17
5　二重労働市場論の内容と分析　21
6　二重労働市場論による日本の分析　23
7　日本における外国人労働市場のモデル　28
8　残された課題　41

第 I 部　移民政策成立以前の外国人労働者受け入れ

第 2 章　町工場のなかの外国人労働者 ——— 47
都市零細企業における就労と生活

- 1　調査の目的と方法　47
- 2　職業生活の実態　49
- 3　労働者の生活構造　76
- 4　小　括　86

第 3 章　自動車部品工場のなかの外国人労働者 ——— 99
日系ブラジル人へのニーズ

- 1　はじめに　99
- 2　変速器メーカー A 社の成長と従業員構成　100
- 3　期間工採用難と日系ブラジル人労働者雇用の経緯　102
- 4　日系ブラジル人の採用方法と労働条件　106
- 5　職場における日系ブラジル人の役割と技能の熟練　108
- 6　福利厚生と日系ブラジル人労働者の生活　113
- 7　おわりに　116

第 II 部　外国人技能実習制度の展開

第 4 章　外国人技能実習制度の創設と発展 ——— 121

- 1　一時的外国人労働者受け入れ制度の問題　121
- 2　技能実習制度の制度内容と実態　122
- 3　第 1 期　技術研修生モデル期（1982-1990 年）　127
- 4　第 2 期　技能実習生モデル期（1990-1999 年）　133

5　第3期　派遣型実習生モデル期（2000年—現在）　137

第5章　技能実習生の受け入れ費用 ─────────── 151

　　1　はじめに　151
　　2　研修生・技能実習生の受け入れ状況　152
　　3　研修・実習における費用負担の問題　154
　　4　おわりに──残された課題　159

第6章　中国人技能実習生の就労と生活 ─────────── 161

　　1　外国人技能実習制度の問題と技能実習生の実態　161
　　2　技能実習生の属性と母国での就業状況　163
　　3　技能実習生の出身階層と母国での位置づけ　168
　　4　技能実習生の技能修得意欲と職場への不満　174
　　5　いくつかの生活上の困難　181
　　6　労使紛争の一事例から　186
　　7　実習生の技能実習成果と制度の今後の課題　188

第III部　移民政策のジレンマ

第7章　外国人労働者の権利と労働問題 ─────────── 195
　　　　労働者受け入れとしての技能実習生をめぐって

　　1　外国人労働者の権利と労働問題　195
　　2　外国人技能実習生の権利とその制約　197
　　3　生活管理の特徴　208
　　4　労働移動の自由について　217

第8章　低熟練労働者受け入れ政策の検討 ——— 221

　　1　外国人単純労働者の導入と日本　221
　　2　先進諸国の単純労働者受け入れ　222
　　3　日本が単純労働者受け入れを不要とした背景　225
　　4　単純労働者導入に伴う弊害への考察　230
　　5　単純労働者の受け入れ方法　234
　　6　日本の技能実習制度の受け入れ方法の考察　239
　　7　おわりに　243

第9章　中国の労務輸出政策と日本の技能実習制度 ——— 245

　　1　移民政策と国際労働移動　245
　　2　中国における労務輸出の定義　245
　　3　労務輸出の目的と現状　246
　　4　労務輸出の歴史　256
　　5　地方政府の労務輸出政策　259
　　6　日本の技能実習制度への影響　265

参考文献　269

索　引　277

序章
外国人受け入れに関する近年の動き

1 外国人受け入れ論議の再燃と受け入れ拡大政策の展開

　近年，外国人労働，あるいは外国人材を受け入れるための動きが再燃している．この近年の動きの嚆矢となる文書は，2008年に日本経済団体連合会が発表した「人口減少に対応した経済社会のあり方」であろう．ここでは，日本社会の人口減少を前提にして，女性の社会進出の促進とともに，日本型移民政策の検討を主張していた．その中身は，高度人材の積極的受け入れ，留学生の受け入れ拡大，一定の資格・技能をもつ外国人材の受け入れの3点であり，そのための社会統合政策の必要性を説いた．

　しかし，近年のブームを直接的にもたらしたのは，2014年1月に産業競争力会議が「成長戦略進化のための検討方針」として外国人材受け入れを提言したことである．その後，建設技能労働者の不足問題から，2014年4月4日には緊急措置として政府は建設業での外国人労働者受け入れ拡大を決めた．その内容は，技能実習制度を拡充し，受け入れ期間を3年から5年に延長することであった．ただしこの延長は，2015年から2020年までの時限措置である．

　また2014年6月に閣議決定された「日本再興戦略」改訂2014年版では，外国人材の活用として，①技能実習制度の見直し（対象職種の拡大，実習期間の延長，受け入れ枠の拡大）が2015年をめどに実施されること，②建設及び造船分野における外国人材の活用，③国家戦略特区における家事支援人材の受け入れ，④介護分野における外国人留学生の活躍，の4点が政策目標として明記された．

　2014年にみられたこれらの動きをまとめると次のようになろう．すなわち，これまで「外国人労働者問題」といわれてきたテーマが，ホワイトカラーの高

度外国人材を含めて,「外国人材」という外国人労働者よりもより広い概念でくくられて登場したことである.移民政策という言葉も,これまでは使用されることが稀であったが,独立行政法人の経済産業研究所が「人口減少下における望ましい移民政策プロジェクト」(2013–14 年)を立ち上げるなど,政策面でも明示的に使用されるようになり,日本においても移民政策を正面から取り上げる気運が生じた.

2　移民政策に関するこれまでの論争

　日本政府が初めて実質的な移民政策に触れたのは,1988 年に発表された第 6 次雇用対策基本計画においてである.ここでは「外国人労働者問題への対応」として,専門,技術的な能力や外国人ならではの能力に着目した人材の登用を積極的に推奨している.当時は鉄鋼,造船などの基幹産業は構造不況業種となっていたものの,中小企業での人手不足は明らかであった.また中小企業の人手不足を背景に,観光ビザで入国した外国人が就労し,外国人の不法就労問題が社会問題として取り上げられるようになっていた.

　こうした経済状況を背景に,日本の移民政策は外国人労働者受け入れの是非をめぐる論争という形で論じられた.そしてこれらの論議に 1 つの決着をつけるものとして,1990 年に入国管理法が改正された.同法では定住者ビザの新設により日系中南米人の就労が合法化されると同時に,技能実習制度の前身となる研修生ビザが新設され,身分ではなく,活動によるビザとして認められた.また不法就労者を雇用する雇用主への罰則も導入された.しかし 1990 年の入管法改正は,1991 年のバブル崩壊によりやや肩透かしを食うことになった.不況により外国人労働者に対するニーズが低下したからである.

　1990 年の入管法成立時を第 1 の論争の時期とすると,第 2 の論争は 2000 年前後であろう.日本の少子高齢化の進展が労働力の需給ギャップを生むという国立社会保障・人口問題研究所の推計が,世間の耳目を集めた.その結果,将来展望として日本の外国人労働者受け入れが浮上してきたのである.第 1 の時期の移民政策に関する論争がバブル期の人手不足経済を背景にしていたことと比較して,この時期の移民政策に対する論争は,人口問題という,より中長期

的な見通しの下に行われた．しかし中長期的であるがために，論争としては必ずしも日本全体を騒がす類いのものではなかったといえよう．

　その後，2007年にリーマンショックといわれる世界経済危機が起き，派遣切りが行われ，日系中南米人に対して帰国旅費が支給されるという制度が実施され，外国人労働者を含む余剰労働力が問題となるに至った．外国人労働者問題も下火となるように思えたが，実は，農業・漁業，製造業，一部サービス業ではこの時点ですでに外国人労働力が労働市場の中で構造化されており，その結果，人手が余剰になったとはいえ，雇用者数が減少しただけで，外国人労働者へのニーズがゼロになったわけではなかったのである．

　そして第3の外国人労働者をめぐる論議の盛り上がりは，2014年の現時点である．景気が上向いたことを反映して，再び外国人労働に関する議論が，今回は日本の移民政策の在り方として登場した．しかし，今回の場合は外国人労働者受け入れをめぐる反対論はこれまでよりも目立たず，現実の制度改革の動きの方が先行したように思える．その理由としては2011年3月の東日本大震災の影響で，世論の関心が反原子力発電問題に向けられたこともあろう．

　具体的な制度改革は以下のようである．まず2009年に入国管理法が改正され，技能実習という在留資格が新設，技能実習生の労働者としての地位が明確となった．同時に，外国人在留カード制度が導入された．その背景には，従来のパスポートでは在留外国人の居住地を確認できず，そのために地方税の不徴収や子供の就学通知が届かない，といった制度上の不備が存在した．外国人登録と住民登録を一体化した在留カードを新設し，外国人の居住地を把握することで従来の不備を是正するとともに，不法就労者の発生を抑えて，外国人在留管理を容易にするという政策的意図がこの在留カード制度に込められていたと考えられる．

　また高度人材を優遇するためのポイント制度が2012年5月から導入された．このポイント制度は高度人材の入国と定住化促進のために導入された制度であるが，高度人材の認定の基準が高いために，翌2013年に基準緩和が行われた．また2014年6月には，入管法の一部が改正され，2015年4月1日から施行されることとなった．そこでは，新しい在留資格「高度専門職1号」（優遇措置利用者）と「高度専門職2号」（3年の在留資格を経て永住権を獲得した人）

が創設された．

　さらに，従来の在留資格である「人文知識・国際業務」と「技術」が一本化されることが決定された．入国管理法では，活動にもとづく在留資格（いわゆる専門的・技術的分野の在留資格のことで，身分にもとづく在留資格ではない）の場合，在留資格で認められた職種以外での就労活動は禁止されている．そしてその在留資格は，基本的には職種単位で設定されている．ところが，日本企業の場合，周知のように職場の構成が職種単位ではなく，異なる職種間の異動が行われる．たとえば，技術職の人が，企画業務職に異動するような事例である．現実には，異なる職種間異動であっても従来のキャリアが途切れるようなことは少なく，こうした幅広い異動は本人にとっても長期的な能力形成へとつながっていくことが見込まれている．しかし現在の入国管理法下では，こうした職種をまたがる異動は違反行為となる．日本企業における外国人の雇用を促進するためには，日本の大企業の雇用慣行に沿った入国管理体制が必要であり，その1つがこの在留資格の一本化とみることができよう．

　以上のように入国管理政策に関わって矢継ぎ早に改正が行われているというこれらの事実が，日本における移民政策の緊急性を現時点で象徴していることになろう．

3　労働力逼迫にともなう外国人労働者へのニーズの高まり

　外国人緊急受け入れ政策がとられた背景には，外国人労働力へのニーズが高まったことがあげられる．人口高齢化にともなう外国人受け入れの論議は長期的な日本の社会構造の変化を前提にしている．しかし，近年の緊急に制度化されようとしている受け入れ政策は，こうした長期的見通しの下で行われたのではなく，景気拡大にともなう直近の労働力不足とそのための賃金上昇の結果をうけて始まったものである．外国人受け入れ積極的政策が，まず建設業界を対象として始まったことは，その証左であろう．

　建設業界の労働力不足は極めて顕著である．厚生労働省「一般職業紹介状況調査」による2014年3月の職業別有効求人倍率をみると，パートタイムを除く常用労働者の場合，有効求人倍率は職業計では0.88倍であるが，建設・採

掘の職業では 2.93 倍，より詳細な職業分類の建設躯体工事では 7.49 倍，建設 3.03 倍となっている．このような人手不足の原因は労働力需給の両面から説明できよう．需要側要因からみると，2012 年 12 月の安倍政権成立後に公共事業が拡大されたこと，東日本大震災の復興需要が継続していること，さらに 2020 年の東京オリンピック招致が決まりそのための建設需要が発生したこと，などの要因が重なり，労務単価や資材の高騰で入札不調が発生している．一方の供給側要因としては，出生率の低下で若年者の絶対数が減少しているだけでなく，進学率上昇でブルーカラー職種への就業希望者が減り，かつ屋外労働を忌避する労働観が広がっている．

　以上のような背景から，この需給ギャップを埋めるべく外国人労働者を受け入れようと算段すると，現状では外国人労働者受け入れ制度としては外国人技能実習制度しか見当たらないため，急遽，この制度を拡充する形で建設業での外国人受け入れ拡大が図られたのである．技能実習制度の拡大は建設業では決定したが，その他，検討中の職種もある．法務大臣の私的懇談会である第 6 次出入国管理政策懇談会・外国人受入れ制度検討分科会「技能実習制度の見直しの方向性に関する検討結果（報告）」（2014 年 6 月 10 日）（以下，「技能実習制度見直し報告」と略）によれば，自動車整備，林業，総菜製造，介護，店舗運営管理，の 5 職種も技能実習制度の対象職種とすることが提案された．同報告では，この職種拡大以外に，実習期間の 5 年への延長と受け入れ人数上限の見直しが提案されている．そしてここでは技能実習制度が当面の外国人労働者受け入れのための唯一の制度であることが前提とされている．

　さて，従来の日本の外国人労働者の労働市場の基本構造は，その人数の大きさからいっても，また労働移動の自由など，労働者としての基本的権利が確保されている点でも日系中南米人が中心であった．そしてその下層に技能実習生の労働市場が位置していた．今回の外国人受け入れ拡大政策では技能実習制度の拡充が中心であり，これまで外国人労働者の中心であった日系中南米人については，触れられていない．その理由は第 1 章 7 節で説明した．

　以上のような日本全体の労働力不足と，すでに就労している日系人である外国人労働者の供給不足により，新たな労働力の供給源を求める動きが，今回の外国人労働者受け入れのための積極的政策と理解することができよう．

4　近年の制度改革をめぐる関係機関の主張

　こうした政府の素早い移民政策上の改革について，利害関係を持つ関係団体の立場と意見を次にみておこう．

　主として大企業で構成されている日本経済団体連合会は，1990年代より一貫して外国人受け入れ促進の立場であった．したがって今回の一連の移民政策についても，外国人受け入れが効果的に実現できるように，医療，教育分野において外国人向けのインフラ整備が必要であることを主張している．

　一方，受け入れ外国人労働者の権利擁護の立場から，日本弁護士連合会はすでに2013年6月の時点で，「外国人技能実習制度の早急な廃止を求める意見書」を発表している．その趣旨は外国人労働者の受け入れに反対するものではなく，現状の技能実習制度が外国人の人権を保障するためには制度設計上に不備があるので，技能実習制度を廃止して，「非熟練労働者の受入れを前提とした在留資格を創設」することを提言するものである．技能実習生の人権と権利保障については，本書第7章および第8章で言及している．労働者の労働移動の自由を制限することによって生じる様々な人権侵害と労働問題の発生は，外国人労働者受け入れに伴う先進諸国共通の問題でもある．

　次に労働組合の意見である．総論として連合は，同一労働同一条件の確保を前提としたうえで，専門的知識を必要とする職種に限定して外国人の受け入れを認める．短期的には外国人労働者の保護と国内人材の確保のための施策を実施することを当然のことながら求めている．ただし，中長期的な移民政策についての議論はまだ合意に至っていない状態である．

　以上が労働組合全体を代表する総論とすると，業種別組合はやや異なる立場である．先に触れた建設業の労働組合を束ねる建設連合の場合，今回の緊急受け入れ政策が2020年までの時限措置であることに疑問を持っており，深刻な人材不足に対応するための根本的な解決にはならないとしている．そして建設連合としては，重層下請け構造の下で働く日本人労働者の労働条件確保を担保したうえで，長期的な受け入れ制度を求めている．

　介護労働者を組織化するUAゼンセン日本介護クラフトユニオンの場合，入国時には無資格者である技能実習生では介護士不足を解消できない，として技

能実習制度を介護士職種まで拡充することに疑問を投げかけている．とりわけ日本語の話す能力，業務上の記録を読み，書くための読解力の不足が介護士養成のネックであると指摘している．ただし，彼ら外国人が資格を取得して日本人とほぼ同様に働けるならば，受け入れ反対ではないと条件付き賛成の意を示している．

要するに，労働組合の場合，他国の労働組合と同様に，①外国人労働者受け入れにともなって内国人労働者の雇用が削減されること，また②労働条件の切り下げが起きること，の2点を当然のことながら警戒する．そのために受け入れ制度がその当初の目的通りに確実に実施されることを求めている．言い換えれば，労働基準法など移民受け入れの前提となる法律が遵守され，不法就労者の増大や労使当事者間での闇取引が行われることがないような保障を求めているといってよいだろう．

外国人の居住が多い都市が集まってその利害を代弁する組織が2001年に発足している．外国人集住都市会議と称し，2014年時点で静岡県浜松市や群馬県太田市など26都市が参加している．この会議は，これまで外国人が労働者としてのみ扱われ，生活し，子供を教育していくという生活者の側面がないがしろにされていることと，外国人の受け入れが費用の面でも受け入れている地方自治体の負担となっていることを訴えてきた．今回の外国人受け入れ政策についても，2014年4月に「外国人労働者の受入れに関する意見書」を提出した．ここでも，外国人労働者の受け入れに関する議論が加速したことを評価しつつ，外国人には労働者だけでなく生活者としての視点が必要であり，出入国管理政策（筆者注：移民政策）は多文化共生政策と連動すべきであると提言した．また，一時的な受け入れでよいか，日本の将来像についての議論が必要であると指摘した．

以上の議論に共通している点は，各関係諸機関が日本の移民受け入れに関する長期的見通しについてそれほど明確にしていない点である．長期的に移民が必要であると訴えている組織は日本経団連である．日本弁護士連合会は非熟練労働者受け入れに賛成している．長期的見通しが明確でない点は，今回の緊急に実施される政府主導の移民政策それ自体も同様である．

ただし，「技能実習制度見直し報告」には次のような一節がある．すなわち，

「本来技能実習になじまない分野での外国人活用の必要性・需要があることも否定できず，我が国社会の少子高齢化の中で，今後そういう必要性・需要は拡大していく可能性が高い．したがって，今回の制度見直しは，そのような背景からすると，外国人の受入れの必要性や需要全般に悉皆的に応えきれていないことは否めない」（同報告，p. 13）．短い文章の中に二重否定が2回も使用され，文章自体は理解しやすいものとはいえないが，その意味するところは明確である．すなわち，今回の受け入れ拡充政策が，長期的には維持可能ではないこと，その結果，将来にわたるいずれかの時点で低熟練労働者受け入れに踏み切らねばならないだろう，という内容である．今後の政府施策としての日本の移民政策の方向性が，ここに記されていると思われる．

5　将来展望

　移民政策についての論議は，日本だけでなく諸外国でも極論が生まれやすい．日本でも，一方では外国人排斥のためのヘイトスピーチが注目されながら，他方では1000万人の移民が日本を救うという言葉が標語となって一人歩きする．こうした現象自体は，国民国家を統合するために不可欠なナショナリズムと不可分の動きである．しかしここで確認すべきことは，現実の政策がこの両極端の意見に左右されずに，粛々と，そして注意深く移民受け入れ政策を実施していく段階にいまや日本が至ったのだという事実認識だろう．

　そして外国人労働者を受け入れるためには，それなりの制度設計が用意されなければならない．移民政策に関係する各機関が主張するように，必要な制度のもときちんと規則が遵守され，設計通りに制度が運用されなくてはならない．しかしこの部分が移民政策のもっとも困難であり，これまで日本で議論されることが少なかった点である．もちろん，日本に移民政策と称するものがなかったからこれは仕方のないことであるが，移民受け入れの経験が長い欧米諸国の事例を見ると，人の移動のコントロールは可能か，というテーマが常に議論となっている．法律でいくら縛っても，その法律の利用の仕方いかんで，制度目的と異なる利用方法と人の移動が発生するからである．

　だが，人の移動をコントロールするという目的で，国家の管理が強化されて

しまうのも，また息苦しい社会を出現させるのではないか，という危惧も一方には存在する．2010年に技能実習制度が改正施行された際，当時の労働基準監督署や警察は違法者を摘発することに熱心であった．また2013年4月に発表された総務省「外国人の受入れ対策に関する行政評価・監視——技能実習制度を中心にして」では，外国人の受け入れ管理が不十分であることを指摘しており，より厳しい監視が必要であるとの勧告を出している．

「管理監督体制の強化を前提に外国人受け入れを拡充する」という施策は，移民政策のイロハには違いない．問題はそのバランスであり，一方だけがバランスを欠いて実施されることはありえないし，そうした事態は避けなければならない．いまや日本が移民受け入れについて，より真剣に考察しなければならない時期に来ていることは確かであろう．

第1章
日本社会と移民政策
日本の外国人労働市場を中心に

1　本章の目的

　日本社会では，いまだ移民政策という用語が根付いていない．それは日本社会にとって移民問題がどちらかというと戦前の南太平洋，アメリカ，満州への移民送り出しを想起させるような歴史的記憶とも関係しているだろう．しかしそれと同時に，移民受け入れ国であるヨーロッパ先進諸国の近年の事例を想起して，日本は先進国ではあるがその例外国であるとしたいという希望的観測も影響しているかもしれない．

　しかし，日本社会がオールドカマーとは別に，ニューカマーとしての外国籍住人を受け入れていることは既成の事実であり，その存在を前提にせずには日本社会を論じられないまでになっている．

　そこで本章では，これに続く第2章から第9章までを概観する目的で，日本社会と外国人労働者問題の関係を論じたい．第2章は，移民受け入れ政策が実施される以前の1989年に，一般市民の感覚としては突如として大量に大都市の中小企業で就労し始めた外国人労働者の実態を探ったものであり，最終章の第9章は近年の技能実習制度とその最大の送り出し国である中国の労務輸出政策を2012年時点で検討したものである．第2章の執筆時点と第9章の執筆時点の間には約20年の年月が経過しているが，その結果として本書所収の各章の中に，日本の移民政策のそれぞれの課題が示されていると思う．各章は執筆の時期と対象を異にするものの，それらが日本の移民政策をめぐる問題を取り扱っているという点で共通している．

2　日本の外国人労働者問題発生の経緯

　日本で外国人労働問題が，社会的イッシューとして注目を集め始めたのは1980年代の半ばである．この時期は1985年のプラザ合意による円高誘導と内需拡大政策により国内景気は好況を呈し，1991年のバブル崩壊に至るまで，株式市場の繁栄と土地の転売による利益確保があたかも永続するような錯覚が横行した時代である．技術革新のうえではME革命が進展し，中小企業にもマイクロエレクトロニクスによる機械設備が導入され，将来の生産高増を見込んだ設備投資が進展した．こうした景気動向は当然のことながら労働力不足をもたらさざるをえない．農村人口の減少と高齢化による出稼ぎ労働者の不足，若年労働者の減少と進学率の上昇，また彼らの生産現場よりもサービス産業を選択する価値観の変化，などの要因により，人手不足を来した日本社会は，まずその不足がもっとも顕著であった中小企業レベルから外国人労働者を雇用し始めたのである．

　日本の移民政策を考える際に重要なことは，それまでの日本は移民を送り出す出移民政策を持っていても，移民受け入れのための入移民政策を持っていなかったという点である．移民，すなわち国境を越える人の移動は当然のことながら国家権力のコントロール下にあり，地球上のあらゆる国家は国民の国外への移動と，他国籍者の国内への移動について厳格な，あるいは穏便な制限を課している．日本の場合，外国人労働力の受け入れ，とりわけ単純労働者の受け入れ施策が移民政策のメニューとして登場したことはこれまで一度もない．高度成長期に人手不足対策として外国人受け入れが論じられたものの，1968年，1973年，1976年と3度にわたり，雇用対策基本計画の閣議決定で受け入れをしないという口頭了解がなされてきたという（濱口，2007: 195）．

　日本が先進国としては例外的に，外国人低熟練労働者の受け入れを行わないまま経済成長を実現できた理由については，本書第8章第3節で検討している．1989年成立の入管法改正に至る前段の状況を一言で表現すれば，日本経済の好況による人手不足を要因として，日本社会がこれまで想定していなかった外国人労働者を呼び寄せることとなったのであり，その新たな状況に対応するために，1990年入管法の改正が準備されたのである．当時の外国人労働者の多

くは，日本社会が彼らの受け入れを想定していなかったこともあり，入管法上からいえば，いわゆる不法就労者であった．したがって，1990年入管法改正とその後の移民政策の主要な政策目標は，不法就労者の削減であった．それを実現するために1つは外国人労働者受け入れ緩和策を行い，他方では不法就労への厳罰化を規定するといった2つの異なる方向の施策，いわゆる飴と鞭との両者の施策が同時に企図された．そこで以下，その主要な点をみておこう．

3　1990年の改正入管法の主な内容

　1990年から実施された入管法の主な改正点は以下の3点にまとめられる．第1に，不法就労助長罪が新設されたこと，第2に定住者ビザのカテゴリーが新設され，日系中南米人（日系の3世まで）に対して活動に制限のない在留資格が付与されたこと，第3に従来の研修制度が拡充され，これが3年後の技能実習制度へと発展する余地を与えたこと，である．これら3点の意味を考察する．

　第1の不法就労助長罪の内容は，不法就労者を雇用する事業主やその雇用を斡旋する業者に対して，3年以下の懲役または200万円以下の罰金を規定したものである．不法就労者には，①就労資格を持たずに就労する資格外就労者，②滞在期限を越えて在留する不法残留者，③不法入国，不法上陸者，の3つのカテゴリーがある．不法就労者とは illegal workers の日本語訳でもあるが，近年は ILO なども不法という用語に換えて，irregular workers（非正規就労者）という用語を使用している．しかし日本では，非正規就労者という用語は，パートや派遣などの非正規の雇用形態の人を意味するので，不法就労者という用語をそのまま使用する．従来の入管法ではこの不法就労者自身は処罰の対象となってはいたが，その彼らを雇用する使用者については何らの罰則規定が存在していなかった．そのため公正さを欠くのではないか，という至極もっともな批判が生じていた．不法就労者を削減するという政策目的に対して，この改正は目的通りの効果をあげたといってよいだろう．それぞれの地域で活動する中小企業にとって，企業の社会的信用を維持する観点から，入国管理局や警察に摘発されて新聞種になることは何としてでも避けたい事柄だからである．

第2の日系中南米人に対する定住者ビザの新設は次のような意味を持つ．すなわち，就労目的で入国する外国人の場合，一般的には就労可能な職種に対してその職務遂行能力を保持しているかどうか，という見地から入国資格審査が行われる．しかし定住者ビザの場合は，日系人の2世あるいは3世か否かという身分に基づいて入国審査が行われる．前者が近代社会の業績原理に基づく審査であるとすると，後者の定住者ビザは，家族と同様の属性原理に基づく審査であり，そこには職務能力を保持する労働者か否かという観点はない．この定住者ビザの新設に際しては当時，当局の「親族関係に配慮して」「先祖の墓参りに便宜をはかる」などの言説に対して，血統関係を重視するナショナリズムの反映であるという批判もみられた．しかし日系人導入の決定に伴う墓参り言説はこうした思想の1つの反映というよりも，もっと機会主義的にみた，比較的問題が少ないはずの外国人労働力導入のための1つの口実にすぎなかったのではなかろうか．労働力不足の実態を知っている関係者にとっては，明らかに名目と内実の乖離として映ったであろうが，労働力不足の切実さが先行して，名目などはどのようなものでもよいと判断されたのであろう．

　日本と同様に，イタリア，スペインの南欧諸国は1980年代に経済が高成長した結果，人手不足を来し，その不足を埋めるためにアルゼンチンなどの南米諸国へ移住したイタリア人，スペイン人の子孫が祖先の母国へ多数出稼ぎ労働者として舞い戻った．日系人と異なる点は，彼らは祖先の本国に戻っても言語，生活習慣のうえで，南米諸国とそれほど異なることなく，他国からの移民，たとえばアジアやアフリカ諸国からの移民よりもより容易に労働者として就労することが可能であったことである．

　しかし，日本の場合は同じように人手不足から彼ら日系中南米人が（多くは親あるいは祖父母の）母国に戻っても，出稼ぎ労働者として公的に認知されたわけではなかった．その理由は，日本では建前上，外国人の単純労働者は受け入れないという方針を堅持したためであった．この矛盾は1989年に改正入管法が成立する前後の時期に大きな議論を呼んだ点である．

　日系中南米人の受け入れは公的に認知された労働力受け入れではなく，在留管理上は1年ないし3年の短期滞在者という扱いであったから，こうした当初の政策上の取り扱いと，現実には定住化が進展したという実態とのずれが日

系人の受け入れに必要な対策を遅らせることとなった．受け入れ集住地域で徐々に日系人の定住化が進展するに従い，住宅の問題，子女の未就学問題と不登校問題，およびそれにつながる就職困難問題などの発生がみられるようになった．来日した日系人労働者の場合，彼らの母国での言語・生活習慣と日本語・日本の生活習慣との差異は大きく，その点では，在南米イタリア人やスペイン人が母国に帰還することとは訳が違うのであり，日本語教育をはじめとして多くの公的支援が必要とされた．

また労働市場の観点からみると，日系中南米人は就労職種の制限，日本での移動の制限が在留資格のうえで設けられていないため，結果として人手不足であった低熟練職種に彼らが集中した．また同じ低熟練職種といっても合法就労者としての権利を有しているために，日系人の場合は比較的賃金水準の高い職種に非正規の雇用形態で雇用されることが多かった．こうした非正規労働者へ高水準の賃金支払い能力をもつ企業は自動車産業や電機・電子産業などの大企業およびその関連企業に限定されてしまうため，それ以下の賃金水準しか支払えない中小零細企業は，外国人労働者でも別のカテゴリーである研修生や技能実習生に依存するようになったのである．日系人の雇用事例については，本書の第3章で記述している．

1990年入管法改正の3点目は，従来の研修制度の拡充である．この改正が技能実習制度成立へとつながる経緯については第4章で触れている．この改正の狙いは，従来は留学生と近似のカテゴリーとして位置づけられていた身分としての「技術研修」ビザを，新たに「研修」の活動ビザとして位置づけることによって，実務研修の期間，日本での活動内容等に制限を付したことである．それと同時に，他方では新入管法施行2カ月後の1990年8月には法務大臣告示により，中小企業団体を受け入れ主体とする団体監理型研修制度が設置され，人手不足の中小零細企業でも合法的に研修生の形式で外国人労働者を受け入れ可能とした．すなわち，研修生の活動内容と活動期間を実務研修の枠組みで制限しつつ，受け入れ範囲の拡大によって量的増加を図ったのである．この改正には，すでに従来の研修ビザが在留資格設定時点とは大きく異なる利用をされており，ある意味では身分としてのビザであることにより，研修生の国内での活動に制限を付すことができないために，1980年代の日本社会で技術研修生

による不法就労に近い実態が見られたことを背景として，研修生の活動に制限を付す目的が存在していたと思われる．

この研修制度の在留期間は 1 年間であるが，1 年間では研修効果があがらないということで，その後に 1 年間の就労期間が認められることになり，これが 1993 年の外国人技能実習制度の内容となった．したがって，研修生・技能実習生と名称こそ異なれ，これら両者は同一職務に従事する同一人物を意味することになり，この矛盾が 1990 年の次に改正された 2009 年の新入管法で，「技能実習」という新たな在留資格の創設を生む結果をもたらした．1990 年に拡充された研修制度が，その後に在留期間の 3 年への延長と，研修職種の漸次的拡大によって，技能実習という新たな在留資格を必要とするまでに発展し，外国人労働者受け入れのための 1 つのカテゴリーとして認知されたことは注目される．

建前として単純労働者の受け入れを否定しながら，実態として少なくとも入国時には不熟練労働者である外国人労働者を受け入れている政策を，梶田孝道は移民政策上のバックドア政策（梶田，1994: 32-53；2001: 200-206）と名付けている．梶田は興行ビザで入国する外国人女性と，日系人，研修生をその事例としている．1990 年入管法改正で新たに認定された外国人労働者こそがそのバックドア政策の現われということだ．梶田はバックドア政策を余儀なくされた理由として，①西欧諸国が経験してきた外国人問題の深刻さからの教訓，②外国人労働者受け入れをめぐる合意が未形成，の 2 つの点に求めている．そして実質的に外国人労働者を受け入れつつ，法的には彼らを受け入れないというバックドア政策は，国際的には説得力をもたず，続けていくことは困難だろうとした．

さて梶田が 2001 年に以上のように記述したその後の展開はいかなるものであったか．日系人に関しては 3 世までとした制限が維持された結果，ブラジルを中心とする外国人労働者の供給源は枯渇してきた．労働力が高齢化して労働市場から離脱する一方，新たに参入する 4 世を認めないからである．そして日系人の問題は，永住ビザを取得して定住化した日系人の 3 世，4 世の日本社会への適応問題に問題の位相がシフトしてきた．一方，2009 年の入管法改正により，従来の研修生は技能実習生へと在留資格が変更され，（入国時の 1-2 カ

月の研修期間を除き）入国当初から就労可能な技能実習生ビザが交付されるようになった．それは彼らが労働者として入国していることを示す変更であり，技能実習生の労働者としての性格が強まった．技能実習生の最大の送り出し国である中国は，労務輸出政策の一環として，日本の技能実習制度を中国人労働者の受け入れ制度の1つとして認識し，送り出し人数の拡大に腐心しているのであるから，受け入れ側の日本もまた労働者受け入れとしての政策をとらなければ受け入れ労働者に対する十全な保護と労働条件を付与できない．この点は，本書第7章と第9章で詳しく触れている．

明石純一は，現在の日本の入国管理政策を「1990年体制」という言葉で象徴させているが（明石，2010）．確かに現在の日本の移民政策はこの1990年の入管法改正から本格的に始動したといってよいだろう．

4　日本の外国人労働者受け入れと移民理論

日本が移民政策として外国人労働者の受け入れを開始したのは1990年以降のことであり，こうした政策意図が実際に反映される以前に，実態として不法就労外国人を中心に受け入れの現実の方が先行したのだといってよいだろう．

日本に不法就労外国人が就労目的で来日した理由について，入国管理局警備課が違反外国人，ブローカー，雇用主に供述を求めた結果，入国管理局では次の5点にまとめている（町田，1988）．第1に，日本と送り出し国の経済格差が極めて大きく，送り出し国の雇用事情がよくないこと，第2に円高により日本での稼働のメリットが高まっていること，第3に中東産油国の不況および先進諸国における外国人労働者縮減政策によりこれら地域向けの出稼ぎ機会が減少したこと，第4に日本の中小零細企業および風俗営業店舗経営者に安価な労働力に対する需要があること，第5に送り出し国と日本を結ぶブローカーのネットワークが確立していること，の5点である．

本書第2章では，この時期の町工場に就労している外国人労働者に対して行ったインタヴュー調査結果を掲載している．彼らアジア系外国人と少数のアフリカ系外国人は金銭獲得という明らかな目的意識の下で，労働者として真面目に，それなりのプライドを持って職場の規則に従って就労している実態がみら

れた．それはかれらの人生設計の中に，世界のどこでどのように働くかという計画が組み込まれており，バブル崩壊以前の日本は世界の他地域と比較して，有利な職場として映っていたからである．その点では，入国管理局警備課が得た上記の供述とも一致している．

こうした事実を確認したうえで，なぜ1980年代後半のこの時期に日本に外国人労働者が急遽といってよいほど登場したかという事実の総合的な説明は容易ではない．国際労働移動を説明する移民理論はいくつかあるが，社会学だけではなく，経済学や政治学，法律学，文化人類学などそれぞれの学問分野からのアプローチがみられる（Brettell and Hollifield, eds., 2008）．

移民理論は１つの学問領域に収まる理論ではなく，多様な学問分野からのアプローチがなされているという事実は次のように説明されよう．すなわち，国際労働移動という現象が，過去の植民地支配や移民の有無などの歴史的要因と，言語・宗教などの文化的要因の双方を含み，単なる現状における南北間の経済格差からだけで説明できるものではないからである．さらにそこには諸国間の国際関係や政治的関係が包含される．そうした複雑な政治的，経済的，社会的背景を前提にして，短期的には移民政策を立案する当該国家の政治的方針が大きく移民の流れを左右する．したがってどのような要因を重視するかによって国際労働移動を説明する理論が異なってくる．また１つの理論であらゆる国のあらゆる時代の移民過程を説明できるものではない．無理に１つの理論で説明しようとすると，それぞれの国の個別事情を相当程度まで普遍化せざるを得ず，個別の国にとっては該当しにくいという結果に陥りやすい．

以上のような前提を踏まえて，移民理論の類型を以下に検討しておこう．移民理論の教科書として版を重ねているカースルズとミラーの『国際移民の時代』［第４版］（原著2009年）では，移民理論を大きく，①需要と供給のうえから考える新古典派アプローチ（そして二重労働市場論もここに含めている），②従属理論に代表される歴史—構造アプローチ，③移民個人の意思決定を重視する移民システム理論と移民ネットワーク論，に分類している（Castles and Miller, 2009）．

一方，日本では1990年という比較的早い時期に鈴木宏昌が国際労働移動に関する理論を整理している（鈴木，1990）．鈴木によれば，①トダロモデルあ

るいは push-pull 理論など計量化を中心とする新古典派, ②相対的過剰人口と産業予備軍を中心概念とする構造学派, ③ピオレの二重労働市場論を含む分断的市場論, の3つに移民理論は整理される. そして, こうした理論的仮説の帰結として出される国際労働移動の経済的効果, 政策提言についても多くの異論があり, 「国際労働移動に関する今日の理論展開では確たる政策提言は不可能というのが現状では本当のところであるように思われる」(鈴木, 1990: 17) と結論づけている.

さらにアメリカの移民研究の政治学者である J. ホリフィールドは, カースルズとミラーとも鈴木とも異なる立場をとり, 二重労働市場論のピオレも, 社会ネットワーク論のポルテスも, いずれもマルクス主義者として分類できるという. なぜならば, 二重労働市場論者も社会ネットワーク論者も, 第1に資本主義体制下にある企業が, 景気変動に応じて生産量を調整するためには解雇・採用が容易な産業予備軍を必要とするという点で, また第2に, 個々人の人間ではなく, 移民集団あるいは特定の国籍保持者という集団に着目しており, その分析単位が社会階級であるという点で, マルクス主義者と共通点を持つとホリフィールドは主張する. 社会ネットワーク論も二重労働市場論もいずれも国家の役割を軽視しており, ネットワークが存在しても, あるいは経済格差が存在しても必ずしも国際労働移動が起きるとは限らない. 移民を受け入れる法律, 制度, 人権の保障が整うことこそが移民の動きを説明するための主要因であると結論づけている (Hollifield, 2008).

ホリフィールドの議論は, 国家の役割を重視する. 自由な労働移動が労働市場成立の必要条件ならば, 国際労働市場はそもそもそうした条件を満たしていないという. また, 経済的動機づけだけで, 人々が国境を越えることはないともいう. 移民は労働力ではなく権利を持つ市民であり, 民主主義国家は移民に対して市民としての権利付与を行うために, 市民権を得た移民が政治的勢力としてさらに移民を増加させるのだ, として, 移民の発生要因を民主主義国家のモデルに求めている. 彼は移民と国家と市場との関係をテーマにしたが, その国家のモデルは彼が居住するアメリカとフランスであった. その両者を民主主義国家とモデル化することにより, 民主主義を前提とする市民権の存在そのものが, 他国から移民を呼び寄せるとしたのである.

また移民研究，エスニシティ研究という観点から，小井土彰宏はエスニシティ理論の相互連関を次のように整理している（小井土，2005）．分類軸は，構造重視か集団成員の動機づけ重視か，の軸と，文化的説明図式を重視するか，経済的説明図式を重視するか，の2つの軸である．そして，①集団の成員の動機を重視しつつ，文化的要因を重視する原初主義的アプローチ（グレーザーとモイニハン），②成員の動機づけと経済的要因を重視する道具的アプローチ（グレーザーとモイニハン），③集団を超えた構造を重視しつつ，経済的要因を重視する，内的植民地論，分裂労働市場論，労働市場分節化論（ウォーラーステイン，ボナチッチ，エドワーズ，ポルテス，サッセン），④構造と文化的要因を重視する認知的構造論（オリエンタリズム論），の4種類にエスニシティ理論を分類した．エスニシティ研究がそもそも文化的要因を再吟味するなかで始まったため，エスニシティ理論も文化的要因に大きな分類軸をおいて分類してある．そのため労働市場を重視する理論が，従属理論から社会的ネットワーク論，二重労働市場論まで社会構造と経済的要因を重視する1つの分類類型に入っている．

　さて以上，一時的あるいは永住的な国際労働移動を説明する移民理論のいくつかを概観したが，本書の分析は二重労働市場論の立場に近い．それは社会学では伝統的に社会階層が大きな研究分野であり，日本の産業社会学の創始者である尾高邦雄が『職業社会学』（尾高，1941）を研究の出発点とした時点で，職業の社会的地位を問題とし，誰が単純労働を担うのか，という極めて素朴な疑問がテーマとなってきたからである．移民という存在は，他国へ移住した当初は当該社会の最下層の地位から出発する，というこれまでの歴史的事実に着目すれば，移民によって構成される労働市場は，内国人労働者で構成される労働市場とは区分されたものである，という概念は説得性を持つだろう．移民が移住先国で言語能力に代表される人的資源のうえでも，また住居や職業を探す知識，友人などの文化資本のうえでも，その国で生まれ教育を受けた内国人労働者と比較して労働市場では不利な地位に置かれているという事実が，移民研究の出発点にならざるをえないと考える．こうした立場にもっとも適合するのは二重労働市場論であろう．そこで次に，この二重労働市場論について触れたい．

5　二重労働市場論の内容と分析

　二重労働市場論の理論とそれを移民研究に応用した代表作はアメリカの経済学者 M. ピオレの『渡り鳥』（Birds of Passage）（Piore, 1979）であろう．この著作に先立ち，ピオレはドーリンジャーとともに『内部労働市場とマンパワー分析』（Doeringer and Piore, 1971）を発表し，ここで内部労働市場／外部労働市場の概念と同時に，第1次労働市場／第2次労働市場の概念を提出していた．第1次労働市場とは中核労働者である熟練工から構成され，彼らは企業忠誠心を持つ長期勤続者である．他方，第2次労働市場のメンバーは周辺労働者であり，熟練度も低く，短期勤続で転職を繰り返す労働者である．そしてこの第2次労働市場の供給源は，若者，主婦，農村からの季節労働者，黒人の国内労働者，そして不断に供給される移民であるとした．資本主義生産に必然的に付随する生産量の変動が，周辺労働者である第2次労働市場の存在を不可欠とするという．

　以上のような仮説に基づいて，移民に関しては次のようにピオレは主張する．すなわち，先進的な工業社会ほど不熟練労働者を必要とする職種が発生する．一方，国内労働者はこうした不安定で社会的地位が低い仕事につきたがらないから，ここに移民への需要が発生する．移民の引き受ける仕事と彼らの労働力としての特性は一致せず，適材適所の原則は該当しない．移民という属性によって，割り当てられる職務が決定されてしまう結果，どの時代でもまたどの先進諸国でも，移民向けの仕事というものが決まってしまい，特定の職種，特定の業種，特定の地域に移民が集中するということになる．

　移民の労働市場が一定規模で存在する理由は，第1に大きくしないような力が働くからである．経済学的には移民の人数が大量となると，内国人労働者の労働条件を脅かす懸念が発生し，社会学的には地位の低い仕事以外にも移民が就職して内国人労働者を脅かすからである．第2に，一定数の移民を必要とする理由は，移民受け入れを継続していれば，絶えず相対的に不利な仕事に移民が供給され，内国人労働者は彼らとの賃金格差を維持できるからであると説明する．

　ピオレの労働市場論の特徴は，第1に職務の中に階層差が存在することを前

提にしていることである．職務間の賃金格差は単なる能力の差異の反映ではなく，職場秩序の維持のために必要不可欠であるとされる．そのためピオレの主張は，経済合理的に行動する個人を前提にした経済理論というよりも，社会階層の存在，言い換えれば職業の威信構造の存在を前提にする社会学理論に近い立場である．二重労働市場論は，いわば労働市場の階層論であり，それが消滅することは想定されていない．誰かが，どこかで，必ず単純労働や繰り返しの多い能力伸張が見込めない仕事，雑役的職務を引き受けていることを，まず基本的な事実として認めるのである．そしてそれだからこそ，そうした職務を削減していくために，技術革新が必要と判断されている．

第2に，労働市場の観点からみると，移民の労働供給は無限であることを前提にしており，移民受け入れの原因をもっぱら受け入れ国の労働市場側要因，需要側要因に求めていることだ．そして第3に，一定数の移民受け入れを希望するのは単にこれまで想定されていたような安価な労働力を求める雇用主ばかりではなく，内国人労働者自身も自分たちの地位保全のために移民を求めているという点である．

第3の点について触れておこう．誰が移民を求めているかについて，内国人労働者でもあることを指摘した点はピオレのユニークな点である．ホリフィールドは，この点について，民主主義社会で一定の権利獲得をしたエスニック集団が，圧力団体を通じて自分たちの仲間を増やすとしている．またポルテスの場合は，エスニックの個人的紐帯を通じて故郷の仲間を呼び寄せるという点に注目している．

しかし共通点もみられる．彼らの理論の準拠枠組はアメリカ社会にあるが，追加的移民の希望者は一般に予想されるような農場主や零細企業主ばかりでなく，労働者自身であることを指摘している点である．移民受け入れによって国家を形成してきたアメリカの特徴といってもよいだろう．そして彼ら3人の専攻分野が異なる移民研究者は，共通して移民受け入れ規制に関して国家は無力であることも指摘している．これは国家による移民受け入れ政策が失敗しているという評価であるというよりも，民主主義国家として国民の権利を保障することは，そもそも国民そのものが移民より構成されているのであるから，とりもなおさず移民政策の在り方は移民であった国民の意見に左右され，結果とし

て移民受け入れの継続となることを指摘しているのである．こうした論点，すなわち移民管理について国家が制御可能かどうかという問題が移民政策上の大きな論点となっていることは，受け入れた移民の定住化（この場合は，ニューカマーを指す）が日系中南米人の子女として始まったばかりの日本との大きな差異である．

6 二重労働市場論による日本の分析

次に，主としてアメリカの移民研究で用いられている二重労働市場論に依拠して日本の外国人労働者問題を分析している日本の研究をみておこう．

6-1 外国人労働市場論における空席補充論

式部信は二重労働市場論に依拠しながら，日本の外国人労働者問題を理論的に説明しようとする（式部，1992）．その出発点は，「外国人労働者に関する現在の日本の研究状況を考慮に入れると，移民労働者と労働市場の関係を考察するにあたって，直ちに日本の現状を引き合いに出すわけにはいかないであろう」（式部，1992: 135-139）という点にあり，主としてアメリカ合衆国における移民研究や労働市場研究の成果によりながら，移民労働者と労働市場の関係を考察した[1]．式部がそこで強調したのは，労働市場の二重構造は移民流入の結果ではなく，すでに需要側に仕事の階層構造が成立しているからこそ，底辺的な仕事を埋めるべく移民が流入するという点である．国内労働者の上向移動で空席になった仕事を移民が補充する空席補充論である．そして，理論としても観察事実としても，移民流入が国内労働者の雇用悪化につながるという見解は裏付けに欠けるとする．日本の場合，出生率の低下と自営部門の労働供給潜在力が低下したために，外国人労働者を調達する必要性が生まれたとしている．ただ，式部の場合はピオレと異なって技術革新については否定的であり，サービス化，ME 化が仕事構造の下層に外国人労働者を必要とするような職務を新たに創り出したと捉えている．

外国人労働者について，日本の場合，その受け入れは送り出し国の供給の問題というよりも，日本側の需要によって左右されているという点は，最低賃金

の規制対象ではなかった技能研修生の手当が，研修生受け入れの人数が増加するのとは反比例して低下傾向を示したこと（第4章図 4-3）からも明らかであろう．そして，第9章で述べるように，技能実習生の最大送り出し国である中国で，日本への研修生・実習生派遣体制が整備されたことにより，労働力供給にあたる技能実習生送り出しが採用，教育訓練，移動，配置など各段階でスムースになり，研修手当の低下を招いたものともいえる．

　他方，式部の技術革新と外国人労働者の関係についての説明は，やや図式化されすぎているように思える．1980年代は ME 革命として中小企業レベルまでコンピュータ制御の自動機械が導入された．当時の中小企業のヒアリングでは，人手不足，労働力不足という要因が，こうした技術革新を進展させたのであって，外国人労働者を日本に呼び寄せた要因である労働力不足が，技術革新を進展させる場合もある．外国人労働者の雇用は，技術革新の結果であるという式部の指摘は間違っていないが，それとは反対に外国人労働者導入が技術革新をもたらすという逆の図式もまた成立するだろう．

　たとえば稲上毅が自身の実態調査の結果から触れているように（稲上,1992: 134-136），外国人労働者を雇用している中小企業の場合，機械化・ロボット化によって外国人労働者を雇用しなくても済むようにしたいという「機械化─外国人雇用抑制」型企業と，もはや日本人など来てくれないという前提に立って機械化を図り，外国人労働者でも仕事をこなせるようにしたいという「機械化─外国人雇用依存」型企業という，対極的な企業類型がみられたという．

　以上，式部の展開した二重労働市場論では，外国人労働者と技術革新についてやや実態の複雑さを見落としているように思えるが，日本社会は構造的に外国人労働者を必要としていると主張している点が特徴的である．彼にはそれ以上の言及はない．しかし，もしこの空席補充論を敷衍すれば，外国人労働者が受け入れられた場合でも，内国人労働者の雇用機会を彼らが奪ったことにはならない，という推論が容易に可能であろう．

6-2　農村からの出稼ぎ労働者の減少

　外国人労働者が日本で雇用される以前は，誰がその仕事を担っていたか．そ

れは第2次労働市場の主要メンバーであった農村からの出稼ぎ労働者である．

本書第2章でふれた大手自動車部品製造業A社の事例をみてみよう．日系ブラジル人を直接雇用する以前は，東北地方からの出稼ぎ労働者を期間工として雇用していたが，その絶対数が不足するようになった．そこで次に期間工として全国を渡り歩く若年者にその職務を依存したところ，こうした若年者も安定的に採用ができず，ついに採用担当者が直接，ブラジルへ出張して日系ブラジル人を雇用するようになった．

第2次労働市場の労働力の供給源としての農村の役割について再考しよう．1970年代後半以降は農村人口が減少したために出稼ぎ労働問題が社会的問題として取り上げられることが少なくなったが，外国人労働者の問題を考えるにあたっては，農村からの出稼ぎ労働者の存在，すなわちその人数の減少が外国人労働者の導入を招いた原因の1つであることは銘記されるべきであろう．言い換えれば，日本の農林業従事者数が就業構造上，ほとんど数パーセントまで低下し，その比率が産業構造上，回復する見込みがないという前提に立つならば，出稼ぎ労働者として彼らが担っていた役割を代替する労働者が必要とされるはずである．そしてその役割が外国人労働者に期待されたといってよいだろう．その意味では，外国人労働者へのニーズは日本社会の産業構造から生み出されたものであり，不可逆的な社会構造の問題としてとらえなければならないように思われる．

この出稼ぎ労働者と国際労働力移動との関係に着目して外国人労働者の受け入れを分析したのが神代和欣である（神代，1992; Koshiro, 2004）．神代は必ずしも二重労働市場論に依っているわけではなく，出稼ぎ労働者の動きを説明する主要因として就業機会格差仮説，所得機会格差仮説の2要因を取り上げており，その意味では労働移動の主要因を経済的要因に求めている．しかしながら，分析の視点について，「季節出稼労働者の動きは，労働力の性格上，外国人労働力の流入ときわめて類似しているためであり，また，実際にも1970年代以降続いていた季節出稼労働力者の減少が近年とみに顕著になり，平成バブル景気のなかでの人手不足期には，これまで季節出稼労働者が占めていた雇用機会が外国人労働者によって代替される傾向が目立って来たと思われるからである」（神代，1992: 35-36）と説明している．神代はその前提に立って，労働省

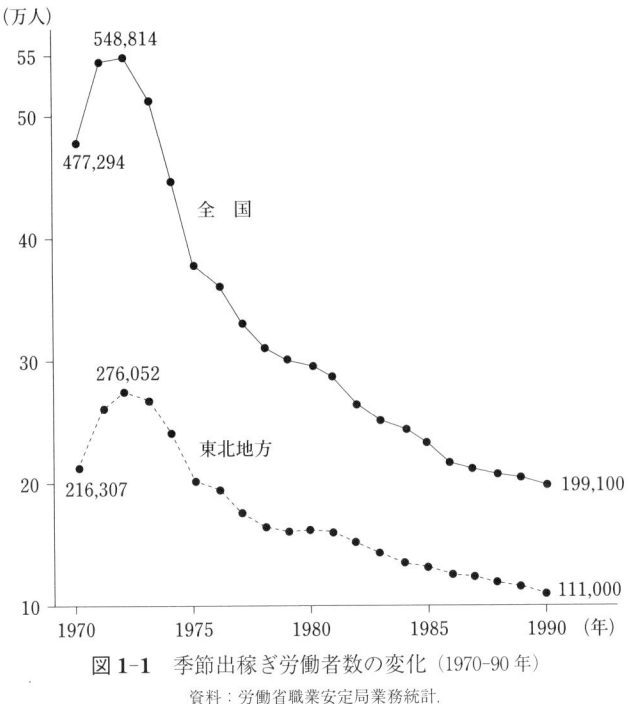

図 1-1 季節出稼ぎ労働者数の変化（1970-90 年）
資料：労働省職業安定局業務統計．
出所：神代（1992: 35）．

職業安定局の業務統計（1975-88 年）を分析した．

図 1-1 はその分析の前提となる季節出稼ぎ労働者数の変化であるが，石油危機直前の 1972 年をピークに，季節出稼ぎ労働者が急速に減少した．その減少率は，1975-88 年にかけて全国平均で年率 4.7％，対就業者比率で年率 5.8％であったことが示されている．

そのうえで日本全国を 6 ブロックにわけて出稼ぎ労働者の地域間労働移動を見た結果，北海道，東北，四国は就業機会格差仮説が移動の主要因として，北陸，中国，九州は所得格差仮説が移動の主要因として説明できるとしている．また，農林業就業者の占める比率が出稼ぎ労働者の動きを説明しているのは中国地方のみで，農民数そのものの減少よりも，その高齢化や価値観の変化などが出稼ぎ労働者の減少を招いたのではないかと推測している．

以上から，地方における就業機会の増加，農村の所得向上，農林業就業者数

表 1-1　産業別・就業職種別出稼ぎ労働者構成　(%)

	計	大工,型わく,とび等の建設作業員	(うち土木)	定置機械建設機械運転作業者	運輸従事者	テレビ,自動車組立・修理作業者	製糸・紡績作業者	清酒製造作業者	金属材料製造・金属加工作業者	食品・飲料の製造作業者	雑役作業従事者	その他の作業従事者
計	100.0	40.8	(31.1)	2.5	2.6	35.8	—	3.8	0.4	3.8	0.8	9.8
建設業	100.0	86.7	(66.0)	5.2	0.2	—	—	—	—	0.3	1.5	6.2
製造業	100.0	0.1	(—)	—	0.3	73.7	0.1	8.2	0.5	6.7	0.2	10.2
その他	100.0	0.6	(0.3)	0.6	36.3	25.3	—	—	2.3	0.7	0.7	33.4

出所：「出稼ぎ労働者雇用実態調査結果の概要」(厚生労働省職業安定局, 2005年).

の減少, 農業就業者の高齢化と価値観の変化によって農村からの出稼ぎ労働者が顕著に減少したと説明されている.

　この出稼ぎ労働者は主としてどこに就業していただろうか. 厚生労働省職業安定局による「出稼ぎ労働者雇用実態調査」を簡単にみておこう. この調査は1973年から開始されて2005年に廃止された. 最終の2005年の調査結果からみると, 出稼ぎ労働者を雇用している事業所の割合は, 建設業73.2％, 製造業18.2％であり, 就業先規模ではその7割が30人未満事業所である. しかし出稼ぎ労働者に対する個人調査結果をみると, 30人未満事業所に勤務する人は建設業では60.8％であるが, 製造業では74.4％が1000人以上の大規模事業所に雇用されている. 表1-1にみられるように, 産業別にみるとテレビ, 自動車などの組立工程に就業している人が出稼ぎ労働者全体の35.8％, 製造業のなかでは7割を占めている. 製造業への出稼ぎ労働者の就業先は自動車・電機産業の組み立て部門であったといってよいだろう.

　これらはいわば日本経済の輸出部門であり, 日本経済の屋台骨を支えていた労働力が出稼ぎ労働者であった. この出稼ぎ労働者の供給が激減した時に, これに代わる労働力が求められるようになったのは当然の要求であっただろう. 2013年時点で, この期間工と称される有期雇用契約の労働力は主として日本人労働者で構成される派遣・請負労働者や, 日系ブラジル人に代表される派遣・請負労働者によって供給されているのであるが, こうした労働力はかつての地方からの出稼ぎ労働者の代替として利用されていると考えてよいだろう.

　以上, 第2次労働市場を構成する出稼ぎ労働者が急減したことにより, その代替労働力として外国人労働者が利用されてきていることが示されたと思う.

7 日本における外国人労働市場のモデル

　長期，短期を問わず来日した外国人労働者，言い換えれば永住者であるか一時的滞在者であるかを問わず，日本における移住労働者はどのような職業に就き，日本国内でどのような労働市場を形成しているだろうか．移民や難民の受け入れの歴史が長い欧米諸国では，民族や移住時期の差異によって集住地区，職業などに特徴がみられる．受け入れの歴史が短い日本で，彼ら移住労働者は労働市場の観点からみて，特徴を挙げられるだろうか．その点で，これまでに指摘された外国人労働市場モデルを検討しよう．

7-1 緩やかな二重構造モデル

　日本国内の外国人労働市場モデルを丹念な実態調査から提出したのは，稲上毅によるもので，そのモデルは「緩やかな二重構造」であることが特徴とされている．調査は当時の国民金融公庫総合研究所（現日本政策金融公庫総合研究所）との共同研究として1990年の入管法改正施行直後の1991年に実施された．アンケート調査の対象は，外国人労働者の集住がみられる東京，群馬，長野，静岡の中小企業であり，有効回答1754件（有効回収率21.9％），そのうち外国人労働者を雇用している企業は172件，雇用されている外国人数は1058人であった．企業面接は30社である．

　図1-2から稲上毅によるモデルを見ておこう．まず外国人労働市場の最下層には，小零細・2次下請け企業に就労するアジア人労働市場が存在する．彼らのほとんどは不法就労外国人であると推測されるが，合法か不法かについては明らかにしていない．本書の第2章「町工場のなかの外国人労働者」で触れた外国人労働者の実態と，このモデルの第III層の労働市場はほとんど同じである．

　研究者が外国人労働者の雇用主である事業主を対象にする調査を可能とするためには，彼らの雇用している外国人労働者が合法か否かという質問を行えないが，この国民金融公庫の調査でもこの点は質問していない．しかし，当時の事業主は彼らが不法就労外国人か否かについては無関心であることが多く，職場で真面目に，嘘をついたり盗みをすることなく，怠けることなく働いてくれ

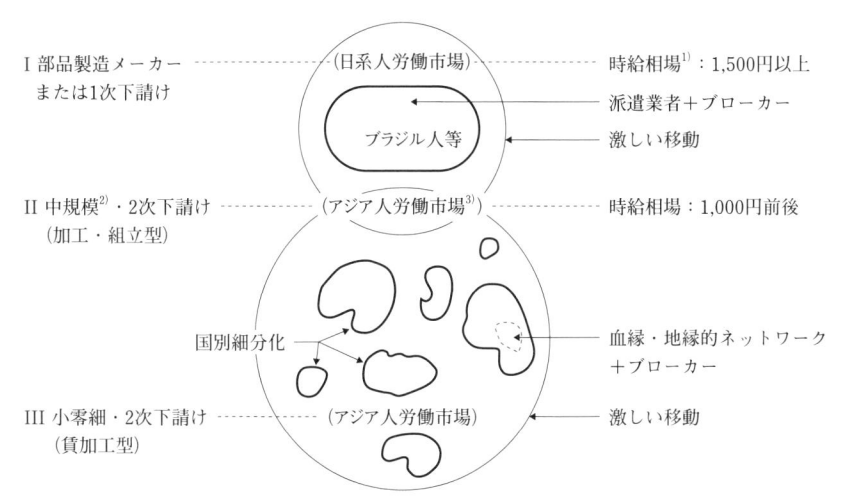

```
I 部品製造メーカー ------ (日系人労働市場)        時給相場[1]：1,500円以上
  または1次下請け                                  派遣業者＋ブローカー
                        ブラジル人等              激しい移動

II 中規模[2]・2次下請け ---- (アジア人労働市場[3])  時給相場：1,000円前後
   (加工・組立型)

                                                  血縁・地縁的ネットワーク
              国別細分化                          ＋ブローカー

III 小零細・2次下請け ----- (アジア人労働市場)     激しい移動
    (賃加工型)
```

図 1-2　外国人労働市場モデル（その1）　緩やかな二重構造

注：1) 図中の1)の時給相場は，もちろん時間や地域によって異なる．2)の中規模は，従業員ベースでいえば，「50人程度以上」といったところがひとつの経験的な目安になっている．3)のアジア人労働市場とは，より正確には，「アジア・アフリカ人労働市場」となる．
　　2) 仕事の中身は，ひとくちでいえば「単純労働」である．
　　3) 大企業まで包摂した構図については，本文の「補足したいこと」参照．
出所：稲上 (1992)．

　る労働者であることこそが重要なのであり，自分たちが雇用した外国人労働者が果たして就労資格を持っているかどうかについては関心が薄かった．これは稲上のほか，当時，中小企業へのヒアリングを重ねていた依光正哲も指摘している点である（依光, 2003: 35）．
　こうして，零細中小企業を中心にして不法滞在で就労資格のない外国人を雇用する労働市場が形成されてきたという実態が先行したために，1990年の入管法改正で不法就労助長罪が新たに導入されることになったといえる．この新入管法によって，不法就労外国人を雇用する事業主に対しては不法就労助長罪が適用されることとなったが，彼らがどこまで不法就労外国人の雇用を犯罪として捉えていたかは，不法滞在外国人が自身の入管法違反を自覚しているかどうかという点と同様に，極めてあいまいであったように思われる．入管法という外国人受け入れの是非を決定する法律は，一般人の市民道徳とは離れた存在であり，日本に居住する経験しか持たない日本人が日常的にそれを意識する機

会は限定されている．入管法に対して合法か不法かという判断基準，いわゆる規範意識を形成しにくいものであるようだ．このことが雇用者自身も，また事業主側も入管法遵守の意識が低くなる理由となり，結果として不法就労外国人を減少させることを困難にしていたと思われる．

さて，この不法就労外国人の上層に位置するのが，大手下請け企業を中心とする日系人労働市場である．こうした1次下請け企業では，企業の社会的責任上，不法就労外国人を雇用することはないので，いきおい，合法的に就労可能な唯一の外国人労働者である日系人労働者を雇用することになる．したがって，日系人労働市場とアジア人労働市場を分割しているのは国籍や技能などの労働能力ではなく，就労資格を日本で有するかどうかという一点にかかっていることになる．賃金も時給相場で階層区分に対応した賃金格差がみられる．

それでは，大手企業のような賃金支払い能力もなく，したがって日系人労働者を雇用できない中小企業はどのような労働力をあてにしたらよいのだろうか．第III層のアジア人労働市場は激しい労働移動がみられ，こうした労働力に依存していては企業経営に対して長期的見通しが立てにくい．さらに，一応，地域社会でそれなりの存在と責任を負っている中小企業ならば，やはり不法就労外国人の雇用は憚られる．合法的に就労する外国人ではあるが，日系人ほどの賃金水準を支払わなくても確保できる労働力が中小企業レベルでは必要とされる．このニーズを埋めたのが，外国人研修生・技能実習生の存在であった．この研修生・技能実習生の労働市場は**図1-2**には含まれていないので，この存在を含めた外国人労働市場モデルが作られねばなるまい．そこで次に，新たな外国人労働市場モデルを形成する必要に迫られるに至った，日本社会の変化について触れる．

7-2 外国人在留管理の強化とアジア人労働市場の縮小

日本の近年の外国人労働市場モデルでは，**図1-2**で描かれた下層に存在していたアジア人労働市場が漸次，縮小した点に着目されねばならないだろう．1980年代までの日本では，国内に外国人労働者が流入することを前提にしていなかったため，受け入れ体制を整備する目的で先の1990年の改正入管法が施行された．さらにその改正から20年後の2009年成立，2012年施行の新入

管法改正まで，この20年間，細かな点まで含めると1997年，1999年，2001年，2004年，2005年，2007年，そして2009年と合計で7回，改正された．

2009年の改正入管法は，とりわけ在留カード新設により，受け入れた外国人の在留管理に重点が置かれていることが特徴である．1990年の入管法の整備が外国人の入国管理，いわばフローの管理に重点が置かれていた点とは対照的であり，移民政策が単なる出入国管理政策から，在留外国人に対する統合政策への色彩を強めてきていることの表われと思われる．

こうしためまぐるしい入管政策の変化は，世界のグローバル化にともなって日本の外国人受け入れ事情が急速に変化し，日本社会が外国人受け入れ体制を整備していく途上にあることを示していよう．世界の先進諸国が，移民政策として能力のある人材を選別し，低熟練労働者受け入れを拒否するという選別的移民政策を採用しているなか，日本の移民政策もその流れのなかに位置づけられよう．そしてその選別的移民政策の大きな柱の1つが，不法就労者対策である．1990年入管法改正が主として入口における管理強化であったことと比較して，2009年入管法は，外国人への在留管理強化にあった．そこでこの間に，徐々に移民政策のなかで不法就労者対策が整備され，主として不法滞在者で構成されたアジア人労働市場が縮小してきた過程をみておこう．

一般的に法治国家であっても，不法滞在外国人の人数把握は非常に困難である．日本の場合，周囲を海で囲まれており不法入国者への監視が比較的行き届くこと，またそもそも入国外国人数が少ないことによって，相対的に不法滞在外国人の人数は少ない．不法滞在外国人のカテゴリーの1つとして不法残留者数を見ると，1993年のおよそ30万人をピークにその後は一貫して減少傾向を示し，最近年の2013年1月1日現在では6万2009人までに低下した．

この数値の低下の理由は，単に1990年入管法による不法就労助長罪の成果というよりも，入国管理，在留管理の取り締まり強化の結果であり，また外国人犯罪を危惧する警察の治安対策の強化の結果でもあろう．2001年9月11日のアメリカの同時多発テロ事件以降，各国の入国管理施策が強化されてきたが，日本の入国管理システムもそうした国際的動向と協力して，厳重な入国管理のための機器・システム（指紋の照合，顔写真の照合等）が導入されてきた．

こうした不法移民排除の対策はまず，不法残留者の多い国とのビザ相互免除

協定の一時停止から始まった．1989年にはパキスタン，バングラデシュ，1992年にはイランと査証免除取決めを一時停止し，また査証取得勧奨措置をマレーシア（1993年），ペルー（1995年），コロンビア（2004年）に対して実施した．その結果，観光目的で入国しそのまま就労者になるという者が減少し，第2章で触れる町工場にふらっとやってきて真面目に働くというアジア人が減少していったのである．彼らは元来，偽造旅券を購入して入国するような犯罪組織が関係する組織的密入国者とは異なる，一時的出稼ぎ労働者であったから，取り締まりの強化とともに姿を消していったとみてよいだろう．

　また2009年の入管法では，新しい在留管理制度が発足した．これは日本に3カ月以上滞在する中長期在留者を対象とするもので，居住地，就労資格の有無，在留期間が記入された身分証明書が交付されるものである．外国人を雇用する事業主は，このカードを点検することにより非正規滞在者であるかどうか判別できると同時に，外国人の居住地が記入されていることにより（パスポートには入国後の国内の居住地が記入されていない），彼らを受け入れている地方自治体も管内の外国人を正確に把握することができるようになることが意図された．それまでは，日系人は派遣労働の雇用形態で働く人が圧倒的であるために，派遣先の変更にともなって日本各地を転々と移動することが多く，彼らの住民票が置かれた市区町村に本人が在住しないという事態が少なくなかった．その結果，たとえば外国人登録に基づいて全該当者に発送される就学案内が該当家庭に届かない，自動車税・住民税などの地方税が滞納される，など地方行政の管轄下で様々な不都合が生じていたのであった．

　さらに，2007年に大改正された雇用対策法は，外国人を雇用する事業主に対して「外国人雇用状況報告」を義務付けることを定めた．雇用対策法は，国の労働市場政策の基本方針と全体像を明らかにする目的を持っており，外国人労働者だけをその対象としているわけではなく，基本方針を示すという目的のために何度も改正された経緯を持つが，2007年の雇用対策法で，初めて女性，青少年とならんで外国人に対する施策が言及された（菅野，2012: 43-45）．この雇用対策法によって，外国人も労働者としてきちんと国の政策のなかに位置づけるという方針が示され，そのための基礎資料として外国人労働者の雇用状況把握が目指されたといってよいだろう．もちろん，そのなかには事業主が不

法滞在外国人を雇用することを防ぐ目的が企図されていないはずはない．就労資格を持つ合法的就労外国人には，職業訓練，職業紹介を実施して彼らの失業を予防して雇用政策を行う一方，不法滞在外国人の存在を防いで，両者の間にきちんとした線引きをしていくという目的を入管政策のみならず雇用政策のなかでも実現していくことが目指されたのである．

　以上，今日にみられる不法滞在外国人への取り締まりの厳格化は，単に狭義の移民政策のなかだけでなく，外国人犯罪防止を目的とする治安対策として，あるいは失業を防止する雇用政策のなかで実現されてきたのである．その結果，不法滞在外国人の労働市場がよりアンダーグランド化するという随伴的な結果があったかもしれない．他国での外国人取り締まりの強化は，しばしばこうした現象をもたらすことがよく知られている．日本でどのような結果がもたらされたかはいまなお不明であるものの，表面的な数値では明らかに不法滞在外国人の人数が減少し，彼らの労働市場もまたそれにともない消滅していっているといってもよいのではなかろうか．

7-3　日系人労働市場の硬直化

　日系人労働市場は，アジア人を中心とした不法就労外国人の上層に位置し，正規の就労資格を持つために，外国人労働市場の中では相対的に優位な地位を示していた．2007年の雇用対策法で対象となっている外国人労働者は主としてこの日系人である．この労働市場は1990年入管法以降に急速に拡大したが，その後20年を経過して日系人労働市場の硬直化が始まっているようである．本書では日系人に関しては第3章でしか触れていないが，その後，研究者による実態調査が重ねられてきたので，そうした成果をもとに現在までの変化を以下に簡単に触れる．

　日系人労働市場の硬直化の第1の制度的要因は，移民政策上，日系人受け入れの範囲を日系3世までとする入管法による法務大臣告示を堅持して，受け入れ範囲を拡大しなかったことである．そのため人口学的にいっても日系3世以前の人口が増加することはありえないから，日系人の供給源は時の経過とともに自ずから細くならざるをえない．なぜ日系4世にまで供給源を広げなかったかの理由は，すでに定住化した日系人の社会的統合問題[2)]やブラジルの経済

発展など様々な要因が推測され，本書の考察外にならざるをえない．しかし現実に発生した事実だけに焦点をあてれば，日系3世までに定住者ビザが制限されたことにより，日系人労働市場の規模の拡大が抑えられたのである．日系人労働市場への新たな参入者が制限され，構成メンバーはすでに定住者ビザを持ったリピーターかあるいは永住権を取得して定住化した日系人のみとなった．新規参入者の調整によって数量的に柔軟性を確保することが困難になりつつあるのがこの日系人労働市場である．

労働市場のメンバーの固定化は，結果として労働者の高齢化をもたらす．2011年前後の時点で，日系人労働者の平均的年齢は40代前半になっているといわれている（丹野，2013: 234）．ちなみに，2013年12月の在留外国人統計によれば，ブラジル国籍者のうち，30歳代，40歳代がそれぞれ20％を占め，20歳代の占める比率は15％に過ぎない．今後20年内外には，現在ブラジル人の中心となっている労働者も徐々に引退が見込まれよう．

もはや日系人労働市場の主要メンバーは，単身で，高い就労意欲を持ち，より高い賃金を求めて転職を繰り返す労働者ではなくなってきた．彼らの主な属性は，日本国内移動および本国と日本との間の移動をリピーターとして繰り返すような身軽な単身若年者ではなく，家族を持ち，子供を日本の公立学校に通学させている中年の世帯主である．小学生や中学生の年齢での転校経験は本人にとっても適応が難しい経験であるが，そうした経験は外国人の子供にとってはさらに負担の大きい経験となることは容易に想像できる．この結果が不就学問題や高校中退者の問題，あるいはそうした学歴に伴う就職困難問題である（宮島，2014）．

また日本で教育を受けた子供が親の帰国に伴って母国に帰国した場合，母国で日本語学校へ通うこと，あるいはブラジルの公立学校での帰国子女の言語習得が問題化しているという．そして2008年の国際金融危機後の不況下でも，第2世代である自分たちの子供が日本社会で安定的な仕事に就ける可能性を持っている場合には，親も帰国せずに定住化を選択する事例もみられた（連合総合生活開発研究所編，2012: 46-47）．

外国人労働者が家族を形成し，その子供が移住先社会で社会的上向移動が可能であれば，次の世代への期待を持つために，本人は不況下であっても帰国し

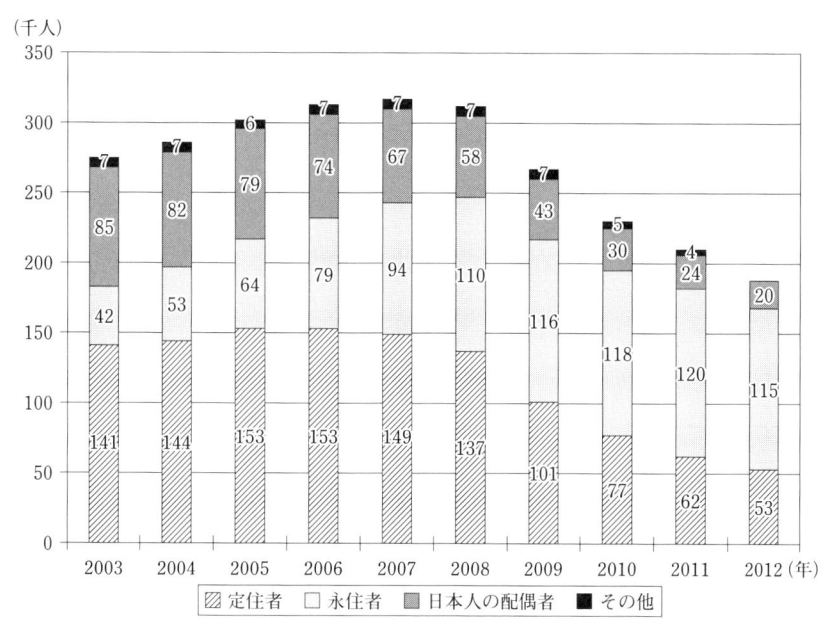

図 1-3　在留資格別にみたブラジル国籍者の人数
出所：法務省入国管理局編『出入国管理』（各年版）より作成．

ないという選択がみられる．子供を教育し，またローンで持ち家を購入した日系人労働者は，もはや 20 年前の日本全国を移動する若年単身労働者ではなく，それぞれの地域社会へ定着した家族を持つ労働者である．家族を形成する中年の外国人労働者は，地域間移動が少なくなり，その意味では労働市場の硬直化を招いているといってよいだろう．

2008 年後半の世界経済危機は，日本に対して輸出産業の不振という影響を与えた．日系人労働者は，自動車・電機産業などの輸出産業に多く，請負・派遣労働者として雇用されていたから，こうした産業の不振は彼らの解雇を招かざるを得なかった．日本に在留するブラジル人登録者数を見ると，その人数のピークは 2007 年の 31 万 6967 人であり，その後 2012 年の 19 万 609 人まで減少している．

しかし図 1-3 でその内訳を見ると，意外な点に気づく．2007 年から 2012 年までの期間に減少したブラジル人の多くは定住者ビザを持った人であり，その減少はおよそ 10 万人である．一方，永住者はその間に 9.4 万人から 11.5 万人

に増加している．定住者と日本人の配偶者は減少したが，永住者はやや増加して，この数値が相殺し合って10万人の減少という結果になったのである．1年ないしは3年という限定された滞在期間をもつ定住者が減少し，永住権を持つ外国人労働者が増加しているということだ．

　言い換えれば，日系人の定住化が進展しているのである．景気が悪化すれば帰国することを前提にしていた労働力が，予想外に帰国しなかった．これは，労働力の量的調整機能が減少していることを示しており，日系人労働市場の硬直化とみなせよう．実際に母国へ帰国しても日本で身につけた技能を生かす道に乏しく，また子供の将来を考えたならば，世帯主である夫が請負の仕事から解雇されても，日本の他の事業所でパートを掛け持ちして食いつないだり，妻が人手不足の介護職に就労したり製造業でパートとして就労する，子供が就労するなど，家族全体で家計を支え，帰国の選択をしない人が少なくないようであった．

　以上のような文脈で，日系人労働市場が当初に想定されたような労働力供給の柔軟な労働市場であることを次第にやめ，硬直化してきていることが指摘できよう．硬直化という用語を用いると，マイナスイメージを思い浮かべやすいが，そうではなく，日本人と同様に，帰国ではなく失業することを選択しなければならない労働者が増加したという意味であり，その点で，経済変動の雇用調整機能を日系人労働市場に負担させることは難しくなってきているといえよう．

7-4　近年の二重構造モデル：技能実習生労働市場の構造化

　日本の外国人労働市場は，上層に日系人市場があり，その下方に技能実習生労働市場が存在しているという二重構造モデルを形成している．不法就労外国人を主体とするアジア人労働市場が縮小し，それが一般の人にとって不可視化した現在では，技能実習生労働市場が人手不足の小零細企業への外国人労働力供給源となっている．在留外国人統計によると，2012年12月末時点で，技能実習生として在留している人数は15万5000人，滞在期間1年以内の研修生を含めると15万7000人である．国籍のうえでは圧倒的に中国が多く，全体の70％前後を占め，第2位のベトナムの11％に大差をつけている．

この技能実習生が日系人よりも労働市場で下層に位置づけられている理由は，後者が日本で合法的な就労資格を付与され，労働移動の自由を含む労働者の権利を保障されているのに対し，前者の技能実習生の場合，技能実習制度という制度設計上，職種，勤務先が限定され，労働移動の自由がなく，3年間の就労期間満了後は帰国が強制されているからである．技能実習生に対する権利制限がどのような結果をもたらしているかは第7章で記述している．また技能レベルで低熟練労働者として位置づけられる外国人労働者を，先進諸国がどのような入国制限を付して受け入れているか，高度人材ではなく，低熟練労働者であることが受け入れ条件となっている先進諸国の政策を比較しているのが第8章である．

　2009年の改正入管法では，在留カードの創設と並んで，この技能実習生の待遇改善がもう1つの焦点であった．具体的には，在留資格に「技能実習」のカテゴリーを新設することにより，技能実習生は来日直後から労働者とみなされるようになり，労働保護法制の対象者となったことである．その結果，来日直後の1年間，従来は研修生であったために，研修手当しか支払われず，その研修手当は最低賃金の対象外であったが，最低賃金が支払われるようになった．また研修生は残業が禁止されていたが，一般労働者と同じく残業も可能となった．技能実習生である3年間，一貫して労働者性が認められるようになったのである．実際，日本人の高卒新卒者を雇用する場合，彼らのほとんどが就職時は未熟練労働者であり，数年の勤続期間を経て技能形成していくのであるが，それでも最低賃金が支払われる．外国人が雇用されてその技能レベルが未熟練であっても，就労する限りは労働者として労働保護法の対象とすべきことは当然のことであり，2009年の入管法改正はやっとその不合理性を解消したのであった．

　しかし法改正と改正された法律が厳密に施行されるかどうかは別個の問題である．この改正入管法が適切に施行され，技能実習生に法的保護が与えられるかどうか，監督官庁は極力，不正行為の防止に努力した．労働基準監督機関だけでなく，該当地域を管轄する警察および入国管理局が協力して，技能実習生受け入れ機関に対する法令違反の取り締まり強化が行われた．また総務省行政評価局は，技能実習制度が適正に行われているかどうかについて，監督官庁へ

の監視・評価を行った（総務省行政評価局，2013）．その評価結果では，「技能実習生，外国人看護士候補者等及び留学生の適切な受入れ及び管理を推進する観点から，関連制度・施策の実施等について改善を勧告」する，とされている．

　以上のような技能実習制度をめぐる制度的変化は，技能実習生を受け入れている職場にどのような変化をもたらしただろうか．これまでは，賃金ではない研修手当を支給することにより技能実習生受け入れ費用全体を相対的に低額に抑えられたこと，また技能実習生の受け入れに名目上は「技能移転」という題目が掲げられていたこと，などの理由により，技能実習生受け入れ職場では，まだ経営家族主義的ともいえるような雰囲気が残されていた．事業主をお父さん，その妻をお母さん，と呼ばせるような職場の雰囲気は，ある意味では近代的な労使関係を覆い隠す偽善的なものであったことに間違いはない．しかし，新入管法により名実ともに技能実習生が労働者となり，労働法規の下で最低賃金の対象となり，それを監督官庁が監視するようになったことにより，企業も技能実習生に対して支払いコストに見合う生産性を求めるようになった．技能実習生の採用に際しても，能力と人物評価に対して細心の注意が払われるようになり，各企業の要求水準も厳しくなっている．

　一方，技能実習生の再入国は認めないという制度的要因により，送り出し側の中国の場合，日本側の求めに応じた人材を調達するために常に新規の労働者供給源を開拓していかねばならない．中国沿海部では工業化にともなって賃金水準が大幅に上昇しているので，20年前の技能実習制度発足時には採用可能であった，勤労意欲が高く，潜在能力を持つ技能実習生を確保することが容易ではなくなってきた．こうした送り出し側の変化は，日本へ出稼ぎに行くことの魅力を低下させている．日本企業の求める人材を得にくくなっているといってよいだろう．

　日本側の技能実習制度の改変と，送り出し側の以上のような変化が合わさって，職場の雰囲気はかつて一部の企業には見られた牧歌的なものから，金銭をめぐるトラブルを生じさせやすい原生的な労使関係ともいうべきものへと変化している．また総体としての実習生受け入れ費用が増加したこと，賃金レベルに見合う実習生を受け入れる必要があること，などの要因のために，企業にとっては実習生受け入れが，かつてのようなものではなくなった．たとえば，技

能実習制度発足前後のように日中友好の一環として実習生受け入れを試みようという類の企業はもう見つけることはできないだろう．いまや実習生受け入れ企業は，たとえば実習生の送り出し国へ進出することをある程度まで見越して当該国の実習生受け入れを試みる，海外進出を断念したうえで国内生産に専念するために実習生を受け入れる，とそれぞれの経営戦略を持っており，そのために技能実習生を雇用しているといってよい．またそうした経営見通しを持たねば，技能実習生の雇用さえままならないといってもよいと思われる．

　こうした前提を置いたうえで，技能実習生が低賃金労働力であるという事実は間違いがない．実習生の賃金は，ほとんど業種別，地域別最低賃金レベルである．この事実は，同じく外国人労働者のカテゴリーに分類される日系人と比較すると明らかである．機械金属製造業の場合，日系人と技能実習生の双方を雇用している企業がみられたが，2008年の世界経済危機の影響で生産量が減少した際に，日系人の方が技能実習生よりも先に解雇された事例が多い．また電子機器製造業への依存度が高い長野県上田地域を調査した事例では，この時期に日系人居住者が減少した事実とは対照的に，中国人在住者が増加したという（連合総合生活開発研究所編，2012: 43）．また東海地区で日系人労働者の調査を重ねてきた丹野清人は，実はリーマンショック以前から，自動車産業の下請け企業で日系人が研修生・実習生に置き換えられている事実を指摘している（丹野，2013: 234-235）．

　日系人の時給は当然変動しているが，それでも1000-1500円が相場である．一方，愛知県の輸送用部品製造業の最低賃金は，時給854円（2012年時点）であり，技能実習生はこの相場である．また実習生受け入れ人数が多い衣料品製造業の地域別最低賃金は愛知県で758円となり，さらに日系人労働者の賃金水準を下回る．日系人の労働市場と技能実習生の労働市場とは明らかに階層区分されているといえよう．

　この両者の階層区分は日本労働政策研究・研修機構による調査でも示されている．北関東地域の自動車産業を調査した結果では，1次下請け（規模1000人以上），2次下請け（規模700-800人）では日系ブラジル人を中心とする間接雇用の外国人労働者が多く，技能実習生の受け入れは3次下請け（150-300人）から初めて始まり，4次下請け（100人以下）を含めてこうした中小企業

では，間接雇用の外国人労働者と技能実習生との双方が雇用されていた．3次，4次下請け企業が技能実習生を受け入れる理由は，日本人期間工はもちろんのこと，（外国人労働者でも）大手企業が提示する労働条件に下請け企業では対抗できなかったので，結局，労働条件が低くても雇用可能な技能実習生の受け入れを決断したという（労働政策研究・研修機構編，2009b: 36-39）．

こうした日系人と技能実習生との間の階層区分は以下の縫製業団体の事例でも明らかである．ただ縫製業の場合は，支払能力の関係から機械金属業よりも賃金水準が低いために日系人の雇用との共存はありえず，技能実習生のみに労働力の調達を依存している．

大阪に本拠を置く大手縫製業団体であるA団体の場合，1990年の入管法改正にともなって日系人の雇用が合法的に可能となった時点で，日系人を他企業に先駆けて雇用した．この団体傘下の各企業は，それ以前に人手不足から在日ベトナム難民，東南アジアからの研修生を雇用していたが，ベトナム難民はそもそも人数が少なく，研修生は制度上，賃金を支払えないために勤労意欲が低く，難儀を重ねていたのである．その結果，日系人を雇用するためにブラジルへ派遣チームをおくって，現地で日系人を雇用した．その行動が素早かったためにマスコミの格好の取材材料となった模様である．1992年当時は傘下の広島・岡山地区の企業全体で日系人を300人以上も雇用していた．それがいつの間にか日系人が消え，労働力はもっぱら中国とベトナムからの技能実習生に依存するように変化した（上林・山口，2013: 35）．日系人労働者は転職の自由を持つが，技能実習生には基本的にその自由がないことが，技能実習生をして現職に留めていることが理解されよう．

日本の外国人労働市場は稲上毅が名付けたように，緩やかな二重構造モデルから出発した．それから20年を経た現在，日本の外国人労働市場はやはり，上層に日系人労働市場，その下層に技能実習生労働市場が存在するという二重構造を形成しているといってよいだろう．そして先年まで下層に存在した不法滞在外国人によって構成されていた労働市場は，縮小して小零細企業主からの需要はみられなくなっているといえよう．

以上，技能実習生に関して近年の変化について触れた．技能実習生については，第Ⅱ部の第4章から第6章で詳しく触れているので，それらを参照して

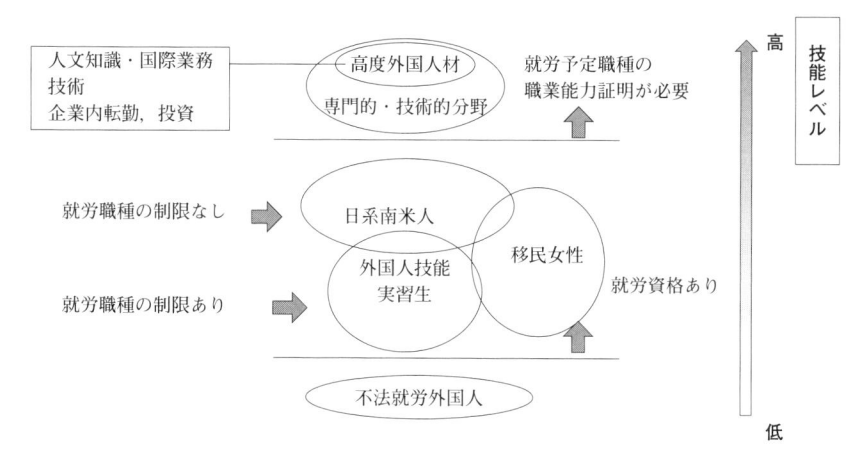

```
           人文知識・国際業務        高度外国人材        就労予定職種の          高
           技術                                      職業能力証明が必要                技
           企業内転勤, 投資       専門的・技術的分野                                能
                                                                              レ
                                                                              ベ
                                                                              ル
    就労職種の制限なし  ⇒      日系南米人
                                           移民女性
                         外国人技能                   就労資格あり
    就労職種の制限あり  ⇒      実習生

                              不法就労外国人
                                                                              低
```

図 1-4　日本の移民労働市場のモデル：在留資格を基準とした場合

いただきたい．そして以上をまとめると，現在の日本における外国人労働市場のモデルは図 1-4 のようになるのではないか．ただし，本書では高度外国人材および移民女性の労働市場には触れていない．またこの図はポイント制度などにより定住化を促進したい高度外国人材を含むので，外国人労働市場モデルと題さず，移民労働市場モデルとした．今後の日本の移民政策の方向性如何によってこうしたモデルは再度，別のものとなる可能性はあるが，当面は外国人労働者を含む日本の移民の労働市場として図 1-4 の概念図は 1 つの手がかりとなるのではないだろうか．

8　残された課題

本書は題名を「外国人労働者受け入れと日本社会」としたが，外国人労働者問題のすべてを扱っているわけではない．本書では主として低熟練労働者受け入れを中心とする技能実習制度を取り上げている．外国人高度人材と称される外国人技術者などの外国人ホワイトカラー，あるいは 2 国間 FTA で開始された外国人看護師・介護職については触れていない．外国人看護師・介護士の問題は，団塊世代が高齢化する今後，考察されるべき焦眉のテーマである．

しかし，これらの職業については，ここで触れた外国人労働市場とは区分さ

れた外国人労働市場が形成されていて，こうした職種を含んだ全体像が移民政策の全体を構成しているのである．しかしながら，外国人低熟練労働者の受け入れ問題は，技術者や専門職者とは異なる非常に難しい問題を抱えているので，本書ではこの低熟練労働者，日本では単純労働者として一括される労働者の製造業における受け入れを中心に論じた．

他に触れられなかった領域としては，技能実習生の場合，農業・水産業分野での受け入れがある．こうした産業での技能実習生は，それぞれの受け入れ先農家，漁業者で基幹労働力としての役割を果たしている．しかしながら，この分野はこれまで家族経営主体で事業が営まれ，雇用労働者を雇用した経験に乏しい．その結果，労働条件などについて多くの問題が発生していることは周知の事実であろう．漁業経済学会ではすでに2005年に外国人漁船員と技能実習生について学会で取り上げている（漁業経済学会編，2005）．技能実習生が雇用労働者として来日している以上，こうした分野での就労の問題を今後も考察せねばならないだろう．

また高度外国人材と称される外国人ホワイトカラー層の受け入れ問題は，どれだけ優秀な人を日本に呼び寄せ，かつ定住化させることが可能か，という問題と重なってこよう．それは日本型雇用システム全体の在り方と関係せずに論ずることはできないだろう．この問題については，後日，改めて検討したいと思っている．

以上，外国人労働者とその受け入れに関するテーマは，現在以上にこれからの日本社会にとって重要なテーマである．本書はその一部に触れたに過ぎないが，日本社会の将来に向けて何らかの貢献ができればこれに勝ることはないと思う．

1) 日本労働研究機構編『リーディングス日本の労働9 労働の国際化』(1997)は，労働の国際化に関する日本人による必読論文を再録・編集した書物である．同書あとがきでも，日本型経営の国際比較研究に比べて，またジャーナリスティックな議論の多さに比べて，外国人労働者問題に関する学術的研究の蓄積が乏しいことが指摘されている．
2) この1つが外国人の義務教育年齢の子供の不就学問題であり，1990年代後半からすでに問題視されていたが，さらに彼らの就職困難問題とつながりうる長期的な

問題として考えなければならない．外国人の子どもの就学の問題については宮島（2012; 2014）に詳しい．

第Ⅰ部

移民政策成立以前の外国人労働者受け入れ

第2章
町工場のなかの外国人労働者
都市零細企業における就労と生活

1 調査の目的と方法

1-1 調査の目的
　この面接調査は東京都内およびその周辺部で就労している外国人労働者の労働と生活の実態を明らかにする目的で行われた．調査目的は以下の3点にまとめられる．

(1) 東京の労働市場における外国人労働者の位置づけ

　これまで外国人労働者を受け入れた経験を有する諸国では，外国人労働者は往々にして底辺労働市場に位置づけられ，その国の労働者の労働市場とは分断されて，外国人労働者のみの労働市場を形成してきた．そして本国人（内国人）労働者と外国人労働者とのあいだに様々な雇用上の差別が存在しているのは周知の事実であり，それゆえにこそ国連が1990年に「移住労働者とその家族の権利保護条約」を採択しているのである．開発途上国の圧力にもかかわらず，他の先進諸国と同様に日本はこれを批准していない．

　しかし日本にとって，外国人労働者問題は今後避けて通れない問題の1つであることは明らかである．1990年の時点で，不法就労者は全国で約10万人といわれていた．こうしたなかで東京の労働市場における外国人労働者が，どこで（業種，規模），何をして（職種）働いているのかを，とりわけ東京で急増し，まだその実態が明らかにされていないアジア系労働者を中心に探ってみた．またその労働条件，技能形成の有無についても明らかにするように努めた．

(2) 外国人労働者の生活構造の解明

職業を労働者の表の部分とすると，その裏側には生活が存在している．事業主は外国人労働者を労働力としてのみ捉えがちである．したがって経営者団体など事業主側のスポークスマンは，外国人労働者もまた家族を必要とし，住居を必要とし，生計を営み，娯楽を楽しみ，信仰する宗教を持ち，自分や家族の将来に希望を抱いていることをつい看過しやすい．しかし，異なる生活環境に身を置いてまでも外国で就労する決意をした外国人労働者にとっては，職業以上にこの生活の側面が大事であることが多く，その生活構造を明らかにする必要があると考えられたのである．そこで，労働時間，家計，家族構成などを手がかりに，外国人労働者の生活構造について取り上げる．

(3) 外国人労働者の状況認識の把握

意識調査ともいえる部分で，外国人労働者が現在の職場，人間関係，日本社会をどのように認識しているかを探る．来日目的がどの程度まで満たされているか，外国人労働者を取り巻く人間関係がどのように形成されているのか，といった主観的な状況認識は，外国人労働者の日本社会に対する適応の程度や日本社会からの独立の程度を測定する手がかりとなろう．現実への期待とその達成度の評価は彼らの今後の行動を予測させる1つの要因となる．その結果，現在議論されているような「外国人労働者の定着の有無」といった具体的問題へも多少のヒントが得られるかもしれないと思われた．現在，外国人労働者は社会的少数者であり，また不法就労者が多いこともあって，彼らの意見や立場が表明されることは稀である．外国人労働者の状況認識とともに，彼らの日本社会に対する見解についてもある程度明らかにすることを1つの目的にした．

1-2 調査方法

アジア系外国人労働者を調査の中心的対象としたために，調査対象の選出が非常に困難であった[1]．面接は75件行ったが，このうち分析可能な53件について報告する．その内訳は次のとおりである．

・事業主アンケート調査および事業主面接調査に協力してくれた企業の外国人

従業員

　アンケート調査の実施と外国人労働者面接調査の実施との間には1年間の時間の経過があったため，その間に労働者の移動が多数みられたが，この方法により40社17人の協力が得られた．

・企業団体加盟の企業の外国人従業員

　外国人労働者が比較的多数雇用されていてかつ調査に協力的な2つの同業者団体を通じて，4社12人の協力が得られた．

・調査員個人の情報によって得られた外国人労働者

　外国人労働者は法律上不安定な身分にあり，かつ日本人や日本社会に対して警戒心が強いため，公的なチャンネルばかりではなく，調査員自身の信用をもとに，私的なルートを通じて24人に面接した．

　調査は，当時の東京都立労働研究所研究員，担当主査のほか，専攻分野が今回の調査目的に近い大学院生（留学生を含む）が行った．その実施にあたっては，原則として通訳を介した．なお，英語，中国語，韓国語を用いた面接については，調査員が通訳を介さず直接行ったものがある．特に，中国語，韓国語によるものについては，当該国出身の留学生が調査員として調査したものが含まれている．調査時点は1990年7-11月であった．

1-3　調査対象者の属性——国籍・性別・年齢

　調査対象者の国籍と性別，年齢は表2-1，表2-2のとおりである．

　国籍は53人中，中国が最も多く11人であり，次いで韓国・パキスタン8人となっている．ブラジル国籍2人は日系ブラジル人である．アメリカ国籍はグアム出身フィリピン人の24歳男性である．

　年齢構成は若年に偏っていて，20歳代が30人，30歳代が18人である．年齢が若いため調査対象者53人中，30人までが未婚者であった．

2　職業生活の実態

　就労実態を見ていくうえで，一般的に次の特徴が現れていることに気づかれ

表 2-1 国　籍

国　籍	計	男	女
韓　国	8	4	4
中　国	11	10	1
ブラジル	2	1	1
パキスタン	8	8	0
フィリピン	5	4	1
バングラディッシュ	4	4	0
タ　イ	4	2	2
ガーナ	5	5	0
エチオピア	1	1	0
マレーシア	2	2	0
アメリカ	1	1	0
台　湾	2	1	1
合　計	53	43	10

表 2-2 年　齢

年　齢	計	男	女
20歳代	30	25	5
30歳代	18	15	3
40歳代	4	2	2
50歳代	1	1	0

よう．アンケート調査結果や事業所事例調査でもわかるように，外国人労働者を雇用している企業は中小零細企業が多く，恒常的な人手不足に悩まされている企業である．こうした企業の労働者は，主として長年の経験を積んではいるが高齢となっている労働者と，主婦パートによって構成されている．そこへ登場したのが，若く，かつ生計費が少なくてすむ単身の外国人労働者であるから，多少日本語に不自由な点があるとはいえ，事業主にとってはのどから手が出るほどほしい労働力であることが容易に推察できる．この時点での外国人労働者は，本国で一定の教育を受けてきた若年労働力であることが大きな特徴となっており，それが日本の企業にとっての魅力の1つとなっていた[2]．そしてそれと同時に，既婚者や中高年者であったら生ずるであろう生活上の基本的な便益である住居，子女の教育，医療，老齢保障などの問題については当面は深刻に

考慮せずに済んでいる．こうした一般的特徴を前提としたうえで，以下業種別に就労実態を探ってみよう．

2-1 製造業従事者

製造業従事者は調査対象者53人中28人であった（章末付表の対象者番号No. 1-28）．

(1) 勤務先事業所の特性

外国人労働者の就労する事業所の業種は，印刷・製本，靴製造，メッキ処理，三輪車製造・販売，金属製品加工（プレス加工，建設用鉄筋加工），ゴム製品製造などであった．業種の特性としては，印刷，靴，メッキなどは東京の地場産業として従来から存続している小零細企業分野である．また金属製品加工も，大手電機メーカーや精密機械メーカーの部品製造を担当する下請け事業所で，やはり小零細企業分野である．その企業規模を見ると，最大でも124人であり，そのほとんどが60人以下の町工場である．調査時点での好況を反映してか，調査事業所の経営状況は比較的安定している．日系ブラジル人を雇用しているプレス加工のA社では，シンガポールに170人規模の工場を持ち，海外進出にも成功している．

事業所の従業員構成は，高齢者と女子パートを中心としている．靴製造のB社は，男女合わせて日本人従業員はすべて48-50歳であった．またメッキのC社でも，正規従業員の平均年齢は40.2歳で，過去10年間に高卒男子を8人採用したが現在まで残っているのはそのうちの2人にすぎないという．事業主の面接はできなかったが，電話部品製造のD社（規模12人）では3人のバングラディッシュ人以外の日本人は，50歳代の従業員が大半を占めている．

会社の日本人従業員が高齢化したために，若年の外国人労働者が希望するほど長時間働けない場合があった．たとえば，三輪車製造のE社では，従業員が高齢化してきており，また遠隔地に住居を取得して通勤時間がかかるため，残業をほとんどしていないそうである．年齢もまだ若くて時給形態の外国人労働者は，手取り収入を上げるために残業を希望しているが，高齢日本人従業員との関係上，残業を行っていない．

「めったに来ない若年者の入社で職場は活性化している」「他社には（外国人労働者が）いないのでうらやましがられている」（いずれもB社社長）といった言葉に代表されるように，高齢者と女子パートでかろうじて継続されていた都内小零細企業のなかには，国籍を問わず勤労意欲のある若年男性を採用できることが，経営存続上不可欠となっている企業が登場してきている．

(2) 入職経路

製造業に働く外国人労働者がどのような経路を経て現在の労働市場に参入したか，以下に典型的な事例をみておこう．

　ア　同国人による紹介　最も多く見られたのが同国人による紹介事例である．親族による紹介を基本に，同国人の情報ネットワークで雇用先をみつけている．No. 5の36歳男性は自分が来日してから1年後に妻を中国から呼び寄せて同じ事業所に勤務させている．またNo. 6の22歳男性は高校を卒業した後，母国の中国では職業につかず1年半前に来日していた兄を頼って来日し，兄と同じ現在の事業所に勤務している．No. 25の41歳男性は義弟を頼って来日し，その紹介でプレスの会社に勤めた．

　No. 20-23の4人のパキスタン人は，東京に長く滞在している同国人の世話で来日直後から現職の自動車用ゴム製部品の製造に携わっている．同国人の援助で来日し，仕事が見つかれば来日費用は1500米ドルで済ませることができるが，パキスタン在住のパキスタン人ブローカーを通じて来日すると，保証人や仕事の斡旋はしてくれるものの，費用が倍の3000米ドルもかかってしまうという．費用を節約し，相互扶助を実現するうえで，同国人のネットワークは異国に生活する外国人労働者にとって大切なものとなっているようだ．No. 14-17のガーナ人はE社に勤務するガーナ人5人のうちの4人であり，No. 27のバングラディッシュ人の事業所には合計3人の同国人が就労している．同一事業所に同国人が集中する理由は，先に就労していた外国人労働者が次々と同国人を自分の職場に紹介したからである．

　イ　ブローカーによる仲介　人材斡旋を業とするには許可が必要である．また外国人労働者の就労が不法であればその入職経路はなかなか表面化しないが，現状のように外国人労働者雇用が広がっているのを見ると，縁故の狭い範囲内

だけでは紹介機能が非常に限られているところから，他の斡旋経路が存在していることが容易に想像できる．すなわち，ブローカーの存在である．外国人労働者は，見知らぬ土地でどこへ行けば雇用先が見つかるかという土地カンがないうえ，さらに日本語で書かれた工場門前の募集広告も目にとまりにくい．ブローカーが外国人労働者の就職に大きな役割を果たしているという事実は，たとえば本調査と同時に実施した事業所事例調査で，新聞販売店の「うちは新聞社の仲介で中国人就学生を雇用しているから間に合っているが，ブローカーから頻繁に電話がかかってきている」といった声にうかがえる．あるいは，ハンバーガーチェーン店の人事採用者にも同種の電話があるそうで，筆者自身は研究員であるためその任にないにもかかわらず，調査時に人事担当者から「ブローカーを何とかして下さい」という取締りの要請を受けた経験がある．

今回の調査は調査主体が公的機関であるため，ブローカーの存在を認めた事業主は日系ブラジル人を雇用しているA社のみであった．ここは同業者を通じて外国人労働者の斡旋会社を紹介してもらい，合計12人の日系ブラジル人を雇用している．ここで働くNo. 18, 19の2世，3世もブローカーによって現在の職場に入職したという．

またNo. 14のガーナ人の場合，来日後，山手線の車内で日本人に声をかけられ，連絡先を教えたら後日現在の職場を紹介されたという．その後，彼の紹介でこの会社にガーナ人が4人働くようになった．ここはそれ以前にパキスタン人労働者を雇用していた経験もあり，外国人労働者雇用の経験年数が1986年からと長いことから，ブローカーからの斡旋をうけたこともあろうかと思われる．

No. 3のパキスタン人労働者は，1988年に来日して以来2年間に3回転職しているが，来日直後の入職から3回の転職にあたってはすべて同国人のブローカーを経由しており，紹介料を初回6万円，2回目と3回目はそれぞれ5万円ずつ支払っている．

今回調査対象となった未熟練の外国人労働者にとって，工場門前の募集広告から事業所の事業内容と募集されている職種について理解することは非常に困難である．そのため日本人，あるいは同国出身のブローカーの介在が必然化してくるという事実を見逃すことはできない．

ウ　その他の入職経路　縁故やブローカー以外に，外国人労働者にはその他の入職経路がある．事業所調査に見られたように，研修生として就労しているもの，あるいは就学生の場合に日本語学校の紹介によるものである．しかし，個人面接調査ではこうした事例はなかった．それは，研修生の場合には人数がまだ少数であること，そして製造業の場合は特に，就学生（2010 年の改正入管法より前に存在していた在留資格で，高校，日本語学校等の専修学校に通学する人に交付された）が就労可能な短時間労働の職務が少なく，また法律上週 20 時間の就労制限があり，事業所側はフルタイムの労働者の雇用を希望していたからである．

　ところで職業安定所が不法就労者の職業紹介をすることはありえないので，求人雑誌を通しても外国人労働者の募集が行われていると思われる．この経路が製造業でどれほどの有効性をもっているかは今回調査では明らかにされていない．しかし，求人雑誌には外国人でも採用するという明示がなされていること，日本語学校がこうした広告をみて仕事を斡旋したケースもあり（プラスチック成型企業の事例），求人雑誌のルートもある程度は有効性を持っているようだ．

(3)　仕事内容と教育訓練

　製造業における外国人労働者の仕事内容は，比較的単純作業に限られていた．事業所従業員の年齢構成で見たように，製造業の外国人労働者は中高年化した熟練技能労働者を補助する役割（見習い）を果たしていることが多い．男子の場合，製本所では，断裁屑の始末や包装，簡単な機械操作，メッキ工場ではメッキする部品をフックに掛ける作業などであり，その他プレス，金属板切断，部品組立などに従事している．女子は包装，検査，仕上げなどの軽作業等に従事している．技能，経験がほとんど必要とされない職種で，採用された当日からその職種に就いている．

　それでも，職場や職務に慣れるためには教育訓練と称するまでには至らないものの何らかの指導や助言が必要で，これには職場で古参の班長格の現場監督者があたっている．こうした現場監督者は職場や技術のことは熟知しているが，現場で叩き上げて技術を磨いてきただけに，英語をはじめとする外国語が苦手

で，外国人労働者の指導や助言が思うようにできていない．しかし職場で必要とされる技術や知識を熟知し，かつ外国人労働者を受け入れて実際に指導し，苦労している層は経営者もさることながら，事実上はこの現場監督者層である．外国人労働者もまたこの現場監督者を尊敬していれば，職業もうまく回っているようだった．日本人従業員に対するアンケート調査結果を見ると，外国人雇用のトラブルとして，コミュニケーション関連の問題点を指摘した人が管理・監督者に多くなっていた．監督者層が外国人労働者の指導責任者の役割を果たしていることの現れであろう．

　外国人労働者の職場への受け入れが言語上，文化上の障壁もあって日本人の受け入れよりむずかしいことから，現場監督の補助者として外国人を採用している企業もあった．たとえば，外国人労働者の雇用経験が5年と長く，かつ現在の外国人労働者の人数が全従業員124人中31人を占めるC社では，外国人労働者だけの職場を設置するとともに，外国人労働者の労務管理を担当する台湾人を常勤顧問として採用している．顧問は日本語，北京語，広東語，英語が堪能で，産業指示書の翻訳も担当している．

(4) 技能形成の有無

　ところで，こうした製造業で働く外国人労働者にとっては，日本での就労経験が技術修得となり，故国に帰った後はそれを自分のキャリアに活かすことができるのだろうか．それとも，低賃金で働く単純労働者としての存在に止まらざるをえないのだろうか．前者の場合は，産業の発展した日本から開発途上国への技術移転を可能にし，経営者団体が主張しているように研修生拡大や短期的な外国人労働者の受け入れ政策へとつながってこよう．後者の場合には，底辺労働者層として外国人労働者を固定する方向へつながる．外国人労働者の技能形成の有無を問うことは重要な問題を含んでいる．

　そこでまず，従来こうした小零細製造業ではどのように技能形成がなされてきたか．こうした事情は自分自身が大田区大森で旋盤工として働いている小関智弘の著作に興味深く記されているが[3]，入職当初は誰でも見習工，いわば体裁はよいが実質的には雑役工から出発し，経験を積んでやっと一人前の職人となってゆく．渡り職人として町工場を移動する労働者もいるし，また同一企業

で経験を積み重ねていく労働者もいるが，重要なことは清掃，材料準備，機械の手入れなどの雑役から始まって少しずつ経験を重ねていくことだ．

　こうした段階を踏んだ技能形成秩序のなかにあって，現在の外国人労働者は職場秩序の最底辺に新たに参入した若年労働者である．彼らが今後技術移転と称することができるほどの技能を形成できるかどうかは，これからの職場での経験の積み重ねに左右されるのである．調査時点では，外国人労働者の勤続年数は短くまだ見習工の域を脱していない．今回調査対象者の場合，最長の人で勤続年数が2年である．現実には，日本語のハンディキャップもあり，勤続1-2年で修得できる技能などは技能と呼ぶに値しないレベルなのではあるまいか．

　製本会社の経営者（No. 1, 2 の雇用主）は，「3年くらい（外国人労働者が）いれば機械も使えるようになるのだが，4-5カ月で帰ってしまうので難しい仕事は与えられない」と述べて，断裁屑の始末と包装のみを外国人労働者に担当させていたが，こうした発言は勤続年数や経験年数の重要性を裏書きしていよう．他方，B社で働くパキスタン人 No. 12 の事例では，他のパキスタン人がメッキ業や建設業などの時給単価が高い仕事へ転職していったなかで，転職をせず，勤続1年半になり，少しずつ職場の様子や仕事に慣れてきている．したがって，事業主の方も，本人の昇進は考えていないが，帰国後に同業で自立できるような体制ができたらよいと考えてはいる．これは好ましい事例に属するであろうが，どちらにしても小零細製造業での技能形成においては勤続年数，あるいは経験年数が肝要であることがわかる．

　それでは外国人労働者の勤続年数はなぜ短いのだろうか．その理由は第1に，外国人労働者の滞日年数がまだ短いからである．彼らが初回に来日した時点を質問しても，そのほとんどが1987年以降である．ビザは観光ビザで，不法に就労している者もいる．不法就労者が長期滞在を前提とした技能形成を目指すことはなかなか困難である．いつ入国管理局に摘発され，本国送還されてもおかしくない状態であり，自分の将来設計を現職での技能形成や職場の人間関係の上に築いていくには非常に不安定な状態である．真面目に働いて技能形成を考慮すればするほど，就労ビザの取得と労働許可を熱望するようになる．たとえば No. 12 は「『ジャパン・タイムズ』を読むと，東京商工会議所や大阪商工会議所が外国人労働者の短期間導入を主張している．早くそれが実現されてほ

しい．現在の制度のままでは，自分たち外国人労働者にとって具合の悪いことが多すぎる．就労ビザがとれたら一時帰国したい．今のままでは再入国がむずかしいので帰国できない．2年ないし5年の労働許可がほしい」と語っていた．

外国人労働者の勤続年数の短さの第2の理由として，事業主の意図も指摘できる．事業主調査によると，外国人労働者の勤続の短さ，定着の悪さを問題とする声が聞かれるのだが，それは外国人労働者の勤続がわずか数カ月にすぎないからで，5年や10年の勤続を期待しているわけでは決してない．若年でかつ短期勤続の男子労働者こそが求められているのである．

たとえば，E社のガーナ人の場合（No. 14, 16），日本人女性と結婚したため配偶者ビザを取得し，就労可能であり，勤続年数の長期化も可能である．「そうなると，外国人労働者が現在のアルバイトという非正規社員の雇用形態に不満をもち，正社員化要求が出てくることにはならないか」との私たち調査者の質問に対し，E社側は「今はないが，そうなったら考えなければいけない」との回答であった．E社では外国人労働者の長期勤続が見込めそうなので福利厚生についてはすでに検討を始めているが，言語上の問題から昇進についてはその余地を残していないという．外国人労働者雇用に関しては，このE社は良心的な方に属していよう．

事業所事例調査に見られた折本工程担当の製本所（規模15人）では，外国人雇用について，「2-3カ月でやめられては困る．長期に雇用できないのが問題で，出来れば2-3年間働けるように，行政が正式に出稼ぎとして認めてほしい．3年ぐらいたったら，帰国してもらう．人を替えて雇った方が賃金が高くならなくてよい」と述べていた．極端な部分もあるが，ここに零細事業主の本音が如実に表されていよう．

以上から，現在の状態での就労は，その不安定さと勤続年数の短さから技能形成の過程にまで達していないこと，また事業主側も本腰を入れて技能形成を図るより，2-3年の短期勤続労働者としての外国人雇用を目指していること，の2つの事実が浮かび上がってこよう．現状ではビザのうえから，外国人労働者の勤続は短期であるが，外国人労働者といえども一旦雇用された場合には日本人労働者と同様に雇用保障を求める権利が発生し，事業主の一方的な恣意によって簡単に解雇されるべきでないことは労働者の権利確保上，事業主が遵守

するべき事項となろう．そうなると，外国人労働者をローテーション方式によって短期で導入するべきという提言[4]）は非現実的なものとなりやすい．

しかも，そうした短期の技術修得は，よほど上手に教育訓練課程を設計しない限り，技能の表面をなでるだけに終わる危険も有している．すでに中国人技術研修生を受け入れた精密板金工場（規模72人）では，研修計画立案とその実施に伴う大変さを訴えていた．この技術研修生は中国ですでに日本語教育を十分に受け，しかも試験を通過して選ばれた人たちである．こうした手続きを経てもその技能養成は事業主にとって面倒であったのだから，日本語に不自由な未熟練の外国人労働者の技能形成を2-3年の短期に実施することは容易ではあるまい．また，同じく中国人研修生を受け入れたプラスチック素材加工会社（規模68人）でも，「この会社の事業内容の分野では中国と日本との間に技術格差があり，学んだ技術も生かせないだろう」と語られた．

以上，技術移転や技能修得という事項がやや楽観的に扱われていることを指摘しておきたい．

(5) **賃金と労働時間**

外国人労働者の雇用形態は正社員ではないことが多いことから，賃金形態はほとんどが時給である．その水準は男性で時給800円から1200円，女性で650円から700円程度である（No. 8, 10のメッキ工場の女性勤務者は850円，950円だが，同一職場の男性の1000円よりは低い）．日本人の男女格差がそのまま外国人労働者にも適用されている．女性外国人労働者は，中高年女性パートと同様に仕上げ，検査など身体的な負担の軽い作業に従事しているため，賃金が安い．日系ブラジル人のNo. 18, 19の場合は，日給で男性が8700円，女性が7600円である．賃金月額は労働時間にもよるが，女性はおおむね16-18万円前後である．

ただし例外もある．No. 28の韓国人労働者は月収50-60万円と他の人より格段に多いが，これは自分自身が現場監督者として故郷から妻と労働者4人を呼び寄せ，寮で生活の面倒もみている，いわゆる手配師としての業務も兼ねていて，請負の形態で仕事をしている事例である．建築用鉄筋の加工という自分の職務に対する賃金以外に，紹介料として1人1日につき2000円が彼には支払

われている．この事例以外はすべて雇用者である．

　賃金とともに注目すべきは，月収に占める残業収入の多いことである．No. 7は中国残留孤児で，正社員として月給制であるが，基本給18万円に対して残業代が約10万円になる．またNo. 20から24までのパキスタン人労働者も，時給1000円にもかかわらず，月収は約30万円である．またプラスチック成型会社（規模26人）で働く29歳の中国人就学生は，時給800円，午後1時から午前3時までの深夜を含む勤務で月収約20万円になる．しかし年末に本国へ多額の送金をしたため3月に払い込む授業料や保証金などに不足をきたし，1日1万円の収入を確保するために，残業時間の延長を要求したという．

　残業がない場合でも，いわゆるセカンド・ジョブを持っている外国人労働者も少なくない．三輪車製造のE社では，恒常的に残業を必要とする状況ではなく，また，勤務している高齢日本人労働者に配慮して残業がないが，そこで働くガーナ人労働者の1人は，隣にあるメッキ工場で夜間のみのアルバイトをしている．またNo. 6の中国人就学生は日本語学校へ通学する週日は労働時間が少ないため，土・日曜日の休日には，居住地付近の日本料理屋で夕方から皿洗いのアルバイトをしている．時給は720円という．現在の日本社会の労働時間短縮の流れとは逆に，外国人労働者の志向は労働時間短縮よりも獲得賃金の増加であることがはっきりと示されている．

　賃金相場は，大きくは同業他社の相場によっている．求人雑誌に募集広告を掲載した事業所では，編集部から相場に関するアドバイスが与えられている．日本人従業員との賃金差は，同じ職種である限りほとんどない．事業所アンケート調査結果でも，賃金決定基準として「自社日本人の同一職種の人の給与」と回答した企業が44.8％に達し，5項目中この項目が最も多く選択されている．事業所事例調査によれば，2社が，外国人労働者の時給を高く設定していた．その理由は，外国人労働者の方が所得税率が高くなるため，日本人労働者と同じ手取り月収を確保するには時給水準を高めにする必要があったからである．

　昇給はどの事業所でも行われている．採用後数カ月して職場に慣れ，能率も上昇した直後に時給50-100円の幅で昇給している．事業主も昇給によって労働者の勤労意欲も高まり，定着がよくなることを知っている．また外国人労働者も，職場に慣れ，職場の仲間や同業他社の相場がわかるようになると，個人

で賃上交渉をするし，採用時賃金のままでは不満が高まる．一方，ボーナスを支給されている人は28人中3人のみで，非常に少ない．事業所アンケート調査では，ボーナスを支給している事業所は全体で43.9％，していない事業所は39.5％である．ボーナスの金額は，勤続期間，出勤状況，能力などが勘案されて決定されており，これは日本人従業員の場合と同様である．しかしボーナスが労働条件の一部を形成している日本人労働者と異なって，外国人労働者の場合は支給されても御苦労賃としての性格が強く，事業主の恣意に任せられている．

さて，日本人労働者と外国人労働者の賃金差別の問題について触れておく．賃金の決定基準は自社の同一職種の人と同じになっていると先に説明したが，製造業で働く外国人労働者のほとんどの雇用形態がアルバイトであることを考慮すると，要するに日本人アルバイトの時給と同額と考えてよいだろう．日本人アルバイトの求人が困難で，外国人労働者に切り換えられたとみなしてよい．日本人若年者を見習工として採用した場合には，当初は全くの未熟練労働者であっても，正規従業員である．ところが外国人労働者の場合，彼らは非正規従業員であって，時給換算のうえでは日本人労働者の賃金に見劣りしなくても，事業主側は各種手当，社会保険料，福利厚生費などの諸費用を節約できるから，安価な労働力であることは間違いはない．非正規従業員という点では，女性パートと共通するが，残業をすすんでこなし，深夜労働も可能で，かつ身体的負担のかかる職務も遂行できる若年男性労働者は女性パートよりはるかに貴重な労働力であり，女性への代替は事実上不可能と思われる．女性パートの時給より外国人労働者の時給は100-200円高めに設定されているが，事業主にとっての労働力としての利用価値からみて当然の判断であろう．

労働時間は章末に添付した付表に示した．どの事業所でも1日8時間労働は実施されているが，毎日2時間程度の残業が通常の勤務時間として組み込まれていて，昼休みの1時間を加えると，拘束時間が1日11時間になることも珍しくない．週実労働時間の最長者は78時間のパキスタン人労働者（No. 20-23）である．週実労働時間が30時間以下の人は，外国人女性パートか通学の必要な就学生である．休日はいずれの事業所も日曜日が休日となっているほか，土曜休日も月1回から完全週休2日制までみられ，今回調査対象となった小零細

規模事業所でも労働時間短縮が少しずつ広がってきていることがうかがわれた．

　外国人労働者は賃金の低さに不満を漏らしている者が多かった．しかし，労働時間の長さについては不満は少ない．「注文といえば，賃金のためにもう少し長い時間働かせてもらいたいことくらいである」(No. 27, バングラディッシュ人，週実労働時間 47.5 時間)，「労働時間に不満はない」(No. 20-23, 週実労働時間 78 時間) などの事例が見られた．

　長時間労働にもかかわらず外国人労働者間に労働時間に対する不満が少ない理由は，第1に彼らが体力のある若年者であること，第2に労働時間短縮よりも収入を求めていること (外国人労働者が残業を求め，セカンド・ジョブを持っていることは残業収入の多さとしてすでに述べた)，第3に外国人労働者の住居が会社の寮であったり，アパートを借りても会社付近であって，通勤時間がかからないこと，などの諸点に求めることができよう．

　製造業に従事する外国人労働者の賃金と労働時間の特徴は以上のとおりである．さらに詳細な事実は今後の調査に委ねられよう．

(6) 職場環境と労災

　外国人労働者の職場は俗にいう3K職場が多く，き̇つ̇い̇，き̇た̇な̇い̇，き̇け̇ん̇といわれているが，実際にそのとおりであろうか．製造業外国人労働者の職場を職場環境の観点からみてみると，高熱 (メッキ，ゴム製品製造)，粉塵 (輸入鉱石の破砕・粉末加工，セラミックの製造)，臭い (メッキ)，深夜勤務 (メッキ，プラスチック成型)，危険 (プレス) などの特徴を挙げることができる．No. 20-23 のパキスタン人が働く職場は，ゴム製品製造 (規模7人) で，高熱重筋の肉体労働のため最近入社した日本人若年者は3日で辞めてしまったという．

　しかし職場環境の改善自体はなされている．職場環境改善のために都の中小企業設備近代化資金をはじめとして，低利の公的融資がなされているし，公害規制の強化もあって，新たな工業団地の建設の際には設備の近代化と同時に，職場環境の改善も進められた．先のメッキのC社の場合でも，製造工程においては加熱しながら，職場には大型空調設備を設置している．ここで働く No. 5 の中国人 36 歳はそれでも，「クーラーの効果がなくて，暑い，臭い」と不満を

述べていた．排気の必要もあって工場建屋の天井が高く，かつ加熱工程を抱えているため，実際に職場の温度を下げるにはよほど大型の空調設備でも設置しないかぎり効果が薄そうで，夏場はことに職場の室温が上がることは推察できる．一方同職場にいる No. 6 の中国人 22 歳は，若いためか職場環境に対して格別の不満はない模様で，かえって就業後に入浴できることを喜んでいた．

　以上は優良企業の事例である．一般的には，職場環境改善を第一目的とする設備投資は，生産工程への投資と異なって直接的な利益を生まない．したがって職場環境を改善するには，事業主を何とか改善の方向へ動機づける方策が必要であろう．人手不足という現在の状況も，動機づけの 1 つとなり得るだろう．

　労災被災者は今回の調査対象者 53 人中 2 人いて，2 人ともプレス機械による事故である．No. 24 の 25 歳パキスタン人の場合，入職 2 日目に腕をはさまれて切断した．足踏プレス機械で作業中，鉄板が落ちているのをみてそれを拾おうとして腕を伸ばしたときに刃が落ちてきて切断されたのである．会社側は，常識では考えられない事故としている．この事故のため同じ職場のパキスタン人労働者 3 人は働きづらくなって転職したという．現在は月 15 万円の休業補償で会社の寮で生活している．本人は 1989 年に来日しているが，ほとんど日本語を理解せず，また職場でも作業や機械に関する説明が行われなかった．

　No. 25 の 41 歳バングラディッシュ人は，プレス機械で左手の人差指と中指を切断した．入社後 1 カ月間は雑用をしていたが，2 カ月目に機械につけてもらい，その 3 日目に事故を起こした．仕事の説明や安全教育もなく，5 分間程度の説明がすべてであったという．

　以上はわずかな事例である．外国人労働者が就業しているような零細プレス工場は，これまで日本人の新規採用者に対しても，特段の作業説明や安全教育を実施せず，実際に仕事をさせながらそれを教育訓練に代えてきたのであろう．しかし，外国人労働者の場合は，まず日本語が不自由でたとえ説明してもその説明を理解するのに手間どるだろう．それなのに，説明さえ行われていない場合さえある．しかも生活習慣や，これまでの教育内容が日本とは異なるので，就業するにあたって前提とされる知識や技術も日本人と異なる．そうした差異を無視して，日本人の新規採用者と同様にすぐに危険な職務につけては，労災が起こらないことのほうがむしろ不思議といえる．

外国人労働者問題のなかで，職場環境と労災の問題の占める位置は小さくない．とりわけ労災については事業主も外国人労働者もそれが表面化することを嫌がるので，不法就労問題とつなげて考慮されなければならない．

2-2 建設業従事者

建設業従事者は，調査対象者 53 人中 6 人であった（No. 29-34）．

(1) 職種と職歴

建設業の職種には，雑作業の単純職種から高度の技能を必要とする熟練職種まで多様な職種が含まれるが，外国人労働者が従事している職種はこのうち単純職種に限られている．今回調査では，建物解体，簡単な大工仕事，鳶見習などに外国人労働者が就労していた．外国人労働者の職種がこうした単純職種に限られている理由は，第 1 に，経験年数が短いからである．来日時期が最も早い者でも 1986 年であり，その職種での経験年数も 1 年未満と非常に短い．外国人労働者の勤続年数が短いことはすでに製造業従事者についてふれたが，それがそのまま建設業従事者についても該当する．それでは，経験年数が長期化すれば，技能形成がなされるのだろうか．単純職種に甘んじている現在の地位が，経験年数によって，向上する可能性があるのだろうか．

現在外国人労働者を取り巻く状況では，技能形成をはかる可能性は閉ざされている．その理由は，外国人労働者の日本語の不自由さに求められよう．彼らは図面や設計図に書かれている漢字を読めないからどうしても職務内容が雑用の域を出ないのである．日常会話については在日の期間が長くなるにつれて上達するが，仕事を責任持って遂行するために必要とされる日本語能力については前述した職務経験の延長上では獲得されない．事業主も教育訓練を行うが，体系だったものではないし，事業主が必要と判断したことだけを教育するにすぎない．また従事している外国人労働者の技能育成が目指されているわけでもない．日本語さえ上達すれば，技能形成の道が開かれるかどうかは定かではない．しかし，日本語の上達は技能形成に至る十分条件ではないが，ある程度日本語を読め，書ける能力は技能形成を図り，よりよい職種に就労するための最低限必要な条件ではあろう．

第2に，外国人労働者は不法就労者である限り，公的な各種の免許や資格の取得が一切阻まれているのが現状である．近年は女性さえも建設現場に投入されてきているのに，外国人労働者の場合はその多くが就労資格を持っていないことから，技能形成はおろか，自動車の運転免許証さえ取得できない．ましてや，クレーン，その他の大型建設機械の操作，操縦を学べる可能性はない．建設業の外国人労働者は経験年数の長短にかかわらず，単純肉体労働者の地位に止まることを強いられている．

　次に，建設労働者の職歴と勤務先をみてみよう．製造業従事者と比較して非常に転職回数が多いことがその特徴となっている．韓国人の鳶職見習2人（No. 33, 34）は，日雇いの形態で就労している．他の4人（フィリピン人3人，パキスタン人1人）は賃金形態は日給月給制で，いつも同じ事業主に雇用されている．規模は10人前後で，同じ職場に同国のフィリピン人が8人（No. 29の職場），4人（No. 30），3人（No. 31）と複数就労している．

　韓国人労働者の場合は，同じ町内に同国人が戦後多数居住しているという歴史を持っていることから，同国人間にすでに情報のネットワークが形成されている．したがって，来日もすでに形成された日本の韓国人社会に新たに参入する形態をとっている．彼ら韓国人が同一地域に居住するメリットは，住宅や雇用機会を紹介するなど，そこにある相互扶助機能を期待できること，言語，生活習慣などについては故国のそれを維持できることにある．しかし在日の韓国人相互の競争も激しく，賃金などについても相互に牽制しあっているようだ．いずれにしても，フィリピンやパキスタンなど他国の出身者と比較すると，韓国人労働者は日本での滞在年月が短いにもかかわらず，日本社会への適応が比較的スムーズであった．

　たとえば，No. 33の30歳の韓国人男性は，妻が済州島出身者でこの島から来日する人が多いことから，その情報を得て妻に続いて来日した．来日当初，沖仲仕を9カ月間勤めたあと，10回ほど転職して現在は日当2万円で鳶職見習となっている．No. 34の33歳韓国人男性は，1カ月間高速道路の街路樹植え込みを日当9000円で経験した後，土木作業員を経て現在日当2万円の鳶職見習である．

　一方，フィリピン出身の3人については，韓国人に比べフィリピン人の来日

の歴史が浅く，日本での居住地域も特定化しておらず，情報ネットワークも未整備であることから，ブローカー経由で入職し，転職している．No. 29 の 35 歳男性は，1986 年成田空港で日本人ブローカーから最初に土木作業員を月給 7 万円で斡旋してもらった．ここで 4 カ月間就労後，再度日本人ブローカーの手で豆腐工場に月給 8-9 万円で転職した．しかし長時間労働のためここも 3 カ月で転職している．その後はフィリピン人の紹介で高賃金職種を求めて 7 回転職し，現在は解体工として日給 1 万 2000 円，月約 36 万円の収入である．No. 31 の 25 歳男性も同じく成田空港で日本人ブローカーに解体工の仕事を日給 4300 円で斡旋してもらった．ここで 1 年間就労したが，賃金不払いや暴力沙汰があり，宿舎を逃げ出して日給 6000 円で建設作業に従事する．この仲介者は同じフィリピン人であったが，同国人を紹介してはその上前をはねるブローカーであった．その後さらに 2 回転職した．現在の職場は，以前の日本人同僚の紹介であり，日給 1 万 2000 円となっている．

　日本に親戚や知人のいる韓国人労働者と異なって，日本での就労の歴史が浅いパキスタン人やフィリピン人労働者の場合は，成田空港にブローカーがいて就職を斡旋してくれる，という情報のみを頼りに来日している人がいる．それだけに，紹介される仕事は相場より非常に低い，ある場合には相場の 1/3 にすぎない賃金水準となっている．そこでは宿舎も提供されるので来日当初はブローカーの言いなりに就労するが，本人が日本社会の事情に明るくなるにつれ，また仲間ができてそこからの情報が伝わるにつれ，よりよい雇用機会を求めての転職が行われている．No. 31 の労働者は日給 4300 円から始まって，日給 1 万 2000 円の現職まで転職を 3 回繰り返している．これまで日本に何のつながりも持っていなかった外国人労働者は来日当初こそ最底辺の労働市場にいるが，時間の経過とともに外国人労働市場の内部でよりよい雇用機会へと上昇していることがわかる．

(2) **賃金と労働時間**

　建設業従事者の賃金水準は，製造業従事者のそれと比べてはるかに高い．製造業従事者が時給を基本として日給 7000-9000 円であるのに対して，建設業従事者は最も低い人で日給 1 万円，高い人で日給 2 万円である．月収はしたがっ

て25万円から50万円程度となっている．賃金が高い理由は需給が逼迫しており，技能を必要としない単純労働であっても肉体労働でかつ危険度が高いからである．しかし若年者である外国人労働者にとって，作業は必ずしも身体上きついとは感じられてはいないようだ．賃金が高いからという理由で，他業種（飲食店など，No. 29，30）から建設業に参入している．身体的に不適応の人はこの業界に参入しないか，参入してもすぐに転職してしまうのが一般的であった．製造業のB社でも，高賃金を求める外国人労働者は，建設業へ転職していったという．建設業は高賃金が1つの特徴となっている．

　他業種と比較して建設業の場合は，高賃金水準とはいえ，その中身を検討すると，国籍による賃金の差が存在しているようだ．製造業の場合には，外国人労働者の職場や職種が，日本人とは隔離された職場であったり，あるいは日本人の中高年熟練労働者と女性パートだけで構成されている職場であったりしたために，賃金を厳密に比較することは困難であった．そのため，賃金の差は国籍の差から直接にもたらされるというよりも，雇用形態の差として，ある意味ではワンクッションおいた形で現れていた．ところが，建設業では日本人も外国人労働者もいずれも日雇いという同一の雇用形態であり，同一の建設現場で同一の職種に携わると，賃金の差は国籍によるものとして現場労働者の目に映じてくるようになる．

　しかし，この賃金差が即国籍による差別であると労使双方に受け止められているわけではない．なぜならば，労働者も雇用主も，外国人労働者の日本語能力が不足しているために，そこに賃金差が生じても仕方がないと考えているからである．その結果，日本語の能力があるほど高賃金を得られるからという理由で，日本語の上達を目指している人もいる（No. 31）．「国籍の差→日本語の不自由さ→単純職種での滞留→賃金の差」という図式が描けるであろう．しかし技能形成の箇所で触れたが，在日年月の短い外国人労働者自身が楽観的に考えているように，「日本語の上達→賃金の格差解消」とつながっていくかどうかは保証の限りではない．外国人労働者の人数が少数であること，また彼らは日本での滞在期間が短く賃金差を生じさせている日本の労働市場の実態について精通していないこと，若年者として自分の将来に希望を持っていること，などの要因により，賃金差が社会的不満の根源になっているとまではいえない．

しかしこのような状態が将来も継続するならば，賃金差別の問題はより重要とならざるを得ないであろう．

　調査にみられた限りの国籍による賃金差は次のようであった．No. 34 の韓国人鳶職見習の話では，日給が日本人 2 万 3000 円，韓国人 2 万円，フィリピン人 1 万 8000 円という．また No. 29 のフィリピン人労働者は，自分の日給が 1 万 2000 円であるのに対し，同職種の日本人の場合には 2 万円支払われていることに不満を漏らしていた．

　労働時間は，週実労働時間が 40 時間から 54 時間であった．月 4 日から 5 日の休日があり，かつ雨天の場合は休業となるケースが多いので，製造業従事者のように恒常的な残業が賃金決定に組み込まれている事例と比較すると，外国人建設労働者の週実労働時間は決して長くはない．ただし，労働時間の長さに不満を述べていた者が 1 人だけいた．No. 31 で，週実労働時間は 54 時間であった．この程度の長さならば外国人労働者では不満をもらす者は少ないのであるが，この人は盲腸手術後まだ 4 カ月しか経過していないという特別の事情があった．手術費は，自分の貯金 20 万円を取り崩し，不足分は病院が特別治療費として負担したという．本国の家族へ月 15 万円送金しているため手持ち現金がなかったためと思われる．

　建設業の場合は屋外作業を主体としているために自ずから残業時間に制約があり，労働時間は同規模の製造業よりも短いといえる．

(3) 労　災

　建設業は労災の危険が多い業種である．調査対象者中には労災被災者はいなかったが，「仕事がら怪我が多く，同僚のフィリピン人も何度か怪我をしている」（No. 30 解体工）の発言にあるように，程度に差はあれ怪我の危険が常にともなっていることに注意したい．製造業従事者と同様に，建設業に従事している外国人労働者の場合も，日本語の不自由さが労災の危険を日本人労働者以上に大きくしている．作業指示はすべて日本語で行われるが，韓国人同士，フィリピン人同士は母国語で意思疎通を行っており，ある程度日本語がわかる外国人労働者が日本語に通訳するという形態をとっている．しかも，日本語による作業指示の方法が，仕事内容を把握している日本人労働者に対するのと同様

に外国人労働者に対してもなされることが多く，言葉がたとえわかっても言葉の意味する内容が外国人労働者につかめない場合もある．製造業以上に，建設業でも労災の予防が図られてしかるべき状態であろう．

社会保険については，多様であった．No. 29, 31 のフィリピン人労働者の場合は一切保険に加入しておらず，労働条件の細目は不明瞭である．したがって先に触れたように，No. 31 の盲腸の手術は本人の貯金と病院側の負担によってなされた．また同様の条件下にある No. 30 のフィリピン人労働者は，国民健康保険に加入していて，毎月 1000 円程度の保険料を自己負担している．一方韓国人労働者の場合は，他国籍者と異なり外見が日本人と酷似していることから，雇用主が日本人名義で保険に加入させている事例があった．

以上，建設業従事者の職業生活の実態を見てきた．建設業では事業主面接調査に対し協力してくれた企業は，残留日本人孤児の息子が働いている 1 社のみであった．その結果，労働者側からの資料提供のみの調査であり，製造業のように細かく分析できなかったが，おおよその労働実態については明らかにできたのではないだろうか．

2-3 第 3 次産業従事者

第 3 次産業従事者は，今回調査対象者 53 人中男性 14 人，女性 5 人の合計 19 人であった（No. 35-53）．産業特性を反映して女性の比率が高くなっている．

第 3 次産業はそのなかに雑多な業種を含むことが最大の特徴であるが，外国人労働者の就労している業種も飲食店を中心に卸売，サービスと広がっている．しかし，職種のうえからは単純職種か，あるいは語学力や母国の事情に明るいなど，外国人としての特性を生かした職種かに二分される．この外国人としての特性を生かした職種を，ここでは仮に「外国人特性活用職種」と名づけておこう．

(1) 単純職種の特徴

単純職種の内容は，飲食店の皿洗い（いわゆる洗い場），配膳（ホール），調理補助（コックではない），青果市場での仕分，運搬，袋詰，パチンコ店の店

員，ホステスなどであった．いずれも，特殊な技能や訓練を必要とせずに，入職したその日から仕事に就くことができる．この他，事業所面接調査に挙げられた事例では，新聞配達員，ガソリンスタンド店員，清掃員（ビルメンテナンス会社のアルバイト），ハンバーガーチェーン等の外食産業の販売員などであった．また外国人労働者の実態を追ったレポートによると（毎日新聞東京本社社会部編，1989），外国人労働者の就労している職種はここで列挙された以外に，魚市場の従業員や，港湾労働者，クリーニング店店員，農業労働者などであった．

　こうした第3次産業（農業労働者は第1次産業従事者ではあるが）の単純職種は，次のような特徴がある．第1に，就業時間帯が早朝，深夜，夜間などに偏っている．青果卸売会社は従来は早朝のセリで間にあっていたが，量販店の大型の注文に応えるために，前夜のうちに注文が来て，早朝に出荷するシステムに変化した．そのため，夜勤体制が敷かれ，昼間のシフトは午前6時から午後2時，夜のシフトは午後11時から午前7時30分というように編成されていた．清掃員も，事務所の営業時間前後の早朝や夜間勤務であるし，新聞配達も早朝である．飲食店，バーなども夕方から夜間が営業時間帯の中心である．

　第2に，仕事内容が単純であり，同一作業の繰返しが技能向上や賃金の向上に結びつかない．新聞配達は伝統的にアルバイト学生の職種であった．ビルメン産業や外食産業はその経営形態がアメリカから輸入されたために，職種が確立しており清掃員や販売員の大半の職務はマニュアル化されて単純労働となっており，そのため経験をもたないアルバイト労働者に依存することが可能となった[5]．それでは青果卸や飲食店などでは，従来誰がこうした単純労働を担ってきたか．近年，女性労働力が注目されているが，主婦パートは勤務時間帯が制約されて昼間に限定されているため，中心的な労働力とはなりえなかった．第3次産業の単純労働を担ってきたのは製造業の場合と同様に，そこに入職した直後の若年者であった．昭和30年代後半からの経済成長を支えた集団就職の青少年たちがその比較対照として理解できるだろう．彼らはこうした単純職種から職歴を始めて，いずれ一人前のコックや仲買人，商店主などになるという希望に支えられていた．たとえば青果卸では，「日本人の場合は荷役から始めて仕入・販売ができるようになるまで約1年かかる」という事業主の言葉に表されるように，日本人若年者がその世界で一人前になることが，現実にはど

うであれ，建前上は期待されていた．

ところが，若年者の労働力不足で小零細商店や飲食店からこうした若年者が消えていくと，その隙間を埋めるような形で外国人労働者が登場してきたのである．しかし，外国人労働者は日本人の若年者とは異なる．日本語が不自由であるし，滞在資格のうえからも勤続期間が短いことが想定される．採用されたその当日から働けるということは，裏返してみればその本人がいついなくなっても事業主が困らないように職務の編成をしておかなくてはならないことを意味する．勤続の不安定な外国人労働者に，余人をもって代えがたい職務を割当てることは，事業を存続させていくうえでリスクが大きいといわねばなるまい．結果として3年半も勤続していながら準社員の地位にあるバングラディッシュ人も青果市場にはみられたが，基本的にはいつまで勤務するかの保証がない外国人労働者に対しては，単純職種を割当て，主要な職種や判断業務にはつけないことが企業の経営管理上では当然の処遇となってしまう．

たとえば，先の青果卸商も，「外国人の場合は，仕入・販売までという昇進経路をとることは無理である．判断業務は，瞬時に大きな額の取引を行うものであり，しかも，日本人の習慣などの理解が必要だから」と述べている．その結果，外国人労働者の職務は，品物吟味（腐った青果の整理），袋詰，荷役（現在はモー・トラというエンジン付の車があるので，荷物の積下ろしは10kg以下になっており，身体的な負担は少ない．その代わりモー・トラの運転技術が必要とされる．2-3週間で習得可能）など単純で代替可能な職種に限定される．企業の収益がたとえ良好であろうと，あるいは外国人労働者に依存している労働内容が単純労働であろうと，労働力の一部を不安定な外国人労働者に頼らざるをえないというその一点において，こうした小零細商店の経営は不安定なものとなっている．

第3次産業の単純職種の第3の特徴は，その多くが機械化が困難な分野に属していることである．機械化がたとえ可能であっても，単位が小さいためにコストに合わないことの方が多い．外国人労働者の受け入れは単純労働を代替させるはずの技術革新を妨げるという議論が存在するが，こと第3次産業の場合は，人間に代わって単純労働を遂行できるような機械を導入できる余地が少ない．また労働内容がサービスの提供を中心としているために，製造業のように

生産拠点を海外に立地させて開発途上国の経済発展に寄与するという方策は根本的にとることができない．労働集約的な産業でも製造業ならば人件費の安い地方や海外での立地が可能である．またサービス産業でもソフトウェア産業などではそうした事例にこと欠かない．しかし皿洗い，配達，清掃，荷役等の雑役的な労働は運搬することができない．長期にわたる技能向上が望めない低賃金職種でもある．機械でも代替しにくく，他国からの移入も不可能であるとすると，頼るのは日本にいる人間のみとなるが，その労働力が不足している．そこで日本で就労を求める外国人労働者に依存することになる．これらの外国人労働者は，日本語が不自由であり，職場を構成する中心職種につけられないというデメリットはあるが，これが逆に事業主にとってメリットでもある．具体的には，日本人若年者と異なって事業主が本人の将来のキャリアを考えてやらなくてもよく，不安定労働力であるので単純職種だけ担当させればよい，したがって賃金上昇も低く抑えることが可能で，人件費の節約になる，等の諸点を列挙できる．

　入職経路については，製造業の場合と同様に友人の紹介が主体である．また飲食店やガソリンスタンドなどの小売業では，貼り紙を見ての飛込みもある．この場合は，韓国人は韓国料理店に，中国人は中華料理店に働き先を見つけやすい．製造業と比較して，仕事内容が理解しやすい小売店や飲食店の場合は，飛込みによる外国人労働者の応募も数多くあるようだ．また求人雑誌も入職経路の１つとなっているが，これは事業主が積極的に外国人労働者を求めて求人しているわけではなく，日本人の応募がなく，結果として外国人労働者しか採用できなかったそうだ．ホステスの場合は，日本人，外国人を問わず転職を促すブローカー（開発担当とよばれるマネジャー）がいて，転職はこの職種では日常茶飯事の出来事である[6]．

　以上が外国人労働者の就労している単純職種の特徴である．あえて外国人労働者の採用を求めたり，外国人労働者向けに単純職種を設定しているわけではない．しかしもはや日本人では埋められなくなった隙間に外国人労働者を充当することにより，徐々にではあるが，単純労働を主体とした外国人労働者職種という新しいカテゴリーが形成されつつある．職種が明瞭な建設業では，すでに技能を必要としない単純職種が外国人労働者職種になってきており，それが

理由となって日本人のその職種への入職が少なくなってくる傾向が見られ始めているというが，第3次産業の単純職種についても，今後似た傾向が生じてくる可能性があろう．

従来ならば小零細商店などでも，日本人若年者に対して年齢が高まり勤続年数が伸びるとともにいくつかの職務を経験させて一人前にするという教育訓練の慣習が成立していたのであるが，外国人労働者の場合には，日本語を習得していない，日本の生活習慣を知らない，勤続意思を持っていない，などの理由で単純職種に固定されがちである．これまで日本の企業では，大企業，中小企業を問わず職種の概念が非常に曖昧であった．しかし中小零細企業では日本人とは異質な外国人労働者の雇用経験を通じて，職種の概念が企業内で明確化されるようになりつつある．将来を見通すと外国人労働者向けの単純職種の成立，あるいは外国人労働者の単純職種，底辺労働市場への固定化が危惧されよう．

(2) 単純職種の賃金と労働時間

第3次産業の単純職種の賃金水準は，時給800円から1100円である．製造業とほぼ同水準であるが，青果卸では深夜勤務であることを考慮すると，製造業より低めに抑えられているのかもしれない．単純職種で時給単価が最も高いのはホステスで，1500円から2500円となっている．しかし週実労働時間が20-25時間と短いので，月額賃金は16-20万円と他の職種の外国人労働者とあまり相違はない．月額賃金は労働時間によるが，17-18万円前後であった．これだけあれば，一応は東京都内で生活していけるということであろう．

日本人との賃金差であるが，これは製造業と同じく同一雇用形態であれば賃金差は小さい．ある青果卸では，日本人アルバイトならば時給800円のところ，中国人の場合は言葉が通じにくいということで600-700円であった．その後，日本人は応募者がないために採用不可能となり，中国人の熟練度も上がったので，時給は900-1000円に昇給している．勤務先事業所が零細規模であることもあり，アルバイトなどの非正規従業員で同一職種に携わる日本人がいないので，日本人と外国人の賃金の厳密な比較は無理である．

ただホステスの場合は，明らかに日本人よりも低い．銀座で15人の外国人ホステスを雇用しているクラブ経営者の聴き取り調査では，外国人の雇用理由

として，日本人ホステスの不足ということのほかに，賃金の節約があるという．ここではホステスの時給は3000円で，1日2万円のチップは半分を本人が，半分をプール制にして分配するという．またNo. 53のフィリピン人ホステスの場合は，時給が2500円であるのに，同一職場の日本人同僚は時給3000円である．もっとも，この職種はチップ，売り上げ金の割戻し，同伴などへの報償など，他の収入源があるので，時給の差が直接月収の差には結びつかない．

　週実労働時間は，全体としてアルバイトが多いので，20-50時間程度の枠で収まっているが，長時間労働は飲食店手伝いである．No. 38の31歳韓国人女性は，飲食店手伝いをし，就労時間帯は午前6時から午後5時半となっている．またNo. 37の21歳韓国人女性も週60時間労働であるが，住込みで午後4時から午前2時まで就労している．No. 35の38歳中国人男性もパチンコ店店員として，午後1時半から午後11時までの勤務で，週69.5時間の労働時間である．その他，青果卸で働く中国人（No. 43）は午後10時から午前6時まで，ホステス（No. 53）が午後8時から午前0時までである．外国人労働者が就労している第3次産業の単純職種の場合は，労働時間の長さ以上に就労時間帯の問題があり，夜から深夜にかけて働く職種が非常に多くなっている．

　深夜労働は一般的に嫌われることから，深夜労働の職種は労働市場が人手不足の時期には真っ先に求人難となる職種であり，これらの日本人の嫌う職種へ外国人労働者が就労してきていることが以上の数少ない事例からも読み取れよう．とりわけ女性の場合には，肉体労働の側面では男性におとるため，肉体的にきつい作業，危険な作業に就労することは少ないが，夜間の労働には就労しているようだ．

(3) 外国人特性活用職種

　外国人特性活用職種に分類できる職種に携わっている外国人労働者は6人（No. 45-50）で，全員男性である．調査の主眼をアジア諸国出身者に置いたために，外国人特性活用職種は少なくなった．しかし活用のされ方が多様であるので，以下に職種とその活用特性を簡単に記す．

　ア　専門技術　この典型事例はNo. 49の中国系タイ人36歳である．その学歴はタイで高校を卒業後，文部省（当時）の国費留学生として来日し，東京大

学でシステム工学を学び，大学院博士課程を1年で中退した．その後，工場設計の日系エンジニアリング会社に就職，現在は勤続1年4カ月で，訓練を受けているが，いずれタイの現地子会社の責任者として帰国予定である．日本語能力，専門技術力についても申し分なく，そのうえにタイ人として現地の事情に明るいので，会社としては非常に有為な人材と見なしている．現地採用のタイ人1人，シンガポール人2人が研修生としてこの会社にきているが，こうした人たちの上に立つ管理者として，将来の東南アジア展開の中核的存在として期待されている．雇用形態は1年契約の契約社員で，年俸制である．本人の年収は600万円で，同社の課長（年齢35歳前後）と同水準となっている．

　またNo. 45のフィリピン人34歳システム・アナリストも，コンピューターの知識を生かして，スウェーデン系出版社に勤務している．会社内での言語は英語を使用しているので問題はないが，日本語が多少不自由である．プログラマーとしての技術は，マニラで8年間勤務したコンピューター会社で修得した．月給は約30万円，残業収入月6万円である．

　No. 48の32歳ガーナ人は，国籍を生かしているわけではないが，写真撮影という専門的職業に従事している．日本人女性と結婚して配偶者ビザを持つため，職業安定所経由で，専門技術を身につけることを目的に入職した．事業主によると，英語が日常語であったため，写真備品の英語説明などの理解は早く，本人も技術修得の熱意があるので努力している．ただ器用さに欠け，メモ程度の日本語が書けないことが欠点とされている．5年後に帰国予定でその技術を生かしたいという希望を持っている．月給13万円，手取り11万円である．

　専門技術職は，他の職種と比較して賃金が高いものの，技術修得に時間がかかり，修得期間の賃金水準はNo. 48に見られるように，ごく低いものである．徒弟修業の名残りがあるからであろう．高賃金を求めるだけならば，男性では建設業，女性はホステスで可能である．外国人労働者の来日目的が収入を得ることを主眼としている限り，技術修得に時間がかかるような専門技術職への参入は非常に困難である．家計に余裕がある人か，よほど技術修得に情熱を持っている人でなくては技術修得期間の授業料や生活費の負担に耐え難く，また見習い期間の低賃金を忍ぶことはできない．そういう徒弟期間の耐乏生活に耐えられず勉学を忘れて高賃金職種の通訳や旅行ガイドなどの職種に走る就学生や

留学生が散見された．しかしすでに技術を身につけていた場合には，No. 45 のシステム・アナリストのように，その技術を生かして働くことも可能である．専門技術職の場合は，日本人，外国人を問わず，その技術を修得できるか否かが問題となっている．外国人労働者の場合は，日本語能力以外にも，修得期間の生活をどのように支えていくかが大きな問題の１つとなっていよう．

イ 語学力 本人の語学力を生かした職種についている外国人労働者は３人であった．職種は広告代理店での翻訳（No. 46，28歳中国人），民族料理店でのウェイター（No. 47，25歳エチオピア人），旅行会社添乗員（No. 50，24歳アメリカ人）であった．ウェイターの職種は本来ならば単純労働に分類しうるものであるが，勤務先が民族料理店であり，アフリカ出身者がウェイターをしていることは，店の雰囲気作りのうえでも欠かせないことから，外国人特性活用職種に分類した．

語学力を生かした職種は時給もよく，翻訳者で時給 2500 円，月 35 万円前後，成田で旅行客の送迎を行っている添乗員の場合は，月給 34 万円であった．

入職経路は，中国人翻訳者は新聞広告，エチオピア人ウェイターは大使館関係者の紹介，アメリカ人添乗員はグアムの日系ホテルで同様の仕事についていたところを，現勤務先にスカウトされた．

語学力を生かした職種についている外国人労働者の場合は，賃金水準が高いこと，また雇用主も労働者側も短期的な雇用であるという前提に立っているので，それほど大きな職業上の問題はない．

以上，製造業，建設業，第３次産業に就労する外国人労働者の職業生活の実態を見てきた．いずれにも共通することは，勤続が不安定で日本語ができないという点から，彼らが臨時労働力として位置づけられていることである．日雇労働者と同じであるが，その単位が１日というだけではなく，週単位，月単位，年単位の「日雇労働者」となっている．これはブルーカラーだけではなく，専門技術職のホワイトカラーにも該当する．日雇の単位が，単に１年に延長されているにすぎない．これは労働市場の側面からは，常に代替者での労働が可能であることを意味する．また長期勤続による昇進や技能形成の方途が準備されていないということも意味しよう．その点では縁辺労働力の女性パートと似て

いるが，外国人労働者の場合は若年，男性，という点が大きな特徴であり，身体的にきつい仕事も可能，深夜労働も可能，労働移動が容易，単身者で生活費が安価で済む，など中小事業主にとっては女性や高齢者で代替することの困難な労働力として機能している．こうした外国人労働者が，不法就労者であるとして社会的にはまるで存在していないかのごとく位置づけられていることは，現実から眼をそむけていることになろう．

3 労働者の生活構造

　日本の都市は飯場的性格を持つといわれている（倉沢，1987）．それは農村から都市に集まる人々にとって，都市は出稼ぎの場として位置づけられ，都市を生活の場として考えずに，不況期には農村に還流したからである．その結果，都市は飯場的なもの，一時的なものとして生活環境の水準が低いままに据え置かれ，住民も地域社会に対して無責任・無関心となりやすかった．都市が生活の場，居住の場として環境整備がなされる前にいつの間にか出稼ぎ者が定住し，都市人口が拡大した．出稼ぎ者はいずれは故郷に帰ることを心底では願いながらも，実態としては都市に長期間居住して第2世代，第3世代が誕生するようになり，都市住民として定着するようになった．

　外国人労働者の問題を考察するにあたっても，実は似たような現象が引き起こされる可能性があるのではないかと思われる．日本列島全体がアジアからの出稼ぎ労働者を受け入れる都市としての性格を帯び，飯場的なものとなっている．彼らは，日雇いの出稼ぎ者として労働市場に位置づけられている．不況期には帰国することが前提とされている点も共通である．日本社会も外国人労働者が，また外国人労働者も自分たちが，やむをえず日本に定着するケースを想定していない．そのため生活環境や各種受け入れ制度が未整備であり，これは外国人労働者にとっても受け入れる日本人にとっても不都合であること，外国人労働者の多くが帰国か他国への移住を希望しているため，日本社会に対して関心が薄く，責任もないが要求もないという状態にあること，などの諸特徴が挙げられる．こうした点について，労働者の生活構造を探りながら以下に明らかにしていきたい．

3-1　家族構成

　外国人労働者の家族構成はその年齢が若いことや身分上，留学生や就学生などの学生が多いこともあって，未婚者が多い．面接調査53人中30人が未婚であり，来日後に結婚した7人を加えるとほぼ7割の人が未婚で来日している．外国人労働者の個人アンケート調査によると，男性の平均年齢が26.8歳，女性が26.2歳で，75.9％が未婚者であったから，数量的なデータのうえからも未婚者の比率が高いことが示されている．未婚者であることは，扶養家族を持たないか，あるいはその人数が少ないために家計費が少なくて済むこと，労働移動が容易であること，住宅の居住水準が低くても当座はしのげること，などの諸点に影響を与えている．来日後に結婚した7人中5人は日本人と結婚し，他の2人は同国人と結婚した．外国人労働者の日本人配偶者の職業は，男性では冷凍トラック運転手，元パッキン製造工，女性では美容師，OL，大学院学生などである．同国人と結婚したNo.30のフィリピン人解体工は在日中の叔母の紹介による．No.38の31歳韓国人女性（飲食店手伝い）は，日本に出稼ぎに来ている現在の夫を見合いのために訪ね，結婚した．夫は済州島出身者で，この島から日本に出稼ぎ者が多いことから，情報や人の交流が続いている．外国人労働者の多くが若年者であり，また故国を離れて言葉や生活習慣の異なる日本で就労していることを考えると，ホームシックにかかったり，心を慰めるための仲間が欲しくなるのは当然の成り行きであろう．それが同国人の場合もあるし，異性であることもあろう[7]．日本に滞在する外国人労働者の人数が増大するにつれ，そのなかから結婚する人が輩出してくることは当然予想される成り行きであろう．

　次に既婚者について見ておこう．中国（No.5，35，46）や韓国（No.28，33，34），フィリピン（No.29）からの外国人労働者は，夫が先に来日し，その後ある程度は日本での生活や仕事のめどがついたころに，妻を呼び寄せている．子供は本国の親や親戚に預けられている．そうしなければ妻の日本での就労ができないからで，たとえ子供を連れて来ても保育所に子供を預ける手段や資格もない．彼らは妻の就労によって収入源を2倍にして，できるだけ短期間に高い収入を確保して，早く帰国したいという希望を持っている．妻を呼び寄せても夫の収入が高くて妻が就労する必要のない場合は，妻の側でしばしば日本社

会への適応について問題が起きやすい．No. 29 のフィリピン人解体工の妻は，来日後半年になっても日本語ができないのでアパートから一歩も外へ出られない状態に近い．No. 49 のタイ人エンジニアの妻も来日したが，気候が寒くて暮らしにくいこと，日本語が不自由なため病気にかかりやすい幼児である5歳と3歳の子供を育てられないこと，などの理由で3カ月後に帰国した．外国人労働者と子供を含むその家族が日本で生活していくのはなかなか大変なようである．

　妻子を本国に残してきている外国人労働者もいる．日系ブラジル人，パキスタン人，バングラディッシュ人などである．個人アンケート調査でも，パキスタン，バングラディッシュからの労働者はほとんど単身で来日していたが，それは彼らが信仰するイスラム教のためであろう．イスラム教では一般に女性が職業につくことを是としないし，また一家の男性も家族内の女性を扶養し安楽に生活させることを自分の義務と心得ているからである．

　兄弟の人数は日本と比べて非常に多い．日本は年々出生率[8]が低下し，1989年は1.57人とこれまでで最低となって以降衝撃を与えたが，アジア諸国やガーナから来日した外国人労働者の家族構成を質問すると，兄弟の人数が多く，また両親の年齢も若くて早婚であることがわかる．No. 17 のガーナ人は8人兄弟の長子である．その他，No. 25 の41歳のバングラディッシュ人は子供が7人おり，9人兄弟（No. 30），7人兄弟（No. 32, 50）の例もある．兄弟の人数は4-5人がごく普通である．兄弟数がこのように多い結果，長子が家族の扶養のために来日しているケースも見られる．弟，妹の学資や結婚資金を調達するために日本に出稼ぎに来ているのである．また扶養の義務がない場合でも，少なくとも自分の生活は自分で支えなければならず，親の援助や送金を当てにはできない．送金があったのは No. 41, 42, 44 の中国人就学生で，飲食店手伝いや青果卸の袋詰めなどの単純作業に従事している．No. 41 は親とイギリス在住の祖父から送金があるので，勉強時間を確保するために近日中に退職したいとしていた．また No. 42 はアメリカの姉とヨーロッパの親戚から，No. 44 も親戚からの援助がある．また No. 9 の韓国人男性は親からの送金があるので，日本を離れ数カ月後にイギリスに渡る予定であった．53件の面接対象者中この4人と，No. 14-17 の4人のガーナ人計8人を除いて，残りのほとんどの人が母国の家族へ定期的に，あるいは不定期に送金していた．

兄弟の数の多さは、こうした扶養関係だけではなく、情報に関するネットワークも広げている。兄弟で同じ職場に働いているという例ばかりでなく、親族全体が相互に助け合って日本での住居や雇用先の紹介を行っている。親族のうちの1人が来日し、そのコネを頼って家族や兄弟が来日する。これは、先に入職経路について検討したとき、友人・知人からの紹介が多かったことから当然のことである。また雇用先の国は日本ばかりではなく、本人は日本に来ていても、兄弟姉妹や親族はアメリカ、香港、ベルギーなどに移住している場合もある。在日の外国人労働者本人にとっては、出稼ぎ可能な諸外国のうちの1つが、たまたま日本であったにすぎないという側面がある。

外国人労働者の家族構成について、未既婚、妻の在日の有無、子供の数と兄弟についてみてきた。これらは扶養関係と密接に結びついているので、以下に家計の状況について触れてみたい。

3-2 家 計

家計については、外国人労働者の身分や職種、家族構成によって大きく異なる。労働者アンケート調査の結果では、平均して1カ月の勤労収入は12万9000円、総収入は15万円前後であった。外国人労働者の場合、前節ですでに触れたように、専門技術職に就労している一部の者を除き、職種や勤続年数、技能度、日本語の程度、年齢などに大きな差がないため、勤労収入の個人差は意外と少ない。もちろん建設労働者やホステスなどは時給単価が高いが、外国人労働者の階層分化がまだ進展していないため、日本人労働者間のような差異は少ない。勤労収入に差異を生じさせている主たる理由は、労働時間の長さによるもので、これは外国人労働者の中に日本人の勤労学生に近い形態の就学生や留学生と、出稼ぎを主たる目的とする外国人労働者が未分化で含まれているからである。雇用する側の事情からすれば、外国人労働者を雇用する限りにおいては、就学生でもまた出稼ぎ者でも一向に変わりはなく、同じ労働力である。そのため、就学生がその勉学目的を周囲から理解されず、単なる低賃金労働力源としてのみ扱われたり、あるいは労働時間のうえでも就労意欲への姿勢でもすでに一人前の成人男子労働力である外国人労働者が、ごく短期的なアルバイト労働力としてしか位置づけられていない事例がみられた。労働力としての相

違はなくても，家計のうえからは相違が生じてくるので，以下に就学生・留学生と就労目的の労働者に分けてその家計を見ておこう．

(1) 就学生・留学生

　就学生・留学生の本来の身分は学生であり，就労してお金を稼ぐことは学生の身分を保つための手段であるから，基本的には労働時間が短く，したがって勤労収入も少ない．現在日本で生活しているその生活水準がどうであれ，就労目的で来日した外国人労働者と比較して，時間に余裕があり学生でいられるだけ，外国人労働者間では豊かな方に属するであろう．このグループは十分な仕送りがあるために勤労する必要のない者から，就学生とは名ばかりで事実上は労働者である者まで多様である．しかし今回調査は外国人労働者を対象としているため，就労している者のみを採りあげる．総体としての就学生や留学生の問題はまた別個に考察されるべきであろう．

　面接調査対象者53人中，就学生・留学生の身分であった者は18人と多い．そのうち学業と仕事を両立させている者は，仕事の選び方にも特徴があり，授業終了後の午後，あるいは夜間などの時間帯や土曜や休日に働ける雇用機会を選んでいる．このような見地から選ぶと，飲食店手伝いなどは最適であり，しかもそこで食事が供されることも就学生たちにとっては生活上便利である．就学生の場合は週実労働時間が20時間以内と法律上規定されているが，この規定に関係なく，勉強やデザインの技術修得など，特定の目的を持っている者の場合は，労働時間を短縮したいという希望を持っている．

　就学生のうち，典型的と思われる22歳中国人メッキ工（No. 6）の家計についてみておこう．収入は勤労収入のみで，時給1000円，週32時間30分の労働時間で，手取り12-13万円である．そのほか，土曜日，日曜日の休日は，居住地近くの飲食店で皿洗いのアルバイトを時給720円でしているので，その収入が2-3万円となり，1カ月の総収入は16-17万円前後である．1カ月の生活費目中もっとも大きいのが日本語学校の学費で，月4万3000円となる．ついで食費などを含む生活費が2万円である．家賃は，兄，友人と3人で家賃4万円のアパートに居住しているため，1人あたりの負担額は1万3000円にすぎない．毎月の貯金が1-2万円，母国の母や妹たちのために，半年ごとに6-12

万円程度送金しているので，月額に換算すると1-2万円程度の送金額となる．生活時間は月曜日から金曜日までは，午前8時半から午後1時まで通学，午後2時から9時までは就労し，昼食は勤務先の工場で弁当が支給される．土・日の休日は夕方からアルバイトに出る．

また青果卸で青果物の仕分け・配達を行っている30歳中国人就学生（No. 43）の場合，午前9時から午後4時まで専門学校へ通学し，午後10時から午前6時まで就労している．勤労収入は月額約20万円で，収入源はこれのみである．専門学校の学費が1カ月約8万円，生活費が約5万円である．家賃は2人で同居しているため，光熱費を含めて月3万円である．生活費そのものは決して不足してはいないが，生活それ自体は苦しいという．

以上からわかることは，支出に占める学費の割合が非常に高く，その結果日常の生活費をできるだけ切り詰めていることである．収入の1/3から1/4までも学費が占めるのは注目されるべきであろう．日本語学校は公的補助のない各種学校であるからこうした学費の高さはやむをえぬこととはいえ，勤労収入から学費を賄う就学生には非常に高額に感じられるだろう．住居については後に触れるが，同居者を置いて1人あたりの負担額を軽減しているのが普通である．

以上のような健気ともいうべき就学生とは別に，就労目的で来日し，たまたま金銭的に余裕ができたため，ビザを取得し日本での滞在を合法化する目的で就学生の身分を獲得している者もいる．こうした事例を以下に挙げよう．

No. 27の25歳バングラディッシュ出身のプレス工は，日本語学校に通うことにして就学生ビザを所持しているが，来日目的は出稼ぎで，バングラディッシュの10倍といわれる日本の賃金の高さが魅力となった．1989年9月の初来日の時点では観光ビザであったが，ビザの有効期限が切れる12月から日本語学校に通学することにした．通学時間は午前9時から12時まで，就労は午後1時から10時半までである．土・日は休日である．月給25-30万円で，年間44万円のボーナスもある．1カ月の支出は，学費4万円，食費4万円，家賃4万円である．母国への送金は毎月10-12万円．住居はバングラディッシュ人の友人2人と住んでいる家賃12万円の2Kのアパートである．現在の仕事に満足しているが，賃金のためにもう少し長時間働きたいとしていた．職場では上司も英語ができるので，自分の日本語と英語で問題は生じていないようだ．

No. 53 のフィリピン人ホステスの場合は，通学はごくまれであり，就学生であるのも日本に滞在する資格を得るためらしい．就労時間は午後 8 時から12 時，その後ディスコなどにいっているため就寝は午前 8 時，午前 8 時から12 時の授業に出席するのはとても無理である．1985 年の初来日以来，1989 年の調査時点まで，ビザを更新するため 8 回帰国している．1 カ月のおおよその勤労収入は 20 万円，支出は，学費 4 万 5000 円，洋服代 3 万円，家賃 6 万6000 円，食費 2 万円（店で食事が出るため少額で済む），貯金 1 万円，定期的ではないが母国への送金 3 万円，といった内訳となっている．

　以上，日本人学生にも共通するが，学生という身分は時間が自由になるだけに，就労時間を延長しようと思えばいくらでも可能である．日本の労働市場の人手不足の状況から，時給単価が上昇し，今日では若年の未熟練労働者といえどもすぐにまとまったお金が稼げるようになった．これはある意味では勉学のための機会費用（opportunity cost）が上昇したことにもつながる．とりわけ低賃金のアジア諸国から来日した就学生の場合，その機会費用は日本人以上に大きなものと映るから，生活時間の中で就労時間を短縮し，その時間を勉学に振り向けるには，勉学に対して大きな目的意識を形成していかねばならないだろう．No. 30 フィリピン人解体工も，電子技術の修得を目的に来日したが，日本語学校の月謝が月 4 万円と高く，専門学校の学費もさらに高いため，通学は断念し，8 人の弟妹のために月 25 万円の収入の中から，送金を 7 万円している．これはほんの一例にすぎないが，この背後に同様の事例が数多く見出されよう．

(2) 出稼ぎ労働者

　将来彼ら外国人労働者が帰国するかどうかの議論については後に触れるとして，観光ビザや就労ビザで来日し，その目的が雇用機会やお金を稼ぐことにある外国人労働者を出稼ぎ労働者と名づけよう．出稼ぎ労働者の場合は，短期間にできるだけ高収入をあげることを希望するために，身体にきつい仕事でもいとわず就労するし，妻がいる場合には妻も日本に呼び寄せて多就業形態をとるケースがみられた．そして自分たちの日本での生活費はできるだけ切り詰めるという生活方針をとっていることは，就学生と共通である．男性では高賃金職種は何といっても建設業で見られるので，その事例を次に示そう．

No. 34 は 33 歳の韓国人鳶見習いである．9 歳，8 歳の子供 2 人は母国において，妻と日本で働いている．日当 2 万円で，妻の収入を含めずに自分の収入だけで月 46 万円．生活費は家賃を含めて 10 万円程度，パチンコ代 5-6 万円，母国への送金 30 万円である．家賃は 3 万 6000 円で，3 畳に夫婦 2 人で居住している．

 また同じく No. 33 の韓国人鳶見習いも月 40 万円の送金をするが，住居は 2DK に 4 人で居住し，1 人あたり家賃は 1 万 7500 円にすぎない．

 これほど高額の送金ではないが，製造業従事者でも母国へ送金している．No. 12 の 25 歳パキスタン人靴製造工の場合，収入源は勤労収入のみで 18-19 万円である．住居は家賃 7 万 5000 円のアパートにいとこや友人など 5 人で居住しているため，1 人あたり 1 万 5000 円の負担で済んでいる（ただし，アンケート調査では居住人数 2 人と記入していて，これは家主に対する名目上のものと推察する．付表には，アンケートに記入された数値を記した）．食費が 2 万 5000 円，被服費を含むこづかいが 7-10 万円，送金が 7-10 万円，電話代が 2 万円から 2 万 5000 円である．故郷の家族は，弟 1 人妹 2 人で，妹たちの結婚資金のために長男である自分が働くのは当然のこととしていた．電話代は単一費目としてはその額が大きいが，本人にとってはビザの関係上いったん帰国したら戻れないので，家族とのコミュニケーションを保つために不可欠であると述べていた．1 週間 6 日 54 時間労働，午前 8 時に職場到着，午後 8 時半帰宅という規則正しい生活のなかで，この家族への電話が生活の最大の楽しみのようだ．

 以上が出稼ぎ労働者の家計の状況である．家族とのつながりが最大のポイントであり，勤労収入，生活費の少なさに比べて送金額の大きさがことさら注目されるであろう．なお送金するのは決して男性に限らず，女性（No. 11，36，37）も靴製造や飲食店手伝いをしながら母国へ送金していた．

3-3 住 居

 家計の家賃の項目で触れたように，外国人労働者は 2-5 人で同居していることが多い．それは 1 人あたりの住宅費負担を少なくするためであり，当然のことながら 1 人あたりの居住面積は狭く，居住水準は非常に低い．都市に居住す

る人間は，外国人労働者に限らず日本人も住宅問題に悩まされるのであるが，この問題は外国人労働者の生活問題の1つとして端的に現れてきている．

外国人労働者の来日後の住宅は，まず会社の用意する寮から始まる．建設労働者の飯場がその典型例であるが，それだけでなく，工場の2階，飲食店の場合は付近の借上げアパートなどである．いわゆる住み込みの労働者に近い．住宅，食事が保障されていることと引き換えに，当然のことながら，賃金は低い．

その後，日本社会に慣れ，土地カンも養われ，よりよい労働条件の雇用先に転職すると，自前でアパートを借りるようになる．しかし低収入のため，同居者がいて，数人で家賃や光熱費を負担している．こうした状態にある外国人労働者が面接調査で多かったのは，家計で取り上げた事例からもうかがえるだろう．同居が可能なのは，外国人労働者の大部分が単身者であるからで，妻がいる場合にはこの限りではない．妻帯者の場合は，世帯として独立するために住居費がかかるが，現実には妻も就労して多就業形態をとっているので，単身者よりも高額の家賃を負担できる．換言すれば，妻の就業がなければ世帯としての独立は不可能で，家賃も支払えない状態だともいえる．

家賃が10万円以上の人はわずか3人で，そのうち1人は母国からの送金が月20万円あり（No. 9），残りの2人はそれぞれ，妻が日本人美容師（No. 14），あるいは本人がシステム・アナリストであり専門技術者として高賃金が保障されている（No. 45），などの個別的な事情がある．その他の者は，低額な寮の居住者を除くと月々の家賃が2-7万円前後である．このなかには，光熱費や水道代も含まれている．

また，外国人労働者の居住する住宅や地域が限定されてくるのは，所得による要因ばかりではなく，日本社会の壁にもよる．No. 50の24歳アメリカ国籍フィリピン人は，旅行会社の添乗員として月給34万円を得て，同年齢の日本人従業員より高給を取っている．貯金に励むより日本での生活を楽しむことを希望し，会社が提供したアパートよりもよい条件の住宅を探したが，顔だちがミクロネシア系であるためかなかなか住居の貸し手が見つからなかったという．現在，外国人労働者の大部分が低家賃住宅に居住しているが，彼らがよりよい住宅を求めるようになると，摩擦が生じてくることも考えられる．日本社会が閉鎖的であり，自分の近隣に外国人労働者が居住することを歓迎しないのは，

かねてから指摘されていることだからである．

3-4　将来の生活設計

　外国人労働者の生活構造を締めくくるにあたって，最後に彼らの描いている将来の生活設計を報告しておく．これは，本人の語るところによる設計であって，どれほどの実現可能性があるかは，本人の資質，あるいはその時点での社会的状況による．しかし，将来に対する希望が現在の評価を決定し，また彼らが，単身異国へ渡って就労するほどの野心と能力を持っていることを考えあわせると，主観的とはいえ，彼らの将来の生活設計は外国人労働者が将来日本に定着する可能性の有無を知る手がかりとなろう．

　まず就学生の場合は専門学校や大学への進学を目指している．専門の内容は，電子技術やコンピューターであることが多いが，デザインの分野もある．日本語学校や専門学校に通学中に，学資が続かなかったり，現金を稼ぐ魅力の方に心を惹かれたりして，労働者に転じる者が生じていることはすでに述べた．晴れて学校を卒業した後は，帰国希望者もいるが，アメリカなどに移住することを希望している者もいた．

　出稼ぎ労働者の場合，子供を母国に残してきた者は当然帰国を前提としているが，独身者の場合は帰国を考慮しつつも，未定であるかごく漠然としている．これは，帰国しても母国に十分な雇用機会のないパキスタンやバングラディッシュ，中国出身の労働者に多い．またエチオピア出身者も，母国の政情不安定を嫌って日本に留学したが，いずれアメリカに渡りたいとのことであった．パキスタン出身者の中には母国ですでに失業していた者もいて，数年間日本に滞在したからといってその間に母国での雇用情勢が好転しているというわけではない．したがって，日本に滞在するか，それともアメリカ，カナダ，オーストラリア，台湾，などの他国へ行くかは本人も不明だが，いずれにしても当分は母国に戻ることは困難である．外国人労働者本人の将来設計の意向も定まらないために，日本社会に対する関わり方が中途半端である人もいる．日本で就労しながらも，それを間に合わせの仕事と捉え，権利を主張することなど考えたこともないという具合である．しかも学業や就労による拘束時間が長いため，日本社会との接触も少ない．日本社会に居住しながら，自分たちの市民として

の権利にも義務にも無関心であり，またそれに対する要求も少ないということは，当人たちにとっても，受け入れる日本社会にとってもともに問題であろう．

一方，韓国人など母国の経済事情が安定している人たちは，滞日中に貯金をし，そのお金で家を買ったり，アパートや自動車を持ちたいという具体的な目標を持っている．貯金が250万円となったら，あるいは300万円となったら帰国したいという生活設計を持っている者も，将来帰国するであろう．この金額で，どの程度のものが母国で購入でき，またどの程度の資本となりうるか本人がよくわかっているからである．

以上のように見てくると，現在日本にいる外国人労働者が今後定着するか否かは，母国の事情と，外国人労働者を受け入れる他国の事情に拠っているように思える．彼らが日本での就労を将来も続けて希望しているかどうかについては正直な回答を得られなかったが，少なくとも他国への移住希望者が少なくなかったことには注意を向けるべきであろう．日本か否かを問わず，母国には止まれない事情を考慮しなくてはなるまい．出稼ぎという言葉は，本来帰るべき家を持って初めてその意味をなすのであるが，帰るべき家や仕事がない場合は，出稼ぎという言葉は出身家庭へ送金するという意味しか持たないであろう．

以上が，外国人労働者の生活構造である．資料のうえでの制約もあり，いくつかの点について素描したにすぎないが，その飯場的性格という点は明らかになっただろうか．

4　小　括

東京都およびその周辺部で就労する外国人労働者の就労実態と生活構造の様相は以上のとおりである．外国人労働者の個人面接調査によってまず明らかにされたことは，その年齢構成が若いことである．彼らは母国での教育を終了して職業についたことがないまま来日したり，あるいは数年の職業生活を経験した後に来日した者が多く，20歳代を中心に30歳代前半までの若年者であった．これは外国人労働者という存在がいつの時代，どこの国でも若いということを意味するのではなく，調査時点で日本に滞在していた外国人労働者が若いということを意味しているにすぎない．日本は戦前はおろか戦後においても1961

年までは海外移民の送り出し国であって，現在のように日本が外国人労働者を迎え入れ，不法就労者の問題が表面化したのは1984年以降のことである．歴史的経緯のある在日韓国人の問題を除き，日本での外国人労働者の受け入れの歴史が浅いために，来日した外国人労働者は若年者にとどまっているが，彼らもいずれは結婚し，子供を持ち，年をとっていくのは，ごく当然の成り行きである．その際に，そうした生活のサイクルが帰国後に母国で営まれるか，あるいはたまたま技術修得や出稼ぎに来ていた日本で営まれるかは，実はまだ明らかにされていない．

　若年者であることは，雇用の側面からは，労働移動が容易で深夜労働，肉体労働もこなすことができる．企業内に活力が生まれるといったメリットの他に，生計費のうえからも，扶養家族が少ないために賃金が安価で済む，単身者であるために都市住民なら頭痛の種である住居費を数人で同居することにより安価に抑えられる，などのメリットがある．日本で就労している本人の状況認識をみると，日本人の若年者と同様に，将来の希望とそれを達成できる手段との間の整合性を模索しつつも，漠然とした野心を抱いている分だけ不安定でもある．さらに外国人労働者の場合は，言語や生活習慣の異なる異国で家族と離れて暮らしているために，ホームシックとなる者もいるし，また多くはビザの有効期限が過ぎた不法就労者であるため，日本での滞在そのものが不安定である．

　労働市場の側面からは，外国人労働者は短期的な臨時労働力として位置づけられている．そのため，賃金形態も時給，日給が大半である．外国人労働者の賃金を比較しうる準拠集団は，同一雇用形態であるアルバイトの日本人労働者であろう．その限りでは賃金の額は同じか日本語が不自由な分だけやや外国人労働者の方が低い程度である．しかし外国人労働者の場合にはまだ将来正社員になれる道が開かれていないので，時給や日給の賃金形態が多く，この形態のままでは賃金上昇にもおのずから限界があり，その結果日本人労働者との賃金の差が勤続年数を重ねれば重ねるほど大きくなってくる可能性がある．いずれにしても，現在の段階では外国人労働者の勤続年数が短いため短期間の臨時労働者とせざるをえないであろう．

　生活構造の側面からは，外国人労働者は日本で不安定な存在であることが特徴となっている．それが彼らの将来見通しの不明確さにつながってくる．先行

き見通しが本人も，また事業主にとってもわからないために，日本社会でよりよい賃金や雇用機会を得るために必要とされる技能形成への意欲が双方に欠ける．いつやめてしまうかもわからない不安定な労働者に企業が主要な業務を担当させたり，教育訓練を実施することは企業にとってもリスクが大きい．一方労働者も数十円高い時給を求めてさまざまな職種を転職していては，技能形成がなされず，単純労働者としての職歴しか形成されないだろう．

外国人労働者の一部をなしている就学生・留学生について特記すべきは，母国と比べて日本の物価や生活水準が高いために，非常にきりつめた生活を余儀なくされていること，また母国と比較して高賃金の雇用機会が手近に用意されているため，お金を稼ごうと思えばそれが可能なこと，そうした環境下で勉学を継続させていくには相当な意欲が必要とされること，などの諸点である．

外国人労働者の労働と生活の実態については，まだまだ明らかにすべき多くの問題があろう．しかしこの問題に関しては日本での実態調査の蓄積が乏しいために，調査上も資料上もさまざまな制約がある．この調査は，こうした制約のなかで，外国人労働者の労働と生活の双方をつなげて考察することにより，曲がりなりにも外国人労働者の生活像全体を浮かび上がらせることを試みた成果である．

1) 選出のみでなく，外国人労働者への面接依頼の際にも「面接したら，摘発されるのではないか」あるいは「自分の時間をわざわざあけて面接に答えても，自分にとってのメリットが考えられないし，自分の要求の実現可能性もない」など，彼らの不安や拒絶的な声が聞かれた．これらのことは，実際の面接の時点で，約束の場所に来ない，時間に遅れる，いったん約束の場所に来たものの面接前に姿を消す，などの行動に示され，調査に支障をきたしたことも何度か生じた．
2) 川端直志は，外国人労働者問題が一種の労働世代論として展開される可能性を指摘している（川端，1989）．当時の外国人労働者問題の論議の方向は，国籍ばかりが重視され，この世代論が抜けていた．日系ブラジル人など多少の例外はあるものの，外国人労働者の中心が若年者であることは忘れてはならない点であり，次節で労働者の生活構造を取り上げるときにさらに重要となってくる．
3) 小関智弘（1981）．ここでは，「ひとつの部品を加工するための段取りや治具の工夫を真似は出来ても，競争に勝てるためにはその技術を盗んで自分のものとしてこなして，さらに人より一歩も二歩も進まなければならぬのがこの世界なのだった．この世界を生きれば，三年や四年の経験は青二才にすぎない」(p. 227) と長年の経験の重要性が説かれている．

4) 東京商工会議所による「『外国人労働者熟練形成制度』の創設等に関する提言」（1989年12月）には，こうした考え方が顕著に現れている．
5) 社団法人日本フードサービス協会が発表した「外国人雇用に関する外食産業からの提言」（1990年5月）では「外食産業は，外食市場が近代化しつつある国に対する技術移転が可能な産業で，技術と教育の相互交流の場として職場を解放することを提案します」と，外食産業の技術移転の可能性から外国人労働者の受け入れ拡大を要請している．マニュアル化された単純労働も，組み合わせてシステム化されれば熟練労働になるから，というのがその理由であるが，これでは3つのS（標準化 standardization，簡素化 simplification，専門化 specialization）に懸命に取り組んできた外食産業の方向に全くといってよいほど逆行するではないか．産業として未熟練労働力を受け入れたい気持ちは分かるが，「技術移転」の概念まで持ちだすのは牽強付会にすぎるのではないかと思われる．「よくコントロールされた出稼ぎプラン」の制度確立が提案されているが，受け入れた外国人労働者が果たして数年後帰国してハンバーガーの製造・販売に従事することを前提としているのだろうか．マニュアル化とは一言でいえば，頭脳と手足の分離による効率促進化なのであるから，手足を何年経験しても頭脳にはなれない，のである．
6) 外国人労働者の面接に際して困難であったことの1つに，この入職経路の確定があった．事業主はブローカーの存在を否定するために，他の採用経路を挙げる．一方，外国人労働者の方はそのカテゴリーが，すべて「友人 friend」になってしまう．来日後に知りあった人はすべてこの「友人」と称されているので，調査者としてはそれが，手配師，口入屋，ブローカーなのか（それぞれの言葉によって少しずつその実態も異なるが，要は金銭目的で職業紹介を行う人のこと），あるいは単なる知り合いの人なのかしばしば判断に苦しんだ．外国人労働者は，「友人 friend」のカテゴリー1つですべてを説明してしまう．
7) 調査時のエピソードを1つ付け加えると，個人面接調査がなかなか公にしにくい個人生活にも立ち入っているためか，あるいは本人の人柄が魅力的であったためか，たまたま面接を担当した女性調査員が調査終了後に被面接者からデートに誘われたという．若年の外国人労働者が，日本で若年女性と出会う場所はそれほど確保されていないのであろう．前節で触れたように，彼らの職場は，主として高齢者と中高年女性パートだけで構成されていることを思い出してほしい．

　あるいは，彼らの余暇行動の1つに，同国人が集まる特定の広場やスナックに行くことが挙げられる．こうした行動の背景には，異国で働く緊張を同国人の仲間と会いコミュニケーションを保つことによって解消する目的があろう．
8) 合計特殊出生率のことで，1人の女性が一生の間に産む子供の数のこと．

付表 2-1

番号	性別	年齢	出身国	学歴	母国での職歴	来日の動機	旅費の調達	ビザ
1	男	27	マレーシア	高校	ゴム園で4年, 日系現地のアルミ会社で3年	お金	貯金	観光
2	男	23	マレーシア	高校	ゴム園で3年, 電気店店員2年半	お金と観光	貯金	観光
3	男	25	パキスタン	大学	会計士訓練生, 国連機関で1年	渡米が困難	借金	観光
4	女	36	タイ	大学	高校教師4年, 事務員12年	日本語習得	貯金	配偶者
5	男	36	中国	高校	配管工6年, 電気工10年	日本語習得	貯金	留学生
6	男	22	中国	高校	ない	日本語習得	借金	就学生
7	男	45	中国	専門	工場管理者	残留孤児	日本政府	
8	女	34	中国	大学	コンピューターの開発, 修理7年	大学院研究生	貯金	留学生
9	男	33	韓国	大学	中学音楽教師3年, 英大学院	日本語習得	貯金	就学生
10	女	42	韓国	—	洋品店経営	観光	—	配偶者
11	女	26	タイ	大学	材木関係の会社で働く	お金	—	観光
12	男	25	パキスタン	大学	建設会社2年, 失業	雇用機会	借金	観光
13	男	29	タイ	大学	ない	お金	母親	観光
14	男	29	ガーナ	大学	市役所3年, 職業訓練官1年	将来を探す	父親	配偶者
15	男	26	ガーナ	大学		就労	父親	観光
16	男	31	ガーナ	高校	父の農業手伝い11年	結婚	妻(日本人)	配偶者
17	男	31	ガーナ	高校	ダマスカスで店員	訪問	貯金	就学生
18	女	21	日系ブラジル3世	—	夜間大学3年休学中	お金と観光	ブローカー	観光
19	男	52	日系ブラジル2世	小中退	農園, 駐車場の管理人, 運転手	お金	ブローカー	就労
20	男	24	パキスタン	大学	技術者1年	家族の扶養	貯金	観光
21	男	35	パキスタン	大学	英系石油会社営業3年	家族の扶養	貯金	観光
22	男	21	パキスタン	高校	工学専攻大学生	家族の扶養	貯金	観光
23	男	23	パキスタン	高校	農学専攻大学生, 銀行1年	家族の扶養	貯金	観光
24	男	25	パキスタン	短大	失業中	家族の扶養	貯金	観光
25	男	41	バングラディッシュ	高校	衣類関係の仕事	家族の扶養	—	観光
26	男	25	バングラディッシュ	大学	失業中	雇用機会	—	観光

来日時点（初回）	現在の職場	規模（人）	勤続	職種	週実労働時間（時間）	賃金（円）
1989	製本所	20	10カ月	清掃・包装・機械操作	59	月給16万, 残業2-4万
1990	製本所	20	2カ月	清掃・包装・機械操作	59	時給800, 月18万前後
1988	製本所	15	8カ月	清掃・包装・機械操作	54	時給850, 月約20万
1987	パッキング製造	21	2年	仕上げの包装	39	時給700, 月8万
1987	メッキ加工	124	2年半	仕掛・検査・包装	30	時給1060, 月12-13万
1989	メッキ加工	124	9カ月	仕掛・検査・包装	32.5	時給1000, 月12-13万
1987	メッキ加工	124	10カ月	仕掛・検査・包装	52.5	基本給18万, 残業込28万
1989	メッキ加工	124	8カ月	包装	16	時給850
1989	メッキ加工	124	1カ月	仕掛・検査・包装	27.5	時給1000, 月10万
1990	メッキ加工	124	1カ月	検査・包装	42	時給950
1990	靴製造	57	8カ月	仕上げ	51	時給650, 月13万
1989	靴製造	57	1年半	靴製造全工程の補助	54	時給900, 月18-19万
1989	靴製造	57	1年	靴製造全工程の補助	54	月20万, 賞与無し
1988	三輪車製造	23	2年	三輪車組立て	45	時給1000, 月24万, 賞与年33万
1988	三輪車製造	23	1年半	三輪車組立て	45	時給1000, 月17万, 賞与年15万
1990	三輪車製造	23	3カ月	三輪車組立て	45	時給1200, 月23万
1989	三輪車製造	23	7カ月	三輪車組立て	45	時給1000, 月11-12万
1990	プレス板加工	64	2カ月	部品組立て	56	日給7600, 月197600＋残業
1990	プレス板加工	64	2カ月	部品組立て	56	日給8700, 月226200＋残業
1988	ゴム製品製造	7	2年	自動車用ゴム部品製造	78	時給1000, 月約30万
1988	ゴム製品製造	7	2年	自動車用ゴム部品製造	78	時給1000, 月約30万
1988	ゴム製品製造	7	2年	自動車用ゴム部品製造	78	時給1000, 月約30万
1990	ゴム製品製造	7	8カ月	自動車用ゴム部品製造	78	時給1000, 月約30万
1989	プレス	30	4カ月	プレス機械操作	48	日給7500
1989	プレス	12	2カ月	プレス機械操作	48	時給900, 月18-20万
1988	プレス	12	2カ月	プレス機械操作	48	時給900, 月18-20万

付表 2-2

番号	性別	年齢	出身国	仕事への評価・職場環境	家　計（万円）	住居
1	男	27	マレーシア	仕事が簡単すぎるので不満	生活費2，仕送り15	会社の寮
2	男	23	マレーシア			会社の寮
3	男	25	パキスタン	能力発揮普通，労働時間満足	家賃4.1，貯金7	アパート
4	女	36	タイ	すべてに満足	貯金8，家賃6.2	アパート
5	男	36	中国	単純作業，職場が暑い	妻の収入12，学費6.5	会社の寮
6	男	22	中国	日本人との賃金格差，風呂に入れてよい	学費4.3，家賃1.3	アパート（3人）
7	男	45	中国	賃金が低い，能率は中国の倍	生活費23，貯金5，送金2	都営アパート
8	女	34	中国	とりあえずのアルバイトである	本人収入17-18，夫収入12，家賃3.5	アパート
9	男	33	韓国	無視されている，5kg痩せた	親から20，生活費6，学費4，家賃10	マンション
10	男	42	韓国	日本人は不満も言わず働く	小遣6，食費12，家賃7.5	マンション
11	女	26	タイ	職場の日本語が分からない	送金10，生活費2	アパート
12	男	25	パキスタン	問題ない，日本語も上達した	送金7-10，電話2，食費2.5	アパート（2人）
13	男	29	タイ	満足，能力発揮されている	生活費6，送金12，家賃3.5，貯金2	アパート（2人）
14	男	29	ガーナ	満足	妻の収入，食費5，貯金10，家賃18	マンション
15	男	26	ガーナ	満足，ガーナ人の同僚5人が仲間	貯金6，家賃5	アパート（2人）
16	男	31	ガーナ	満足，他の外国人より賃金が良い	妻の収入20，生活費17，家賃7	マンション
17	男	31	ガーナ	満足，作業に慣れにくかった	学費3.6，家賃2.8	アパート（2人）
18	女	21	日系ブラジル	まあ満足	生活費2，家賃0.9，旅費返済15.6	寮（5人）
19	男	52	日系ブラジル	満足，夏はエアコンがあってよい	生活費2，送金10，家賃0.9，旅費返済13.2	寮（5人）
20	男	24	パキスタン	工場主や日本人同僚は親切，高温，重筋肉労働	生活費20，送金10，家賃1.5	寮（4人）
21	男	35	パキスタン	工場主や日本人同僚は親切，高温，重筋肉労働	生活費20，送金10，家賃1.5	寮（4人）
22	男	21	パキスタン	工場主や日本人同僚は親切，高温，重筋肉労働	生活費20，送金10，家賃1.5	寮（4人）
23	男	23	パキスタン	工場主や日本人同僚は親切，高温，重筋肉労働	生活費20，送金10，家賃1.5	寮（4人）
24	男	25	パキスタン	入社2日目プレス機械で腕を切断	休業補償15	工場2階
25	男	41	バングラディッシュ	プレスを始めて3日目に指切断	送金15-17，生活費2-3	工場2階
26	男	25	バングラディッシュ	パキスタン人1人，バングラディッシュ人3人の職場	送金10-12，生活費5	工場2階

生活時間 就労・就学時間，休日	健康 (病歴)	家族構成	転職経験	将来の生活設計等
午前8時～午後7時，日曜休日	良 い	父母，兄2人，姉妹2人	ない	帰国して事業を開始
午前8時～午後7時，日曜休日	良 い		ない	
午前8時～午後5時，日曜休日	良 い	父母，兄，弟，妹	3回	不明，母国の状況次第
午前8時半～午後4時，日曜休日	めまい	夫（日本人）42歳	1回	永住，現職は夫の元の職場
午後5時～11時，土日休日	腰 痛	妻（在日），子5歳（本国）	1回	帰国予定，妻も同じ職場
午後2時～9時，土日の夜アルバイト	良 い	兄（同職場），父母，妹2人	ない	専門学校へ進学希望
午前8時半～午後8時，月7日休日	糖尿病	妻，子供（21歳，18歳）	1回	両親，兄弟とも在日，永住
午前通学，午後は週4日就労		夫（大学研究生）	1回	修士課程修了後渡米希望
午前通学，午後2時半～8時，土日休日	ストレス	未婚	ない	91年4月離日，渡英予定
午前9時～午後5時，土日休日	疲れる	夫（日本人）	ない	夫は冷凍食品運送
午前8時半～午後6時，日曜休日	良 い	父母，姉2人，兄弟4人	ない	いとこと同居，帰国後事業
午前8時半～午後6時半，日曜休日	良 い	父母，弟，妹2人	ない	就労ビザがとれたら一時帰国
午前8時半～午後6時半，日曜休日	良 い	弟（同職場），姉，母	ない	帰国したい，姉の夫が日本人
午前8時半～午後5時半，月5日休	良 い	妻（日本人）美容師	ない	永住
午前8時半～午後5時半，月5日休	皮膚病	兄と同居，兄と弟が在米，妹2人	ない	2-3年後の貯金次第で帰国
午前8時半～午後5時	良 い	妻（日本人）OL	ない	貯金250万円で帰国し，事業
午前8時～午後5時，月4日休日，通学6時～9時	良 い	母（商売），8人兄弟の長子	ない	帰国予定，事業 袋物デザイン
午前8時15分～午後5時，月4日休日	良 い	叔父，いとこ（3人）と同居	ない	1-2年後帰国，アパートか車購入
午前8時15分～午後5時		長女，四女，甥，姪と同居	ない	定期的に出稼ぎに来たい
日祭日休日		父母，妻，子供	ない	帰国後に求職活動
日祭日休日		父母，妻，子供	ない	帰国後に求職活動
日祭日休日		父母，兄弟姉妹	ない	帰国後に求職活動
日祭日休日		父母，兄弟姉妹	ない	親の仕事（農業）を継ぐ
午前8時～午後5時，月4日休日	労 災	妻，子供（5歳，3歳，2歳）	3回	支援団体が慰謝料請求，帰国
午前8時半～午後5時半，月4日休日	労 災	母，妻，子供7人	2回	支援団体，1-2年後帰国
午前8時半～午後5時半，月4日休日	歯を折る (業務外)	父母，兄2人	2回	カナダかオーストラリアに行きたい

付表 2-3

番号	性別	年齢	出身国	学歴	母国での職歴	来日の動機	旅費の調達	ビザ
27	男	25	バングラディッシュ	大学	メンテナンス・エンジニア（車輌修理）3年	お金	貯金	就学生
28	男	39	韓国	高校	靴店経営10年，シンガポールで土木工事	出稼ぎ	貯金	就学生
29	男	35	フィリピン	大学中退	ガードマン，清掃夫，船員等	雇用機会	貯金	観光
30	男	24	フィリピン	専門	ラジオ技師	専門学校入学	叔母	就学生
31	男	25	フィリピン	短大	船員，市役所	お金	借金	観光
32	男	25	パキスタン	大学	軍需工場のエンジニア2年	家族の扶養		観光
33	男	30	韓国	大学中退	軍隊，飲食店経営失敗	雇用機会	貯金	観光
34	男	33	韓国	高校	ニット製造工	出稼ぎ	貯金	観光
35	男	38	中国	高校	衣服製造販売経営	母国出国	貯金	就学生
36	女	42	韓国		飲食店経営に失敗	出稼ぎ	貯金	観光
37	女	21	韓国	高校	結婚し渡米，離婚	母国出国	貯金	観光
38	女	31	韓国		飲食店手伝い	結婚	貯金	観光
39	男	25	バングラディッシュ	大学中退	ない	雇用機会	父親	就学生
40	男	28	中国	高校	バス運転手	技術習得	祖父	就学生
41	男	33	中国	短大	服飾デザイナー	技術習得	借金	就学生
42	男	28	中国	大学	事務4年半	留学	貯金	就学生
43	男	30	中国	高校	会計5年	勉強	家族	就学生
44	男	25	中国	高校	販売会社3年	日本語習得	親戚	就学生
45	男	34	フィリピン	専門	プログラマー8年	技術習得	貯金	就労
46	男	28	中国	大学	広告会社財務部幹部4年	技術習得	不明	就労
47	男	25	エチオピア	大学	日本の大学卒，在日大使館	留学	両親	就労
48	男	32	ガーナ	専門	英国石油3年，ナイジェリア，ヨルダン	技術習得	貯金	配偶者
49	男	36	タイ	大学院	タイ日技術協会6年	就労	貯金	就労
50	男	24	アメリカ	専門	日系グアムのホテル1年	スカウト	会社	就労
51	男	26	台湾	大学	家業手伝い2カ月	留学	父親	留学生
52	女	25	台湾	専門	貿易公司の会計1年半	デザインの勉強	貯金	就学生
53	女	23	フィリピン	高校	ダンサー	雇用機会	ブローカー	就学生

来日時点（初回）	現在の職場	規模（人）	勤続	職種	週実労働時間（時間）	賃　金（円）
1989	電話部品製造	12	1年	アルミニュウム板切断	47.5	時給1200，月25-30万，賞与44万
1988	金属製品製造		3カ月	線材加工と現場監督	48	月50～60万
1986	解体パブ	12	1年	解体，ペンキ塗り，大工，ウェイター	40	日給12000，月36万
1988	解体	6	4カ月	建物解体	40	日給10000，月25万
1988	建設	8	5カ月	大工，雑用	54	日給12000，月25万
1987	建設		3年	土木作業	54	日給12000，月30万
1989	建設			鳶見習い	48	日給20000，月50万
1989	建設			鳶見習い	48	日給20000，月46万
1988	パチンコ屋		7カ月	店員	69.5	時給900，月17-18万
1987	焼肉屋		3年	仕込と料理	63	時給800，月17-18万
1989	飲食店		8カ月	皿洗い，配膳	60	月20万
1990	飲食店			片づけ，皿洗い	69	月18万
1989	居酒屋	13	1年半	料理手伝い	48	時給1000，月20万
1989	居酒屋	13	11カ月	料理手伝い	51	時給900，月15万
1988	居酒屋	13	10カ月	レジと配膳	12.5	時給1000，月5万
1988	居酒屋	13	5カ月	レジと配膳	27	時給1000，月10万
1988	青果卸	18	6カ月	青果物の仕分け，配達	48	日給8300，月20万
1989	青果卸	18	1年	果物の選別，袋詰	30	時給1000，月10万
1987	出版社	7	7カ月	システム・アナリスト	50	月36万，2年間の契約社員
1988	広告代理店	10	1年	翻訳，海外展示会企画	40	時給2500，月35万前後
1984	民族料理店	15	4カ月	ウェイター	51	時給1000，月20万，食事込
1986	医学写真撮影	17	1年半	写真撮影，現像	35	月給11.3万，賞与年2カ月
1973	工場設計	125	1年4カ月	電気エンジニア	37.5	月35万，年600万，1年契約
1988	旅行会社		2年	旅行者の乗客の送迎，添乗		月34万
1988	中華料理店		10カ月	コック見習い，配膳	48	時給900，月17万，賞与年3万
1988	スナック			ホステス	25	時給1500，月16万，賞与年3万
1985	バー（赤坂）	4		ホステス	20	時給2500，月20万

付表 2-4

番号	性別	年齢	出身国	仕事への評価・職場環境	家　計（万円）	住居
27	男	25	バングラディッシュ	収入のために長時間働きたい，キャリアと能力発揮で満足	生活費8，送金10-12，授業料4	アパート（2人）
28	男	39	韓　国	機械操作は日本人が担当		アパート
29	男	35	フィリピン	同職種の日本人が日給2万円であることが不満	生活費22，送金2，家賃3.8	アパート
30	男	24	フィリピン	来日目的から離れた	生活費8，送金7，家賃7	アパート
31	男	25	フィリピン	労働時間が長い	生活費2，送金15，家賃1，貯金7	寮（2人）
32	男	25	パキスタン		生活費20，送金10	アパート
33	男	30	韓　国	日本人は人間関係が仕事と同時に切れる	生活費6.5，送金40，家賃3.5	アパート
34	男	33	韓　国	危険度が高いので日当が良い	妻収入，生活費6.4，送金30，家賃3.6	アパート
35	男	38	中　国	日本人，韓国人，中国人の同僚がいる	食費2，貯金9-10，妻収入，家賃2	アパート
36	女	42	韓　国	同僚も韓国人で日本語不要	送金15，生活費3，家賃ゼロ	寮
37	女	21	韓　国	住み込みの仕事を探した	生活費4，送金15	寮（2人）
38	女	31	韓　国	職住が同町内なので事情を判ってくれる	夫収入，送金13，家賃6	アパート
39	男	25	バングラディッシュ	楽しくて満足	生活費8，来日以後の送金計200，家賃4	アパート
40	男	28	中　国	仕事に満足	生活費6，学費3，貯金，家賃2.3	学生寮
41	男	33	中　国	勉強時間確保のためやめたい	生活費8，家賃3.8，親からの送金	アパート
42	男	28	中　国	経営者が信頼してくれる	生活費6，学費3.5，姉の送金	アパート（2人）
43	男	30	中　国	外国人の方が重労働を分担	学費8，生活費5，家賃3	アパート（2人）
44	男	25	中　国	人間関係が良い	生活費5，親戚の送金5	アパート（3人）
45	男	34	フィリピン	使用言語は英語，自分の技術水準以上の仕事がない	生活費10，貯金16，家賃10	アパート
46	男	28	中　国	賃金に不満，能力発揮は60%	妻の収入（公立学校英語教師）	アパート
47	男	25	エチオピア	コネを作る目的で労働	食費4，貯金4，電話2，家賃6.5	アパート
48	男	32	ガーナ	賃金が安いが選択の余地がないので替われない	無回答	アパート
49	男	36	タ　イ	新しい知識や技術を学べる	家賃2（会社補助8），送金	社　宅
50	男	24	アメリカ	人間関係は良い，外国人の扱いが嫌	生活費20，送金5，家賃4	アパート（2人）
51	男	26	台　湾	長時間で疲れる	生活費3.5，学費7，貯金2，家賃4.5	アパート
52	女	25	台　湾	日本語の会話練習ができる	生活費2，学費5.5，貯金，家賃5	アパート
53	女	23	フィリピン	同僚は優しいが，悪い客がいる	生活費5，学費4.5，家賃6.6	アパート

生活時間 就労・就学時間, 休日	健康 (病歴)	家族構成	転職経験	将来の生活設計等
午後1時~10時半, 月8日休日	良い	父母, 姉, 兄 (在米, ベルギー)	ない	1年後帰国, 自動車修理工場経営
午前8時~午後5時, 月4日休日		妻 (在日), 子供 (14歳, 12歳)	3回	2-3年後に帰国
8時~17時, 月2-4日休日 19時~翌1時月4日休	良い	妻 (半年前に来日), 子供3人 (在比)	9回	貯金300万円で帰国し船員かアパート賃貸業か自営
午前8時~午後5時, 月4日休日	良い	妻 (在日), 父母, 兄弟8人	2回	兄弟の学資のため就労希望
午前8時~午後6時, 月4日休日	盲腸	父母, 姉, 弟3人, いとこ	3回	
午前8時~午後6時, 月5日休日		6人の弟妹	1回	
午前8時半~午後5時, 月5日休日	ホームシック	妻 (在日), 子供5歳	10回	1年後帰国, 将来未定
午前8時~午後5時, 月5日休日	怪我	妻 (在日), 子供 (9歳, 8歳)	3回	1年後帰国, 将来未定
午後1時半~11時, 休日無		妻, 弟 (在日), 子供5歳 (在中)	1回	帰国, いずれ渡米
午前11時~午後3時, 午後5時~11時半	疲れる	夫 (失業中), 子供 (17歳, 14歳, 13歳)	ない	1度帰国してまた来日したい
午後4時~午前2時, 月4日休日	風邪	父母, 弟2人	ない	2年後帰国し自立
午前6時~午後5時半, 月2日休日	流産	夫	2回	現在地から脱出
午後3時半~11時半, 日祭日休日		父母, 姉4人	ない	専門学校進学か帰国
午後3時~12時, 日祭日休日	良い	父母, 妹 (24歳)	1回	専門学校進学
午後9時~12時, 日祭日休日	良い	父母, 妹 (31歳)	2回	大学進学
午後6時半~10時半, 日祭日休日	良い	父母, 姉 (35歳在米)	6回	大学院聴講生に決定, 渡米
午後10時~午前6時, 月5日休日	良い	父母, 妹3人	5回	専門学校卒業後帰国予定
午後1時半~5時, 月5日休日	良い	父母, 兄 (28歳在日)	ない	専門学校進学
午前9時~午後6時, 土日休日	良い	母 (80歳)	3回	4年後離日, オーストラリアかグアムへ
午前9時半~午後5時半, 土日休日	良い	妻 (日系アメリカ人)	1回	別の国で働きたい
午前11時~午後7時, 月6日休日	捻挫	父母, 兄 (在米), 姉, 弟	1回	2-3年後離日, 渡米予定
午前9時~午後5時, 月6日休日	良い	妻 (日本人大学院生)	2回	無回答
午前8時45分~午後5時, 月7日休日	良い	妻, 子供 (5歳, 3歳)	ない	1年後タイの現地子会社へ移籍予定
	良い	母, 兄弟6人	ない	グアムで旅行会社設立希望
学校週5日, アルバイト週6日, 月6日休日	良い	父母, 弟 (21歳), 妹 (17歳)	3回	4年滞在後オーストラリアへ移住
学校週5日, アルバイト週5日, 月7日休日	風邪	祖母, 父母, 姉	2回	今後3年滞在して帰国
午後8時~12時, 昼間通学	良い	日本人ボーイフレンドと同居	10回	5カ月後帰国, その後未定

第3章
自動車部品工場のなかの外国人労働者
日系ブラジル人へのニーズ

1 はじめに

　外国人労働者問題といわれている社会問題が日本の直面する社会的課題として措定されるようになったのは，1987-88年あたりからのことである．外国人不法就労者の急増という事態は，これまで積極的に推し進められてきた日本企業の国際化とそれに伴う在日外国人の増加とは異なるカテゴリーで捉えなければならないと思われる．この新しい事態が，1990年6月から施行の入国管理法改正をもたらし，またその後，外国人研修制度の拡充，研修生受け入れ訓練施設の設置や拡充などの施策をとらせるに至っている．しかし，基本的には制度的な変化が外国人労働者の急増という現実の急速な進展に追いついていない．したがって当然のことながら，日本の外国人労働者問題に関する実態調査や理論研究もまだ緒についたばかりといってもよいであろう．

　本章では，外国人労働者のなかでも急激な雇用増がみられた日系ブラジル人労働者を取り上げ，その雇用実態と企業内での役割を明らかにしたいと考える．この日系ブラジル人を含む出稼ぎ日系中南米人は1988年ごろから見られたが，1990年以降急増した．その背景には，1990年の入管法改正で「定住者」というカテゴリーが新設され，日系2世，3世に就労資格が付与されたことがある．単純労働力として不法就労のアジア系外国人労働者を雇用することに抵抗を覚える企業が，その代替として，あるいはこれまで雇用していた日本人を補う意味で，日系中南米人という労働力供給源に目を向けたのはけだし当然の成り行きであろう．入管法改正後，1990年12月時点での南米大陸出身の外国人登録者数は7万1495人で，前年同期の3.26倍であった．労働省職業安定局（当時）によると，1992年の時点で日本で就労する日系人労働者は約15万人，そ

のうち約12万人が日系ブラジル人であり[1]，愛知，静岡，神奈川，東京，埼玉，群馬，栃木などで自動車関連産業や電機産業に就労している．

以下では，この日系ブラジル人労働者の具体的な雇用管理全般について，自動車部品製造業A社を事例としながら明らかにし，彼らの企業内での役割構造を洗い出すことによって，日系ブラジル人労働者の日本の労働市場での位置づけ，日系ブラジル人雇用の今後の動向を探ることを目的としたい．

2 変速器メーカー A 社の成長と従業員構成

A社は，静岡県東部の臨海部F市に位置し，いわゆる東海工業地域東部の一端に位置する．A社があるF市周辺には，A社と関連の深い大手自動車メーカー日産自動車の工場のほか，製紙・パルプ，電気機械，化学繊維などの大企業が立地し，またこうした大企業の関連企業である機械・金属，製紙などの中小企業も集積している．1989年12月末の時点で，F市の工場数は1273，従業者数は4.8万人，年間出荷額1兆6953億円に達していた．1960年代半ばに東駿河湾工業整備特別地域に指定されてからは，この地域一帯が新しい工業地域としての性格を持つようになった．この地域の立地の特徴としては，歴史の古い京浜工業地帯や阪神工業地帯と比較して遅れて発展したため各工場敷地が広く区分されている．しかし，元来山間部が海へ迫って平地が少ないために，発展の余地もおのずから限られている．A社でも，F市の本社工場の他に1988年隣接するM市に新工場を新設したが，これを92年9月に拡充するほか，さらに生産拠点を拡大するために同じく静岡県ではあるが，より西部のK市に工場を新設する計画を検討していた．

A社の製造品目は，自動変速器，いわゆるオートマチック・トランスミッション（AT）である．AT車といわれるタイプの自動車が装備しているのがこの自動変速器で，A社はこの専業メーカーである．ATの専業メーカーは日本ではこのA社と，トヨタ系列のB社が代表的なもので，その点では自動車部品業界内で安定的な位置を占めている．1992年の時点で資本金64億4355万円，従業員数約2800人である．そもそもこのA社は1970年，日産，東洋工業（マツダ），フォード社の3社の共同出資により設立された，比較的歴史

の浅い若い企業である．当時，フォード社がAT製造技術を持っており，特許上の問題から日本でのAT製造には合弁会社設立がもっともふさわしかったのである．フォード社の出資が50％，日産とマツダがそれぞれ30％，20％であったが，その後1981年に日本側が2：1の比率でフォード社の持ち株を購入し，100％日本の会社となった．製品納入先は株主の日産とマツダ以外に，富士重工，三菱自動車，いすゞ，スズキ，日産ディーゼルなどの国産メーカーのほか，ドイツのBMW社にも納入していた．

　製品売上高でみた販売先構成比は，50％が日産，20％がマツダで，残りの30％は富士重工などその他の会社となっている．A社の総売上高は調査前の10年間順調に伸びており，1988年度750億円，89年度950億円，90年度1264億円，91年度1368億円であった．また完成したユニット生産台数も，89年1095千台，90年1133千台，91年1121千台である．当時，日本のAT車の比率は自動車全体の74％であったのに対し，アメリカでは95％，欧州では50％であったので，今後とも日本および欧州での需要の伸びは順調であると予測されていた．アメリカでの販路拡大のために89年にはデトロイト事務所が開設されているが，欧州での販路拡大のために，92年には北ドイツに事務所が開設され，またBMW社との業務提携を密にするために，ミュンヘンに合弁会社を設立する準備も行われていた．もちろんATは，このA社のみが生産しているわけではなく，各自動車メーカーでも内製化しており，たとえば最大の納入先である日産とは，FF車（前輪駆動）ではA社，FR車（後輪駆動）では日産と，分業体制が敷かれている．A社は多少の景気変動には左右されにくい専業メーカーとして安定した業績と，今後の明るい成長見通しを持っている企業といえよう．

　以上のような生産の伸びに比例して，従業員数もやや増加傾向にある．**表3-1**はA社の従業員数の変化を見たものである．全従業員数は1989年の2544人から1992年の3027人まで増加している．しかしその内訳を見ると，この増加は主として期間工と呼ばれる1年契約の期間限定社員によってもたらされていることがわかる．全従業員に占める期間工の比率はその結果，20.3％から28.0％まで上昇している．A社がこの期間工に日系ブラジル人を雇用し始めたのは1990年からで，その人数は毎年約200-300人程度である．

表 3-1　A社の従業員数の変化

	1989年	1990年	1991年	1992年
全従業員	2,544人	2,717人	2,898人	3,027人
正社員	2,028	2,104	2,111	2,180
期間限定社員	516	613	787	847
（うち日系ブラジル人）	0	200	220	280
期間限定社員／全従業員	20.3%	22.6%	27.2%	28.0%
日系ブラジル人／期間限定社員	0%	32.6%	28.0%	33.1%

　従業員の性別構成についてみると，女性は正社員のみ208人で，期間工は全員男性であるため，全従業員に占める女性の割合は1割に満たない．この女性は事務職であるが，1992年度から従来は男性のみで構成されていた生産現場に2人の若年女性を配置した．サブ組み立て工程の，軽作業部分を担当しているが，男性と同じようには夜間勤務ができない点を除けば，特に障害となる点はないという．典型的な男性職場であった自動車部品製造業でも，人手不足から女性労働へ依存せざるを得なくなってきていることがうかがわれる．

　正規従業員の学歴構成については**表3-2**に明らかにされているが，高卒の男性技能員が中心であり，また「中途技能員等」と分類されている中途採用者も約3割ほど見られる．**表3-3**は正規従業員の年齢構成であるが，男性のうち29歳以下の割合が37％もあり，男性平均年齢34.1歳，平均勤続年数9.4年となっている．A社は会社としての歴史が浅く，また近年急成長したために従業員の年齢構成が若い．しかしそれに比べて平均勤続年数は長いため，従業員の定着は良好と判断されよう．

3　期間工採用難と日系ブラジル人労働者雇用の経緯

　日本の大企業で実施されている日本的経営は，正規従業員の定着を促し，勤続年数を伸ばしていくことをひとつの理想としている．そのため一方で従業員に終身雇用を保障しつつ，他方で雇用の弾力性を維持するために，必然的に臨時労働力を確保しなければならない．この臨時労働力が自動車産業では期間工

表 3-2　正規従業員の学歴構成

	男性	女性
高　校	822人	82人
短　大	47	47
高　専	23	—
その他（中途技能員等）	664	53
大学・大学院	458	26
計	2,014	208

注：表 3-2, 表 3-3 は 1992 年 6 月 30 日現在の数字なので，表 3-1 とは人数が異なる．

表 3-3　正規従業員の年齢構成

	男性	女性
-19歳	85人	10人
20-29	662	125
30-39	785	23
40-49	307	13
50-59	154	37
60-69	20	—
70歳以上	1	—
計	2,014	208
平均年齢	34.1歳	31.7歳
平均勤続年数	9.4年	7.2年

とよばれる労働力である．外国人労働者のひとつのカテゴリーである日系ブラジル人を企業が労働力とみなすとき，その比較の準拠集団はあくまでも日本人期間工であって，決して日本人一般ではない．ましてや同一企業，同一職場で就労する日本人の正規従業員でもない．企業側から分類する労働力としての位置づけでは，日本人か日系ブラジル人かの差異よりも，期間工と正規従業員の間の差異の方が大きい．従来の日本人期間工を採用できなくなったその代替として日系ブラジル人が採用されるようになったのであり，その意味では期間工として日本人を採用しようと，日系ブラジル人を採用しようと，正規従業員と期間工の区別を基本とする企業組織としては，特段の組織変更を行う必要はなかったのである．既存の組織に日系ブラジル人が適合するという理由で，日系ブラジル人をはじめとする日系中南米人の雇用が全国的に急速に展開したのだともいえる．

　A 社の場合でも，こうした例に漏れず，期間工としての日系ブラジル人に注目し始めたのは，従来の日本人期間工が不足し，求人難になってきたという背景による．これまで，特に 1983 年以前の期間工の主たる供給源は，農村からの出稼ぎ労働者であり，A 社の場合は静岡県に立地していることから，東北地方からの出稼ぎ労働者に依存していた．しかし，この農村からの出稼ぎ労働者は，急速な農業従事人口の減少のために，絶対数が不足するようになった．さらに出稼ぎ労働者自身の中高年化が著しく，A 社では平均年齢がほぼ 45 歳

前後になっていた．そこで日系ブラジル人に注目するまでA社が主として依存していた期間工とは，年間を通じて期間工として全国を渡り歩く若年労働者であった．

　だが，この期間工としての若年労働者は，トヨタ，日産などの大手自動車メーカーもまた必要としていた労働力であった．自動車産業の期間工の契約期間は一般に3-6カ月で，トヨタでは88-90年のピーク時で3000人，91年でも延べ5200人を採用，92年時点で2500人在籍していた．また日産でもピーク時の90年には4000人在籍していたが，92年6月時点では全従業員2万3000人のうち，期間工は2000人弱へと減少した[2]．日産の場合，こうした期間工の7割が首都圏で採用されるフローとしての若年労働力であった．正規従業員の場合，26歳前後の平均賃金は35-36万円であるのに対し，期間工の場合は1カ月残業込みで44-45万円となるため，短期間に多額の収入獲得を目指す若年者が自動車産業の期間工に応募してくるのであった．こうした若年の期間工には契約期間満了後，本人が希望すれば3カ月の準社員期間を経て，登用試験を受験し正社員となるルートも開かれてはいる．しかし現実には，若年期間工の平均勤続期間は5カ月程度で，これまで必ずしも正社員を希望する期間工は多くなかった．ただし，92年以降は，景気の後退に伴い正社員希望者がやや増加傾向にあった．

　自動車メーカー最大手のトヨタや日産で期間工を常時募集しているために，A社は変速器メーカーとして大手であるにもかかわらず，期間工の募集は容易ではない．その理由は第1に，労働条件の格差の存在である．自動車産業の場合，頂点にある最終メーカーから底辺にある数次下請けメーカーに至るまで少しずつ労働条件が低下していく．したがって，第1次下請け企業でかつ企業業績の安定しているA社でさえ，提供できる労働条件は日産，トヨタなどの親会社に一歩ゆずり，若年期間工の採用に不利となっている．第2に，企業の立地場所が首都圏から離れていることも若年者採用を困難にしている．F市は東海道新幹線で東京から1時間半弱の場所に立地しているとはいえ，首都圏外にあり，東京に近いためにかえって若年者を首都圏に吸収されてしまう．したがって，採用できる若年期間工は，首都圏に居住経験を持つためにかえってその土地での通勤の不便さを知って首都圏で働く魅力を感じない人，あるいは多

少労働条件が低くなっても秒刻みで作業する大手メーカーと比較して肉体的負荷の少ないＡ社を選択する人に限られていた．

期間工の絶対数がこのように不足していることに加えて，Ａ社で期間工の問題となっていたことは勤続期間の短さであった．期間工の契約は３カ月以上１年以内であったが，そのほとんどが雇用保険の受給資格が得られる勤続３カ月半で退社しており，非常に定着が悪い．生産現場では作業集団が１組約10-15人で構成されているが，メンバーの入れ替わりが激しいと，安定した生産実績を上げにくい．現場監督者の感覚では，作業集団のメンバー１人が入れ替わると，約１割の生産ダウンが見込まれるという．雇用の弾力性を維持するためにはある程度の割合で期間工が必要であるとしても，安定した生産実績を維持するためにはその比率をむやみに拡大するわけにはいかず，インフォーマルな労使交渉のなかで，理想的には２割まで，やむを得なければ３割までといった期間工比率の目安が立てられている．もちろんこの比率に対する見方は立場によって異なる．現場で作業者全員に指導を行い，かつ生産に責任を持つ立場の組長，工長，係長などにとっては未熟練の期間工の比率が少なければ少ないほど作業実績が安定し，作業効率も上がる．日産では期間工比率をせいぜい4-5％に抑えてほしいという要望が現場監督者間からあがっているそうだ．

期間工の勤続期間が短いと常時欠員補充のための募集を行っていなければならず，必然的に１人あたりの募集費が高騰する．中小企業ではそれが50-60万円となる場合もあるが，Ａ社でもその費用が１人あたり40万円前後に達する年度も出てきた．多少の景気の変動には左右されない，構造的な人手不足が見込まれている日本社会の現状で，Ａ社が長期的に安定した期間工の供給源として日系ブラジル人に注目し始めたのは，直接的にはこの募集費の高騰に起因する．日本人の若年者とは異なり日系ブラジル人の場合には，少なくとも１年間の雇用継続が望めること，これがＡ社にとっては大きな魅力となった．日系ブラジル人の募集費は約20万円前後であり，１年後の契約期間満了時に，契約通り帰国旅費を会社が負担してその費用を含めたとしても，１人あたりの募集・採用費は91年度実績で約44万円であった．この金額自体は日本人期間工の募集費用とほぼ同額であるが，日本人期間工と異なり１年間の勤続保証が得られること，これが日本人期間工には代替し難いメリットとして受けとめら

れていた.

4　日系ブラジル人の採用方法と労働条件

　A 社の場合，日系ブラジル人の採用は，その当初から現地ブラジルでの直接採用を実施した．改正入管法の施行を機に，単純労働か否かを問わずあらゆる職種に日系中南米人を合法的に採用できるようになったので，大半の企業は人材派遣会社を経由してこうした日系中南米人を雇用していた．しかし A 社では人事担当者を日系人が多いブラジルのサンパウロ州にまず直接派遣し，その後パラナ州にも派遣して，現地採用を実施した．日系ブラジル人の期間工としての採用が，A 社では一時しのぎの間に合わせ的な性格のものではなく，企業としての長期的見通しの下で行われていること，そしてそれだからこそ現地で企業の信用を高め，少しでも望ましい人間を採用したいという姿勢が企業にみられること，この 2 点が A 社の現地直接採用実施という方針からうかがえるであろう．

　募集方法は新聞を媒体とし，まず 1989 年末にブラジルの邦字新聞に期間工募集広告を掲載した．その結果，90 年に入ってから 1 日に 100 人を超える応募者が殺到し，多い日には 200 人前後に達したという．この応募者の中から最終的に 150 人の採用者を決定した．その採用基準は，第 1 に日本へのビザを取得できる資格を持っていることで，日系 2 世までは容易にビザ取得が可能であることから，2 世までを優先的に採用したという．そこで応募者が日系人かどうかを確認することが採用にあたっての最初の作業であった．第 2 に，そのなかからできるだけ日本語に堪能な者を採用しようとしたが，現実には 2 世となると日本語能力はあまりあてにはできなかったようだ．第 3 の採用基準は，仕事の能力であるが，現実に試験を実施するわけではないので，採用時にその能力を見きわめようとする．農業従事者が多いので，工場作業を遂行できるかどうかがポイントとなった．また能力と同時に，実際に本人が日本で本当に就労する意思があるかどうかの確認も行う必要があった．単に物見遊山半分の気持ちで来日された場合，日本人期間工と異なり帰国旅費もかさみ，A 社としてはわざわざブラジルまで出かけて現地採用した意味がない．そこで来日する際

の旅費は本人負担という契約条項を設けて，就労意欲の少ない日系ブラジル人をふるいにかけたのである．

職業，学歴については不問であるが，農村部からの応募者は高卒者が，都市部からの応募者は大卒者や学生が多かったという．単身赴任を条件としているために，男性では 24-25 歳から 30 歳程度の若年者が多い．**表3-4** は，現在 A 社で雇用されている日系ブラジル人の年齢構成であるが，合計 311 人でその平均年齢は 33.4 歳，29 歳以下が 45％を占め，男性正規従業員より若干若く，また中高年を主体とする出稼ぎ期間工と比較して明白に若年グループを形成している．若年者が企業にとって魅力的な理由は，日本人か日系ブラジル人かといった国籍を問わず，若い人ほど職場や環境に対して適応力があり，新しい機械に対する抵抗感も少ないからである．一般に若年者は年功賃金体系下では相対的な低賃金であるがゆえにメリットとなるのであるが，期間工として年齢別賃金が支給されない場合でも，若年者は新しい技術への適応力の高さから企業として好ましい労働力となる．A 社ではブラジルで人材派遣会社との間に採用競争があったものの，ほぼ満足のできる状態で日系ブラジル人の採用を行った．

契約条件は，先の単身赴任必須のほか，契約期間があり，90 年から 91 年度にかけての採用者の場合，6 カ月契約が 2 割，1 年契約が 8 割であった．日本人期間工の契約期間は最低 3 カ月以上であったから，この契約期間の長さはそれだけ期間工を安定的に確保できたことを意味している．旅費は往路は本人負担で，帰路は会社負担であるが，1 年後に契約更新あるいは他社に転職する場合には，その代わりとして 30 万円が支払われることになった．92 年の調査時点で，91 年の契約満了者のうち，約 1/4 にあたる日系ブラジル人が，さらに 1 年の契約更新を希望した．契約更新者の割合の高さから見て，日系ブラジル人の雇用管理は本人たちにとっても満足のいくものであったことがうかがわれる．

賃金形態は時給で，日本人期間工と同一である．期間工は経験回数によって，時給 1040 円から 1130 円まで 30 円刻みで 4 段階に分類されているが，日系ブラジル人の場合は時給 1040 円から始まって 6 カ月後に 1130 円になる．工場の勤務形態は完全 2 交替制で，昼が午前 8 時から午後 5 時まで，夜が午後 8 時から翌朝の午前 6 時半までであり，この夜勤手当と残業手当を含めると 1 カ月約 40 万円の月収となる．残業時間は月ごとに異なるが，多いときで 40-50 時間，

表3-4 A社の日系ブラジル人の年齢構成（男性のみ）

年　齢	
-19歳	28人
20-29	112
30-39	65
40-49	67
50-59	39
60-69	—
70歳以上	—
計	311
平均年齢	33.4歳

注：1992年6月30日現在．

92年5月実績では20時間であった．ボーナスは支給されないが，お盆手当，正月手当が各3万円ずつ支給されるほか，1年後の契約期間満了時には慰労金として別途75万円が支払われる．

労働時間はA社全体で共通しており，完全2交替制であるが，一部熱処理職場だけは24時間稼働で3班2交替制を敷いている．年間休日120日で，日曜と休日が暦どおりに休日となるほかに，月3回土曜休日がある．

休日の過ごし方，賃金の使途などは第6節の日系ブラジル人の生活の項で触れたい．

5　職場における日系ブラジル人の役割と技能の熟練

採用された日系ブラジル人は，職場でいかなる役割を果たしているのだろうか．日本語に不自由な日系2世，3世などが採用されてすぐ職場に配属された場合，何らかの不都合や問題が生じていないのだろうか．言語や生活習慣の差異などから生じる日常的な職場の問題を解決していかねばならない事実は当然のこととして，それと同時に考慮すべき問題は，日系ブラジル人の職場作業者としての技能形成の問題である．期間工として採用された日系ブラジル人が，未熟練工としてのみ終始するならば，彼らが将来，日本に定着し，日本社会に融合していった場合，彼らのみで構成される単純労働市場が形成される可能性

が高い．労働市場が国籍や人種によって分断されて，市場内部での階層性が明確化される恐れがある．その区分が皮膚の色や使用言語に依存しているだけに，区分自体が絶対化されやすい危険性がある．本工と，期間工である日系ブラジル人の技能上の差異はどこに存在しているか，日系ブラジル人も日本での定着が進めば本工と同程度の技能を身につけて単純労働市場から脱出していく可能性が残されているのかどうか，職場での技能の内容を検討しながら以下に見ておこう．

期間工が配属されるA社の製造現場は，大きく機械加工職場と組み立て職場に二分される．機械加工職場は，鋳造あるいは鍛造された素材や鋼材をNC自動旋盤や歯切り盤，研削盤，フライス盤などで規格通りに仕上げる工程である．加工する素材の約7割は外部の関連メーカーから納入されており，A社で最終部品として加工される．トランスミッションはエンジンとともに自動車の心臓部を形成するために，ミクロン単位の精度が要求される．組み立て職場は，機械加工された部品や，サブ組み立てされた各ユニットを，トランスミッション全体に組みつける工程で，やはり高い精度が要求される．

こうした職場に未熟練の期間工を配属させるわけであるが，未熟練工の配置は本工と同一職場である．未熟練工だけでひとつの職場が形成されているわけではなく，また未熟練工職種が設定されているわけでもない．期間工も本工と同一作業に従事する．ただ作業編成のやり方に工夫があり，期間工や新卒採用の本工は，経験年数の長い本工が品質チェックできるよう本工の前工程に配置される．そうすれば流れ作業の後工程になって突然不良品が発見されるという事故が少なくて済むのである．

期間工を職場で受け入れるためのノウハウは，こうした作業編成上の工夫と，4日間のOff-JTによる受け入れ教育に集約されている．受け入れ教育のカリキュラムは，組み立て職場の場合，安全教育，作業訓練としてのボルト締め学習，その連続作業訓練，組みつけ実習，計測訓練，品質管理としての異常時対応，などの一般的プログラムを学習した後，配属される班ごとに，組の概要，担当部品の特性，作業上の安全，作業要領書の読み方，品質チェックの方法，作業スピードなどについて説明が行われる．機械加工職場も，概要は同じだが，最初に覚えるのは異常時対応，切粉の処理，服装・保護具着用などを含む安全

教育，計測器の使用方法などである．また不良品を製造した場合は，それを隠すことがないよう，その発見を奨励する意味で不良品製造の報告を徹底させる努力を行っている．安全教育，作業心得など職務遂行上必須の事項は，すべてポルトガル語に翻訳されている．しかし，作業要領書などは日系ブラジル人が独りで読む必要に迫られていないために，翻訳は行われていない．また口頭での説明には，日系ブラジル人仲間で日本語に堪能な人が通訳の役割を果たしている．翻訳については，工場事務所にポルトガル語のできる女性を1人採用している．

次に，各作業班での配置についてより詳細に見てみよう．組み立て職場の場合，各班，いわゆる組はそれぞれ「組立作業習熟計画一覧表」を作成している．これが作業員の能力評価表で，技能の習熟度合いが一目で理解できるようになっている．本工と未熟練工との技能度の差がアミカケの割合で理解されるのである．自動車産業に多い組み立て作業の場合，何をもってその熟練度を測定するのかは職場外の者には分かりにくいが，この習熟計画一覧表によると非常に具体的に理解しやすい．

まず，担当する組ごとに工程が分割され，それが作業難易度によりAの難しい，Bの普通，Cの容易，の3段階に分けられる．次に，その工程の習熟度を，0：まったくできない，1：作業の経験がある，2：資料があれば1人でできる，3：資料なしで1人でできる，4：人に教えることができる，の4段階に分類し，一覧表によって個々の作業者がどの工程をどのレベルまでマスターしたかをきちんと把握している．また，月別に，誰がどの工程を習熟すべきか，また誰がその教育を担当するかも明示される．**表3-5**はその作業習熟計画一覧表の具体例であるが，色のついた丸が多い人ほど，熟練度が高いことになる．いわゆるカバーできる職務範囲が広く，しかも人に教えられるほど各工程の習熟度が高いということになる．色のついた部分がわずかの人はいわゆる未熟練工である．期間工はこの**表3-5**の下半分を占めており，マスターした工程の数が少ない．そして，作業難易度がCレベルの部品準備の工程を担当することから職場の作業割当てが開始されている．

機械加工職場の場合，その熟練度はやはり第1に受け持ち工程の幅，いわゆる職務範囲と，第2に一定の精度の製品を一定の時間で製造できるという，い

表3-5 組立作業習熟計画一覧表（例）

重点工程		○	○								○	○			
作業難易度	B	A	A	C	C	A	B	B	A	B	A	B	C	C	C
工程No.	C10	C10	C10	D20	C10	C20	C20	C30	C40	C40	D40	D30	D40	C05	C20
作業内容	バッフルプレース仮組付	ディテント締付	3/8ロックナット締付	サーボサブ組立	アキュームサブ組立	部品準備 FWD OUR 組付クリアランス	FWD リークテスト ケースへ組付	FWDハブ組付	R/キャリア手組み	自動機 RLA F/キャリア手組み	REV/Cクリアランス	HI/C・REV/C・OVR/Cピストン Ass'y	部品準備 パック	部品準備 ケース	部品準備 FWD アキューム

氏名															
班長	⊕	⊕	⊕	⊕	⊕	⊕	⊕	⊕	⊕	⊕	⊕	⊕	⊕	⊕	⊕
サブリーダー	7/6	6/7	6/6			6/6	9				8		8		
日本人															
日本人	⊕	⊕	⊕	⊕	⊕	⊕	⊕	⊕	⊕	⊕	⊕	⊕	⊕	⊕	⊕
日本人											6/7		6/7		
日系人															9/7
日系人										6		5/8			
日系人												5			
日系人															7
日系人						8/8									
日系人						8/8									

注：0：全くできない，1：作業の経験がある，2：資料があれば1人でできる，3：資料なしで1人でできる，4：人に教えることができる．
丸の中の数値は，教育訓練実施予定の月．

わゆる作業スピードで測ることができる．また，組長などの作業責任者に対する能力評価では，人に教えることができるだけではなく，まず何よりも異常時対応能力が求められ，機械が停止した場合に的確にそれを処理することが要求されている．

以上のように期間工の職務内容を検討すると，本工と期間工との間に技能上で質的に差異が設けられているわけではなく，経験年数によって各職務の習熟度が上がり，かつ職務範囲が広がっていくことが技能の熟練と解されている．

したがって，熟練技能獲得のポイントは職場の経験年数の長さにあることが明瞭であろう．本人の資質により，習熟の速度に多少遅速はありえようが，長い目で見れば資質の差異はそれほど問題にならないという．本工と期間工の技能レベルを分けるのは，この勤続期間の違いなのである．現在，Ａ社の日系ブラジル人雇用は3年目を迎えたばかりであり，日系ブラジル人の勤続年数は最長の人でも1年を越えたにすぎない．したがってその技能レベルもまだ未熟練工の域を出ない．また日系ブラジル人の場合は，ビザの関係上，在留資格は3年に限定されているから，勤続期間はそれより短くならざるを得ない．

単純労働市場で，日系ブラジル人とその他のアジア・アフリカ系を中心とする外国人労働者を分ける基準は，使用言語，あるいは本人の職務遂行能力の大小や勤労意欲の有無にあるのではない．そうではなく，実は前者が日系人という日本人との血縁関係を有する存在であることによって，日本で合法的に単純労働へ就労可能だという，その法律上の地位の差異なのである．日系ブラジル人は合法的存在であるためＡ社のような安定した部品メーカー，1次下請けに雇用先を求めることが可能であった．そしてまた，日本人の本工と日系ブラジル人の期間工とを分ける差異もまた，本人の能力や勤労意欲の有無ではなく，技能程度の差異なのであるが，それは直接的には経験年数の差異の結果によってもたらされるのであり，その経験年数の差異は滞日期間の限定によって生じてくる．農業従事者の絶対数の減少とその高齢化によって量的に不足を来した日本の単純労働市場は，滞日期限のある就労ビザという障壁を設けることによって日系中南米人に開放されている．しかしさらにその下層には観光ビザという障壁でアジア系を中心とする外国人労働者の労働市場がある．いわばビザによって作られた社会的障壁が単純労働市場の形成を可能としているともいえる．

日系ブラジル人を含む期間工は，職場でも自主改善活動や5S活動（セイリ，セイトン，セイケツ，セイソウ，シツケ）に参加しているが，予想される勤続期間が短いこともあって作業責任者の期待はそれほど大きくはない．しかし当然のことながら，日常の職場生活のなかでは，本工と期間工との区分，日本人と日系ブラジル人との区分はビザや労働条件などで明確化されているようには意識されていないようだ．なぜなら労働者間には同じ工場，同じラインに従事する者としての仲間意識が生じているし，また，本工間でも係長，組長，リー

ダー，一般工などと少しずつ職位に差異があるので，本工と期間工の差異もその1つとして捉えられているからだ．

以上が，職場における日系ブラジル人の役割であるが，職場全体として期間工受け入れシステムが整備されているために，新たに受け入れた期間工が他国籍者であるからといって，特に問題が生じているわけではなく，また問題が生じないように細心の注意が払われている．変化らしい変化といえば，職場内のパンフレットや掲示物にポルトガル語を使用するようになった程度である．しかし，日本社会全体として見れば，単純労働市場が日系ブラジル人やアジア系外国人によって構成されるようになったことは，今後彼らに対しても日本人と同等に技能修得する可能性を開いて，彼らが現在のように単純労働市場に押し込められたままではなく，そこから脱出する方途を開く必要性を示しているのではないかと思われる．

6 福利厚生と日系ブラジル人労働者の生活

最後に，日系ブラジル人の日本での生活にふれたい．

日系ブラジル人期間工は，日本人期間工と同様に，8階建の独身寮に入居している．入寮している期間工は「寮生」と呼ばれていて，全体600人のうち，日系ブラジル人は320人であった．彼らの中には，親子，兄弟，親戚もいるが，こうした血縁者が目立つほどの割合を占めているわけではない．寮の敷地内には期間工の寮ばかりではなく，男子正社員の独身寮や既婚者用の家族寮がある．ここから工場までは勤務時間帯にあわせてバスが運行される．夜勤勤務者の場合は，午後8時半の始業時にあわせて，夕食後の午後6時にはバスが寮を出発する．部屋は2-4人の相部屋である．

食事は朝食220円，昼・夜の定食280円で，食券を各自購入して食堂で食べる．日系ブラジル人が多いため，A社は一時期ブラジル人の口に合うような食事を提供しようとしたが，香辛料の使い方が異なるためか評判が良くなく，現在は日本人用の定食スタイルをそのままとっている．自国の料理を食べたい人は，寮内に自炊設備があるため土曜日，日曜日に市中のスーパーへ出かけてブラジル人用の食品を購入し，自分たちで食事作りを楽しんでいる．平日は寮

と工場との往復で費やされ，休日は楽しみが少ないことから，休日に故郷の食事を仲間同士で楽しむことが，日系ブラジル人にとって大きな気分転換となっているようだ．ただし，火元管理上，部屋の中での自炊は禁止されており，電気炊飯器，電気こんろ，カセットこんろなどは部屋の中で管理者が発見次第，没収しているそうだ．

　食事と並んで，日系ブラジル人の関心は故郷への送金である．寮長が1週間に3回，送金の代行をしている．書類の記入ミスや銀行側が筆記体のポルトガル語を判読できなかったりするようなケースが相つぎ，この送金手続きはなかなか大変な様子であった．日系ブラジル人にとっては，銀行が営業している平日の昼間は工場勤務であり，送金手続きを他の人に頼まざるを得ず，一方銀行側も窓口に日系ブラジル人が並ぶのを嫌がって，寮長が送金代行してくれるようにと要望しているという．賃金は月末締めの10日払いであり，日系ブラジル人の場合40万円前後の収入の中から，2500ドル，邦貨約30万円ほどを送金しているという．ドル建て送金の場合，人によってはドルが安いときに購入し，高くなってから送金してドル差益を得ようとするため，寮窓口で預かる現金が多額となった．そのため個々人が自分で出し入れできるキャッシュボックス，いわゆるマイコンロッカーを寮の備品として150万円で購入するに至っている．また寮生である日系ブラジル人が，住民登録のあるF市に確定申告を行うと，源泉徴収された地方税が戻るために，その手続きの案内も寮長の仕事の一部となっている．現在，A社の日系ブラジル人の8割はF市に住民登録を行っている．

　日系ブラジル人が増えたために，寮生活で変わった点は，先のキャッシュボックスの設置のほかに，国際電話の設置がある．現在4台の国際電話があり，ブラジルへは3分1000円程度で通話可能であることから，多くの日系ブラジル人は週3-4回は連絡をとっているという．

　A社としては，従業員慰安の一環として，これまで年末年始や5月の連休の長期休暇の期間にサッカー大会を開催した．また日帰りで，箱根や東京ディズニーランドへバス旅行を企画した．箱根旅行は，定員50人のうち，日系ブラジル人が40人，日本人期間工が10人であったという．しかし，会社が従業員に娯楽を提供できる範囲は限界がある．全員が独身寮に起居して，しかも日

本の友人が少ない日系ブラジル人の場合，生活上の楽しみが少なく，休日は市の体育館やトレーニングルームに通ったり，町へショッピングにでかけて時間をつぶしているという．日本社会で生活していくうえで，日本語が不自由であることは大きなストレスの原因となる．またそのストレス自体を発散する人間関係がごく限定されており，ストレス発散のための費用も捻出できずにいる．そのため，日系ブラジル人の日本での当面の生活は「出稼ぎ」という語に該当するような，楽しみの少ない生活となっているようだ．

　しかし，日系ブラジル人の日本での生活で切実に感じられている問題は，金銭や生活上の娯楽の乏しさといった類ではなく，性の問題である．こうした指摘はすでに筑波大学の学生が実施した外国人労働者に対する面接調査報告書で簡単にふれられているが（手塚ほか編，1992: 153），性が主題であるだけに普通は調査対象となりにくい．先の報告書でも，フリートーキングのなかでたまたまそれが話題になったにすぎないようだ．だが，性は生活のなかで無視できない問題であることは事実であろう．とりわけ既婚者が，家族と離れて生活をし，1年内外の期間にわたって異国へ単身赴任するのであるから，正常な家庭生活を営んでいるとはいえない．電話や手紙で伝達できる情報はいくらでも伝達可能であるが，身体接触は不可能であるから，性の代替とはなりえない．そして，性の領域は社会的タブーの根幹をなし，もっとも抑圧されている領域だけに，仕事と異なって他人が教えるわけにもいかず，また一般的なマニュアルがあるわけでもなく，公にできにくい．本人が悩んでいることがわかっても解決方法は個人に委ねるほかはないという性格を有している．

　A社では宿舎の関係から，期間工については単身赴任しか認めていない．そこで，夫婦同居を希望する人のなかには，実際に妻を呼び寄せると同時にA社を退社して自分でアパートを借り，中小企業へ転職していった人もみられた．妻は病院の付添婦として就労できたという．これは一例であるが，既婚者で家族を持ちながら独身寮に起居することは，身軽な単身者以上に大きなストレスの源泉となっていることがわかる．F市内には，女性を雇用する大手電気メーカーも存在し，女性の雇用機会がないわけではないが，期間工は単身者が原則であるA社の現在の雇用管理体制下では，家族同居を希望する期間工は採用されない．

日系ブラジル人の雇用管理は，日本人期間工の穴埋めとして，職場では，スムースに行っていくことができた．しかし生活問題となると企業の管理領域を離れるために，日系ブラジル人が必ずしもスムースに日常生活でも適応しているわけではないことが理解されよう．また日本人期間工は，日本人であることに加え，多くが中高年の農村出稼ぎ者であったことにより，学歴，能力，気質などが類型化されやすかった．それと対照的に日系ブラジル人労働者の場合はブラジル人であるという点でまず言語，食物などが日本人とは異なり，さらに学歴，前職，出身地，宗教，将来志向などの点で多様である．それだけに，独身寮で一律に生活管理を行う，あるいは行おうと試みることは，日本人期間工だけの場合よりも数段難しくなっていることは指摘できるだろう．

7　おわりに

　以上，日系ブラジル人労働者のA社での雇用管理と企業内での役割およびその生活について見てきた．注目すべきは，A社のような優良大企業でさえすでに構造的に，日系ブラジル人という外国人労働者に依存せざるを得なくなってきていることで，それ以下の中小零細企業では当然アジア系外国人労働者への依存度が高まっていると推測される．A社では構造的に日系ブラジル人に依存しているために，採用から職場での技能教育，生活管理に至る雇用管理全般に細心の配慮を払っている．世情に流布するような，場当たり的で，使い捨て的な外国人労働者の雇用ではない．したがって，企業内では大きな問題は生じていない．

　現在，ビザという社会的障壁が日本の単純労働市場を成立させており，その単純労働市場の成立によってA社も企業存続に必要な労働力を調達している．その点からはA社のような好事例でも労働力調達という側面では，不安定さを免れていない．外国人労働者を単なる単純労働者から，熟練技能者へと育成していく方途も考慮されねばならないだろう．

　しかし，外国人労働者の職業生活と比較して，外国人労働者である本人にとっても，また彼らを受け入れる企業や社会にとっても数段困難な側面は，生活適応の問題である．性を含む個人生活の領域は，企業や社会が管理できない，

また管理してはならない領域であるから，企業や社会が何らかの雇用管理方針や政策を採ったからといってすぐに解決できるわけでもない．ただ，A社のの直接雇用外国人労働者は単身赴任が条件であり，また外国人技能研修生・実習生もその受け入れ条件は単身であることとなっているから，日本の外国人労働者の受け入れについて生活問題はまだそれほど重視されていない．どちらかといえば，受け入れ自体，その場しのぎの間に合わせ的な性格であるといえるが，こうした状態，すなわち外国人労働者が単身のままで日本に居住している状態を今後も維持していけると想定することはもはや無理な前提ではないかと思われる．

1) 『朝日新聞』(12版) 1992年7月20日付．
　　平成3年版在留外国人統計によると，定住者ビザで来日した日系ブラジル人在留者は1万2637人，外国人登録のあるブラジル国籍者は5万6429人，そのうち8964人が静岡県で登録している．この人数は第1位の愛知県1万764人に次ぎ，神奈川県の8215人を上回っている．
2) 『朝日新聞』(12版) 1992年6月18日付．

第Ⅱ部

外国人技能実習制度の展開

第4章
外国人技能実習制度の創設と発展

1 一時的外国人労働者受け入れ制度の問題

　一時的外国人労働者受け入れ制度とは，定住化を防ぎつつ外国人労働者を短期的に受け入れる制度のことである．すなわち，外国人労働者のローテーションによる受け入れ方式，あるいは循環（circulation）政策と言い換えてもよい．この一時的外国人労働者受け入れ制度は，労働力不足による外国人労働者受け入れのニーズ，それは主として事業主によって示される受け入れへの強い要望と，外国人労働者を自国には受け入れたくないという内国人労働者や一般市民の強い感情的な反発との妥協の所産であり，外国人労働者は一定期間就労後に，帰国することが大前提とされる．

　こうした制度は世界の国々を見渡しても決して珍しいものではない．1960年代から1973年までのフランスの移民受け入れ，ドイツのガストアルバイター制度（1955-73年），アメリカのブラセロ計画（1942-64年）に見られただけでなく，現在でもアメリカでは農業労働者とIT技術者に対して，またイギリス，ドイツ，カナダでは農業労働者に対して職種限定で一時的受け入れを認めている．また，急激な経済成長下にあるスペイン，イタリアおよび台湾，韓国，シンガポール，マレーシアは従来の移民送り出し国から移民受け入れ国へ変貌し，外国人労働者の一時的受け入れを行っている．

　日本でも1980年代後半から人手不足によって，当初は不法就労者という形で外国人労働者の受け入れが始まった．しかし，政府の外国人単純労働者は受け入れないとの基本方針から，専門技術的分野の資格・認定を受けた人にしか就労資格が付与されず，いわゆる外国人労働者という言葉から想像されるようなブルーカラー職種に従事する労働者の受け入れは，日系人という身分に基づ

く者か，技能研修・実習という活動目的による研修生という2つの入口しか開放されなかった．

　本章では，この外国人技能実習制度を例にとりながら，これを一時的外国人受け入れ制度と捉え，それが定着し，日本社会に構造化されていく過程を検討したい．それはまた，日本政府の外国人単純労働者受け入れ反対の基本方針が徐々に蚕食されていく過程でもある．技能実習制度を技能移転のための制度として捉えるだけでなく——確かに技能移転の役割を果たしていることは否定できない——，この制度を一時的外国人労働者受け入れ制度として捉えることによって，現在の日本の技能実習制度の持つ欠陥が，実は外国人を一時的に受け入れる制度一般に共通する欠陥として浮かび上がってこよう．日本の技能実習制度を例にとりながら，一時的移民受け入れ制度の効果的あり方を検討するのが本章の課題である．

2　技能実習制度の制度内容と実態

2-1　制度内容

　技能実習制度は発展途上国への技能移転を目的として1993年に設立された．制度によって特定された職種に従事している外国人を受け入れ，1年間は研修生として，技能検定試験の基礎2級合格後は技能実習生として合計3年間の研修・就労を行う制度である．受け入れ人数総数は決定されていないが，研修が効果的に実施されることを担保するために，いくつかの条件が設定されている．

　第1に，技能移転が目的であるから，来日前に就労していた職種と日本での研修を受ける職種が同一でなければならない．これには技能実習生が単に金を稼ぐという経済目的で来日することを防ぐ意味がある．2008年には62職種114作業が認定されていた．

　第2に，受け入れ主体は個々の企業ではなく，中小企業団体である．企業単独型で研修生・実習生を受け入れるには，受け入れ会社の海外現地法人の従業員でなければならないが，そうした現地法人を持たない中小企業でも，法に定める団体を組織すれば，こうした団体が第1次受け入れ機関となって外国人研修生を受け入れることが可能である．ただし各企業受け入れ人数には制限があ

り，常勤従業員数50人以下の企業では年間3人まで，農業を営む農協組合員，農業団体会員は年間2人までとなっている．その人数は企業規模が大きくなると増大し，規模51-100人で6人，101-200人で10人，201-300人で15人となっている．この受け入れ人数制限が事実上の数量制限であり，実習生受け入れの総枠規制の代わりとなっている．研修生・実習生は合計で3年間滞在するので，つまりどのような小規模企業でも，指定職種があれば各年2人の3年間分，計6人の研修生・実習生を受け入れることが可能なのである．

　第3に，研修が労働でないことを担保するために，研修生の研修時間の1/3以上は非実務研修にあてなければならない．すなわち，日本語教育，日本の生活習慣，交通ルールなどの一般的知識のほか，使用する材料，機械・道具の名前，安全管理，薬品名など各職場で必要とされる日本語，基礎知識などについて職場を離れた講習（座学）を企業あるいは受け入れ団体は実施し，その実施を証明する書類を作成しなければならない．

　さらに受け入れ企業では技能研修を実施できる技能者であることの資格証明を持つ技能指導員を置くと同時に，受け入れ研修生・実習生の生活管理に責任を持つ生活指導員を置かなければならない．前者は通常は職場の監督者，後者は女性のベテラン事務職員や社長の妻が担当している．

　受け入れ研修生・実習生の在留資格は，研修生は「研修生」ビザであり，技能検定試験「基礎2級」相当以上の技能検定試験に合格すれば，「特定活動」に変更され，ここに初めて労働者としての地位を付与される[1]．研修期間中は研修手当として1カ月6-7万円が支払われるが，寮費，食費，光熱費などの諸経費は受け入れ企業負担，他方，実習生移行後は実習生は労働者として労働法の対象となるので最低賃金以上は支払われるものの，寮費，食費，光熱費などは自己負担となる．

2-2　受け入れの現状
2-2-1　受け入れ人数

　研修生・実習生の受け入れ人数は近年大幅に上昇している．2007年には政府関係を含め約10万2000人の研修生を受け入れ，同年度の技能実習移行者数は5万3999人，前年度に技能実習生に移行した2年目の実習生4万1000人を

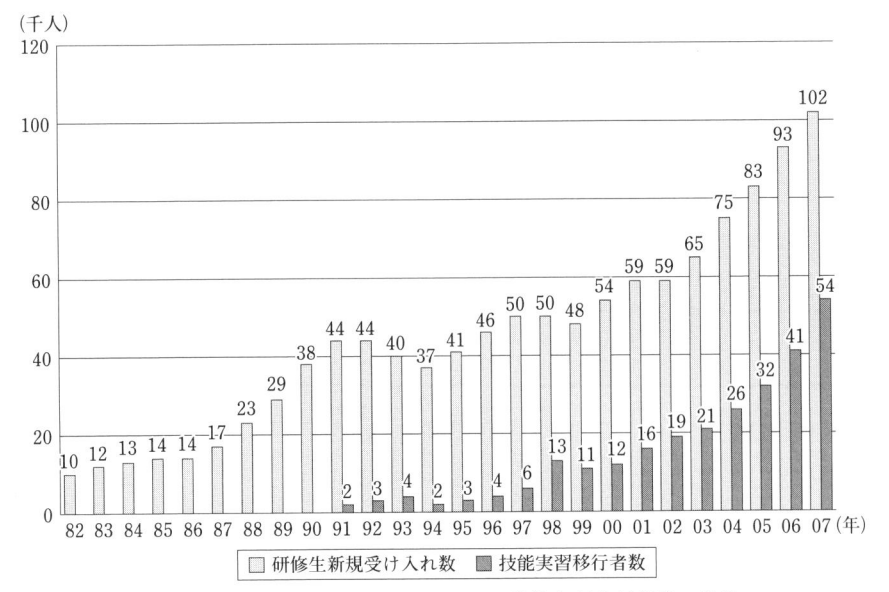

図 4-1　研修生新規受け入れ数および技能実習移行者数の推移

資料：研修生新規受け入れ数は法務省『出入国管理統計年報』各年版より作成．技能実習生移行者数は JITCO 白書各年版より作成．

注：「在留資格　研修」で新規入国した人数であるので，国の受け入れ，JITCO 支援（企業単独型，団体監理型），その他を問わずすべての研修生を含む．

含めると，およそ研修生・実習生合計 19 万 7000 人となり，約 20 万人となっている．1996 年の研修生受け入れ数が 4 万 5536 人であったから，およそ 10 年で倍増した．また技能実習移行者数も，1997 年は 6339 人であったから，こちらは同期間に 6.5 倍となったといえる（図 4-1 参照）．

こうした伸びの背景には，技能実習制度そのものの変質と日系ブラジル人という他の外国人労働者の供給源の枯渇という 2 つの要因が考えられるが，この点は後に詳しく触れる．

2-2-2　受け入れ業種と受け入れ職種

研修生・技能実習生の受け入れ職種は繊維・衣服関係が多く，2006 年度に研修生から技能実習生へ移行した人は 1 万 4000 人強であった．技能実習制度はその設立当初から繊維関連業種の受け入れがもっとも多かったが，近年は機械・金属関係職種での伸びが著しく，2006 年度に初めて繊維・衣服関係職種の移行申請者数を上回り，およそ 1 万 6000 人と推計されている．この変化は

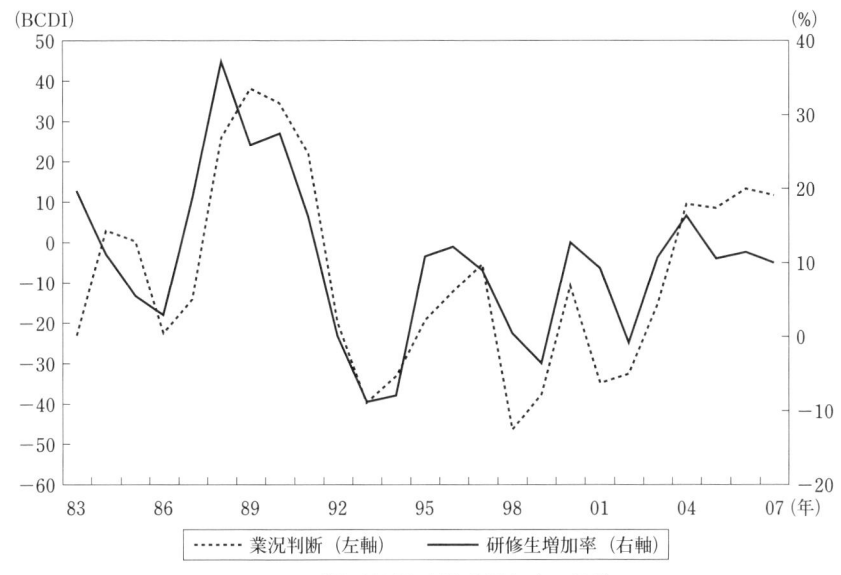

図 4-2　業況判断と研修生増加率の比較

資料：法務省『出入国管理統計年報』各年版および日本銀行『全国企業短期経済観測調査』各年版による．
注：1）業況判断指数（BCDI）は製造業経営者による回答の年平均値を利用．
　　　業況判断指数＝経営状況が「良い」企業－「悪い」企業の数値
　　2）研修生増加率は，新規入国研修生の前年比増加率．

技能実習制度の変質と関わっていると思われる．また人数は4000人程度とまだ少ないが，農業関係の受け入れ数の伸びも顕著である．

　外国人技能実習制度は技能移転という制度目的を持つために，受け入れ認定職種は製造業と漁業・農業分野の職種に限定されていることに注目しておきたい．すでに受け入れ認定された職種を抱えた中小製造業と同様，実は人手不足を訴える他の業種，たとえばクリーニング業や弁当製造業などでも業界内のクリーニング作業，総菜製造作業を研修・技能実習職種に認定することの要望が出されているが，こうした職種で果たして技能移転のニーズがあるかどうかの疑問も出されている．単純労働者を受け入れないという政府方針は，受け入れ職種を限定することによって何とか担保されている．

　受け入れ企業の規模を見ると，中小企業，しかも小零細企業が多い．2006年の技能実習実施企業を規模別に見ると，1-9人規模が36.9％，10-19人規模

が19.6%であり，この両者で6割を占める．300人以上規模の企業は，わずか4.3%である．日系人を中心とする外国人労働者の多くが間接雇用で中小製造業に雇用されていることと比較して[2]，技能実習生の場合は，より零細規模での雇用であることがわかる．どのような規模でも年間2人の実習生を受け入れることが可能であるから，そもそも日本人が製造現場に皆無の職場で技能実習を行うという，技能移転の趣旨に反した実態も生じてくるのである．

2-2-3 送り出し国

研修生・実習生の送り出し国は，中国が中心である．2007年度の技能実習移行者の国籍をみると，その79.4%が中国であり，ついでベトナム7.7%，インドネシア6.1%，フィリピン4.5%となっている．

実習生のうち中国出身者がおよそ8割を占める理由として，これまでの研修生受け入れ事業が中国から出発したという歴史的経緯があることがまず指摘できよう．しかしそれだけではなく，中国は地理的に日本に近いために往復の渡航費を節約できること，外見が日本人と似ているために職場や受け入れ地域で外国人として目立たないこと，同じ漢字文化圏に所属するために漢字でのコミュニケーションがある程度は可能であること，などいくつかの受け入れ企業側のメリットが存在する．それと同時に，第9章で明らかにするように，中国側も国策として労務輸出を強く推進しており，日本語教育訓練など日本側受け入れ機関の要望に沿うようなサービスを提供しているなどの諸点も重要であろう．

2-2-4 研修生・実習生の属性

2005年1月から12月にJITCO支援により入国した研修生は，男性2万4710人，女性3万2340人で，その79.2%が29歳以下である．男女数は2001年に逆転し，女性が男性を上回るようになった．実習生についても同様の傾向が指摘され，2006年度技能実習生移行申請者のうち，男性2万2451人，女性2万8565人であり，29歳以下が76.7%を占める（移行申請者のなかで技能検定基礎2級に合格した者のみが技能実習移行者となり，かつ合格者全員が技能実習生への移行を希望しないので，申請者よりも移行者の人数は少なくなる）．女性の比率が高いこと，年齢が若いこと，という2点が重要である．受け入れ先中小零細企業の人員構成は多くの場合，少数の中高年男性従業員，中高年女性パートで成立している．日本語が不自由な外国人ではあっても，若い労働力

が職場に登場することがいかに職場に活気をもたらし，企業の将来を明るいものとしているかについては，いくら強調しても強調しすぎることはないだろう．

3　第1期　技術研修生モデル期 (1982-1990年)

次にこの技能実習制度が日本に定着した経緯を，①研修生受け入れ制度の内容，②受け入れ目的，③受け入れ人数，の要因を考慮して，3つの時期に分けて検討しておきたい．この制度の成立経緯にこそ，現在の技能実習制度の持つ意義と限界が隠されていると思えるからだ．各時期の特徴をたどることにより，技能実習制度の日本への定着過程が明らかにされよう．

3-1　在留資格「技術研修生」の創設

日本の移民政策は原則的に未熟練労働者の受け入れを拒否してきている．ただし発展途上国からの外国人に対する技能研修は，政府の政府開発援助（ODA）の一環として積極的に実施されてきた．その主要な実施機関は JICA，AOTS，JAVDA，ILO などであった[3]．当初この人数はわずかであり，入国に際しても「研修生」という在留資格は設置されていなかったが，1982年の出入国管理および難民認定法の改正によって初めて研修生の在留資格が認められ，研修生としての入国者数が判明するようになった．

当時の研修生は「技術研修生」と呼ばれ，1982年の入国者数は9973人であった（図4-1参照）．技術研修生とは，「本邦の公私の機関により受け入れられて産業上の技術または技能を習得しようとする者」として入管法上に位置づけられ，在留資格は「4-1-6-2」，海外からの留学生，就学生と並ぶまさに技能習得に特化した活動に従事する者を意味した．また，在留資格は「産業上の技術または技能を習得しようとする者」という定義に見られるように，活動それ自体ではなく，身分，地位について与えるという定義であったから，「資格外就労」という後の研修生に適用されるような不法就労のカテゴリーとは無縁であった．

この産業技術研修生はODAによる政府受け入れ研修生ばかりではなく，日本企業の海外現地法人から日本の親企業に技能習得を目的に来日する現地従業

員もその対象となった．いわゆる企業単独型研修生といわれるカテゴリーがこれにあたる．海外に現地法人を設立できるだけの資本力やノウハウを持っていた企業は当時は大企業に限られていたから，この企業単独型研修生は，文字通り，日本の親企業の工場の生産現場で必要な技能を習得し，母国の現地法人で日本の生産現場の製造方式を他の従業員に普及させる中核的人材であり，技術研修生制度はその養成が目的だったのである．この第1期に，研修生が技術研修生という名称で呼ばれることが多かった理由も，研修内容がほとんど製造現場の技能であったことによる．

しかしこの第1期の1980年代にすでに人手不足に悩む特定産業の中小企業では，不足する若年労働者の代替としてこの研修生制度に着目していたのである．その事例を以下に見ておこう．

3-2 岐阜県日中友好研修生受入協同組合連合会の事例

この団体は，岐阜県の地場産業である衣服製造業関連の中小企業によって構成されている．2006年時点で，岐阜県連絡会議56組合（611社），岐阜県連合会27組合（170社）と非常に大規模な団体であり，早くから研修生受け入れの取組みを開始した．まず，1976年に日中国交正常化によって中国との交流が可能となると，同年に岐阜県の中小企業団体と岐阜県知事，県会議員等は日中友好使節団を結成，北京，上海，南昌を訪問した．その後，1979年に南昌代表団が岐阜を視察，南昌市を中心とする江西省は独自に海外への出国を可能とするパスポートを発行でき，研修生送り出し事業を発足させる権限を持っていた．そこで岐阜県の中小企業団体が中心となって，同年江西省からの研修生を受け入れるための中国研修生受入れ協会を設立した．1981年に第1期研修生48人を2年間受け入れた．また1983年には第2期生受け入れを15社59人行い，1985年には期間を1年間に短縮して52人を受け入れた．この間，1982年の入管法改正により「技術研修生」という在留資格が創設されて，研修生の受け入れ基準が明確化されたことが受け入れ拡大に役立っているであろう．

当時の研修生受け入れについては，企業単独型研修生受け入れの方法しかなかったので，岐阜県の中小企業団体（当時は任意団体協会）が団体として研修生を受け入れたのは，岐阜県選出国会議員と法務省との特別の交渉の結果によ

る．制度上は，送り出し先の現地に合弁企業を設立して，そこからの派遣という形で研修生を受け入れたのである．その後，この組合は岐阜市のみならず，各務原市などの近隣の縫製企業も傘下に加え，また受け入れ団体も従来の任意団体から，法人格をもつ協同組合として受け入れ可能となるように働きかけ，最終的には中小企業庁の支持により法務省が認可した．

その後，1990年の入管法改正後の法務大臣告知により団体監理型研修制度が認可されたことを契機に，この団体は受け入れ団体の協同組合化を進め，1993年の技能実習制度成立後には送り出し公司も従来の江西省以外に南昌，四川，上海，北京へと拡大し，1994年には受け入れ研修生も20組合500人を超えた．2008年現在，この団体は研修生・実習生の受け入れ活動以外に，2005年に当時の河野太郎法務副大臣が研修・技能実習制度廃止を提案したことからその廃止に対する反対活動と，技能実習制度終了後に2年間の再技能実習が可能となる再技能実習実現に向けて運動を行っている．

この団体の場合は，世間に先駆けて中小企業団体で研修生を受け入れたことにより，団体監理型研修生制度の1つのモデルとなっている．この事例は岐阜県の1つの事例にすぎないが，縫製業や次の事例にみる鋳造業の事例にみられるように，同種の技術研修生受け入れ事例は広く日本全国に広がっていたと推察できる．そしてこうした事例をモデルとしながら，ある意味では技術研修生が人手不足対策として流用されることを防ぐ意味で，技術研修生の活動を制限する団体監理型研修生制度が1990年に出発するのである．

3-3 協同組合川口鋳物海研会

鋳造を中心とする金属製品製造業による海研会もまた，研修生受け入れについては先駆的事例である．鋳造業は典型的中小企業分野であり，現実には職場環境に大幅な改善がみられるものの，従来は3K（汚い，危険，きつい）分野の1つとされてきた．埼玉県川口市は荒川沿いに発展した「鋳物の町」としての歴史を持っている．しかしながら近年は都心から30分という地の利が注目され，都心への通勤圏という立地のためにかえって若年者の採用難をかこつことになった．

そこで，この川口市内で操業する鋳物業の同業種組合も1979年に中国への

視察団を派遣し，1983年6月に中国から研修生21人を初めて受け入れた．1982年の入管法改正による技術研修生の在留資格創設が，先の岐阜県の縫製組合と同様に研修生受け入れを容易にしたことは想像に難くない．

3-4 技術研修生モデル期の特徴

以上の事例から見ると，外国人研修・技能実習制度による外国人労働者の受け入れは，当初は地場産業である中小企業の自主努力で始まったことがわかる．当初，外国人研修生は産業技術研修生のカテゴリーとほぼ一致し，受け入れ主体は政府関連機関ないしは海外進出工場を持つ大企業に限定されていた．入管法上，海外に合弁企業をもたない中小企業では研修生は受け入れられなかった．

しかし，この法の隙間に着目し，若年者不足に悩む中小企業は例外として「日中友好」を旗印として研修生を受け入れたのである．この時期に研修生受け入れを行った団体が，縫製業，鋳造業という典型的な中小地場産業であったことは産業特性上から説明できよう．すなわち，前者の縫製業の場合，必要な労働力はそれまで地方出身の若年女性労働力に依存してきたが，すでに1970年代後半にはこの種の労働力はより高い労働条件を提供する繊維大手企業でももはや確保しにくくなり，1973年の第1次オイルショックによって日本全国に余剰労働力が生じた時でさえ，沖縄や釧路の遠隔地へ求人募集に出張していた．

他方，後者の鋳造業でも大企業と比較して相対的に低い労働条件から若年者の確保・定着は困難となっていた．製造部門に同じく鋳造工程を抱える日本有数の自動車産業でさえ，苦心して採用した若年者が都会の飲食業，サービス産業に流出してしまう時代にあって，首都圏に位置する中小製造業，とりわけ鋳造や熱処理，鍛造などの金属製品加工職場での若年者採用はほとんど望み薄であった．将来を託す若年労働者の採用難という困難に直面した中小企業にとって，外国人研修生を利用することは，労働力確保のための苦肉の策であったといってよいだろう．送り出し機関の選定，契約交渉，受け入れ態勢の準備，日中両政府への説明と了解など，新規事業につきまとう困難さは枚挙にいとまがなかったであろう[4]．

先駆的団体によって日中経済交流として始まった中国人研修生受け入れ事業

は，少しずつ，同業種，同地域の中小企業にも広がり始めた．人脈をたどりながら送り出し側公司を探すこと，そのうえで，現地に日本側中小企業数社が合弁企業を設立し，そこの企業の従業員として研修生を受け入れることは，入国管理法に抵触しない．こうして，制度のうえでも受け入れノウハウが蓄積されて，研修生受け入れが徐々に広がったといえる．

しかしこうした研修生受け入れに対しては，研修生が実は研修を装った労働者受け入れであるという指摘もすでに出されていた．一般的に，人手不足に悩む中小企業は，人は欲しいが法律には触れたくない．そこで同じ条件に置かれた中小企業も合法的に研修生を受け入れたいという要望が出されるようになった．その結果，中小企業を中心とする企業から法務省に対して，どのような基準ならば研修生受け入れが可能なのか，その基準を明確化してほしいという要請があり，その要請を受け 1989 年 7 月には「外国人研修生にかかわる入国事前審査基準」が法務省入国管理局長名で発表された．

この基準によると，研修実施機関については公的機関以外の法人については，非常に具体的な基準が 11 項目にわたって規定されている．そのうち，海外の合弁企業については以下のような規定となっている．「研修生の受入れが海外における合弁企業若しくは現地法人設立に伴う要員養成を理由とするものについては，合弁企業若しくは現地法人の設立が，当該国政府若しくはその他の公的機関により承認されていること，又は提出された資料等により合弁企業若しくは現地法人の設立が確実であることが認められること」（伊藤，1994: 27-28）．すなわちこの基準から，第 1 にすでに将来の現地法人設立見込みを前提に研修生受け入れの申請が数多く入管に出されていること，そして第 2 に，そうした申請対象となった現地法人のうちには，研修生受け入れのためのペーパーカンパニーにすぎないものが存在している，という懸念が入管側に存在し，入管はそれをできるだけ排除したい意図があったこと，の 2 つの重要な点が読み取れるだろう．

こうして研修生受け入れ基準が明確になれば，そこに新たに研修生受け入れ事業を開始できる見込みも生まれることになる．ルールが存在すれば，ルールに従って合法的に行動することが可能となるからだ．制度形成について一般的にいわれ，とりわけ移民政策に顕著に見られる傾向として，非合法や不法就労

を取り締まるために法律や規則を制定すると，意図せざる結果としてその法律に抵触しないギリギリのところを利用する人や企業が増大する．研修生受け入れ事業もまたこの例に洩れず，こうした基準をテコとして，拡大方向へ転じたといってよいだろう．すでに技能実習制度が開始される以前の1989年の時点で，労働力としての研修生受け入れが一般化してきていることがうかがわれる．同年の研修生の新規入国者数は2万9486人であり，3万人をわずかに下回るまでに増加した．

　この第1期の特徴としては第1に，第2期，第3期に比べると，研修生受け入れにまだ国際交流，留学の色彩が強い．中小企業にとってはこの外国人研修生受け入れが実質的には労働力受け入れであったとしても，建て前は「日中友好」を目的とする国際交流事業の1つであり，商業ベースで行われる労働力移動とは異なる看板を掲げていた．そのため，研修生受け入れの交渉に際しても，研修生用寮の管理人やコックに中国人を監理団体が新たに雇用する契約を締結．研修生手当の相場も，労働者ではないから当然，最低賃金を下回ったとはいえ，また繊維業は低く，機械金属業は高いという現在の相場のままであったとはいえ，ある程度の水準は確保されていたといってよいかもしれない．なぜならば，本章の後段図4-3に見るように，その後，日本人の最低賃金が横ばいで推移しているにもかかわらず，研修手当は当時よりも低下傾向を見せたからである．

　第2の特徴として，研修生受け入れ事業に果たす公的機関の役割が大きかったことを指摘できる．中国側でも送り出し主体は省政府，市などの公的機関が中心となっていた．また受け入れ側主体も県，市などの地方自治体や商工会議所，商工会，業種団体などの公的機関を中心としていた．民間経済交流のスローガンは存在しても，外国政府や外国の公的機関を対象とする交渉は，日本側も公的機関の後押しがなければなかなかスムースにはいかなかったと思われる．また地方自治体側にも，地場産業の存続のためには，自治体としての援助を惜しまないという姿勢があった．地方自治体の近年の関心が，受け入れ外国人の生活配慮に傾注されている今日とは異なり，当時は地場産業の生き残りのために，外国人労働者を研修生の形態で確保しようという動きが，一部の地域で顕著に見られたのである．

こうして縫製，鋳造など一部の中小企業団体を中心に，政府機関受け入れの技術研修生でもなく，また大企業の企業単独型研修生受け入れでもなく，中小企業が必要とする労働力を研修生として受け入れる方式が普及し始めたのである．

4　第2期　技能実習生モデル期（1990-1999年）
4-1　団体監理型研修制度の成立

　この時期は，1990年の入管法改正に伴い研修生受け入れ方式が変化したこと，そしてその結果として，初めて研修生受け入れ人数が3万人を超えたこと，この2点で第1期と明確に区分が可能である．

　1989年に成立し，翌1990年から施行された改正入管法は外国人研修制度に大きな影響を及ぼした．この法改正それ自体は，1980年代後半，外国人労働者が不法就労者として急増した事実を背景に，その事実に対応して入管法を改正するものであった．具体的内容は第1章でふれた．そして先に述べたように，「研修生」という特定の身分に対して付与された資格が，この改正で「研修」活動と規定された．すなわち「研修活動」以外の活動を行っては資格外活動と認定される．就労活動は資格外活動として入管法違反となることになったのである．改正入管法が不法就労者の削減を意図したことがこの研修生の在留資格の見直しからも明らかであろう．

　この点に関しては本書の他所で指摘していないので，ここであらためて強調しておきたい．現今の技能実習制度の制度上の問題点は本書第7章で指摘したが，制度成立時に遡って技能実習制度の制度設計を見てみると，実は従前の技術研修生制度の持つ不法就労につながりやすい個所に制限を付す性格を持っているのである．

　また法律のレベルではないが，1990年8月には法務大臣告示による「研修に係る審査基準の一部緩和」が発表された．これは中小企業でも団体を組織すれば，研修生送り出し国に現地法人を持つか否かにかかわらず，研修生受け入れを可能とする内容である．しかし受け入れ人数には厳しい制限が付され，従業員数20人未満の企業の場合は受け入れ研修生は3人以下であった．また研

修生ビザの在留期間は1年間しか交付されない．さらに研修が確実に実施されることを担保するために，受け入れ職種に制限があり，研修内容についても制限が付され，研修期間の1/3以上を日本語研修などの非実務研修に充てなければならなかった．これを団体監理型研修制度という．

ここに初めて現在の技能実習制度に繋がる団体監理型研修生ルートによる外国人研修生受け入れが始まったのである．当初は個々の中小企業団体が自らの創意と発案で開始した外国人研修生受け入れ方法が，これまでの政府ルート，企業単独型ルートに次ぐ，3番目のルートとして公認された．研修内容は，当初の技術研修生の頃より薄れ，労働力確保の色彩が強まったが，研修生であることにはかわりはなく，在留資格のうえでも，また研修手当のうえでも，労働者ではないことは明白であった．

そして法務大臣告示により晴れて公認された団体監理型研修生受け入れ事業を実施するために，1991年に財団法人国際研修協力機構（JITCO）が設立された．この組織は研修生受け入れ団体および受け入れ企業が外国人研修生受け入れ可能となるように書類作成，集合研修，技能検定などのサービスを提供する機関であると同時に，研修生受け入れの規則を遵守するよう受け入れ団体と受け入れ企業を指導するチェック機関でもあった．設立当初は，法務，労働，外務，通産各省（当時）から補助金が出され，職員が派遣された．その後，団体監理型研修職種の拡大に伴い，建設省（当時），農林水産省もJITCO支援省庁となった．農業分野でも1992年から農業研修生の受け入れが可能となったからである．

事実上，団体監理型研修生受け入れはほとんどこのJITCO経由でなされている．外国人研修生受け入れについては，送り出し国政府との折衝が不可欠であることから，個々の民間団体だけでは遂行しがたい事業であり，JITCOのようなほとんど公的に近い団体[5]に依存するほかはない．とりわけ外国政府および現地企業に対するルートのない中小企業に対してJITCOの果たす役割は大きい．

4-2　技能実習制度の成立

団体監理型研修制度は新たな研修生受け入れルートとして1990年から開始

されたが，この制度自体は受け入れ中小企業にとって大きな難点があった．それは，個別研修生受け入れ企業は，研修生受け入れに際して，宿舎の整備，技能指導員・生活指導員の選定・教育，研修生の往復旅費負担，研修生選抜費用，その後の訓練費用，受け入れ団体・送り出し団体へ支払う管理費用などの諸経費を負担しなければならず，研修生手当の水準は低くても受け入れ費用総額は決して安価ではないからだ．さらに，確実に研修を実施していることを証明するための書類，入管関連の書類など，1人あたりおよそ40種類の書類を必要とした．その結果，受け入れ企業の要望は彼らの滞日期間を1年以上に延長してほしいというものであった．

建前上は，1年間では十分な研修効果が上がらないということであったが，実態は，受け入れおよびその後の研修に時間と費用がかかるので，団体監理型研修制度下では研修生に投下した教育訓練費用を企業が回収できるように，より長期間勤続してもらいたいという要望であった．滞日期間の延長要求は，研修生自身も労働者として日本人と同水準の賃金獲得をしたい，一方，受け入れ企業もある程度の技能を身に着けた労働者として研修生を雇用したい，という労使双方にとってメリットを追求した結果として生まれたものである．

これが技能実習制度である．団体監理型研修制度に遅れること3年，1993年に受け入れ職種17職種でやはり法務大臣告示により成立した．

技能実習制度は，1年間の研修後，1年間の就労を「技能実習」として認可した．しかし，就労が1年間ではまだ企業としては短い．実際に，研修生が戦力として就労するには技能実習期間が1年間では短いということになった．そこで1997年には実習期間が2年に延長となり，合計3年間の技能実習制度となった．またその2年後の1999年には技能実習移行対象職種が55職種へと拡大した．このように，いったん技能実習制度が成立した結果として，今度はすでに存在している技能実習制度を根拠として，研修生の受け入れ範囲が拡大してきたのである．

4-3 技能実習制度の特徴

この時期の特徴は，きちんとした合法的な技能実習制度という事実上の単純労働者受け入れ制度を整備したにもかかわらず，受け入れ研修生数は4万人前

後で推移していることである．この主たる原因は1991年にバブル崩壊により日本経済が不況期に突入し，人手不足が緩和したからであった．この時期に前期と変わらず研修・実習生に依存していた企業は，景気動向という短期的な動向に左右されて，安価な労働力として研修生・実習生を受け入れたいという企業ではなく，産業構造上，景気動向如何にかかわらず若年者採用難の中小企業であった．言い換えれば，景気低迷期でも4万人前後の研修生へのニーズは存在しており，この人数は日本全体の失業率の変動とは無関係で，日本社会全体では高失業率であっても外国人研修生・技能実習生の職種は日本人では埋まる見込みがないということである．特定業種の特定企業が技能実習生を必要とし，かつ日本社会が外国人の定住化を望まないとするならば，描ける将来像は技能実習制度の拡大という施策しかないということになろう．

　この技能実習制度は法務大臣告示で設立された．法務大臣告示とは法務大臣の裁量によって出される命令であり，国会討議を経て成立する法律ではない．この告示により，事実上，単純労働者が研修目的で入国し，その後，就労するルートが正式に開かれたのである．当時の日本の世論では，外国籍単純労働者を受け入れることの可否をめぐって多くの議論がなされていたが，現実には，法務大臣告示という形式により，広く世間の検討を経ないまま，単純労働者受け入れの道が開かれたといってよいだろう．こうした告示が出た背景には，一方では正式に外国人単純労働者を受け入れたいという企業の要望と，できるだけ不法就労者を削減したいという不法就労者取締り側の法務省の要望とが一致したとも解釈できる．

　技能実習制度に対する企業の不満は，団体監理型研修制度と同じく，研修期間中の1/3を占める非実務訓練の実施が義務づけられていることであった．しかし非実務訓練を含む様々な制約は技能移転という制度本来の趣旨を担保するためのものであったから，企業の不満が高いにもかかわらず，政府が死守するところであった．すなわち，この技能実習制度が単なる低賃金，単純労働力の導入の手段として形骸化することは日本の単純労働者，とりわけ高齢単純労働力を駆逐することが懸念されたからである．そのため研修制度によって受け入れコストを高くして，この制度が単純労働力の導入制度に全面的に転化することを防ぐための歯止めとなることが期待されていたのではないだろうか．

したがって，技能実習制度はそもそもその設立目的からしても，相反する両立しがたい目的を担わされた矛盾した制度であったといえる．1つは，団体監理型研修制度としてある程度，合法的に外国人単純労働力を導入するルートを開いて，不法就労者の増加を防ぐ目的である．他の1つは，しかしながら外国人研修生・実習生が日本の単純労働力を代替することを防ぎ，研修生入国者数を制限することである．その制限の主な方法は，企業の受け入れ人数制限，受け入れ可能職種の制限，滞在期間の制限，一定期間のOff-JTの強制などであった．

佐野哲は，この技能実習制度について，「技能移転」という大義が制度上，必ず必要であると主張している（佐野，2002: 114-116）．すなわち，受け入れ外国人の定住化を防ぎつつ彼らが帰国することを強制するには，「技能・技術移転」とそれによる「国際貢献」という制度目的があれば，外国人の一時的受け入れ，ローテーション方式による「受け入れ国側のエゴ」という非難を避けることが可能であるという．そして佐野は帰国担保を受け入れ団体の責任に帰する技能実習制度は，一時的受け入れ方式として矛盾はあるがよくできた制度であると評価している．

しかしながら，技能実習制度のこの大義は，技能実習制度そのものが急速に普及していくに従い当初の意味を失い，制度上でも，実態のうえでも形骸化していくのである．その過程を次に第3期として見ておこう．

5　第3期　派遣型実習生モデル期（2000年―現在）

5-1　技能実習制度の農業・水産業分野への拡大

第3期を派遣型実習生モデル期と命名したが，こうした派遣型実習生という用語は語義矛盾があり，公的な文書では使用されない．仮に行論上，そう名づけたものである．技能実習生は制度上，送り出し国で技能実習移行指定職種で働いている者が，同一職種の研修を受けるために来日するのであるから，派遣ということは現実にはあり得ない．しかしながら，この第3期になると，研修生もまた受け入れ企業も3年間の期限付き雇用機会というようにこの技能実習制度を見なし，派遣社員受け入れと同様な受け止め方が広がってきた．そこで

ここではあえてこの時期の特徴を際立たせるために，派遣型実習生モデルという用語を使用した．

まず，この時期を画する事実としては，受け入れ研修生の人数に顕著な増加が見られることである．1982年に入国研修生数は1万人以下であったが，2000年には5万人を超え，2007年には10万人を超えた．著しい増加である．

他方，こうした増加の結果であり，原因でもあるが，技能実習制度の対象となる範囲が従来の製造業中心から，農業，水産業へも拡大した．すなわち，2000年には技能実習移行対象職種が施設園芸，養鶏，養豚，加熱性水産加工食品製造，非加熱性水産加工食品製造にも拡大され，翌2001年にはここに畑作・野菜，酪農が追加された．農林水産業における研修生受け入れは1992年から認められていたが，技能実習制度の対象となることにより，滞日期間が一挙に3倍に延びたので，利用者も増加傾向にある．農業分野での研修生は，2006年度で5445人，全体の8.8％であり，業種別には突出していないが，農作業者が技能実習制度の対象となったことは技能実習制度全体の変質を象徴しているのではないか．

そう考える理由は以下のとおりである．農業であれ水産業であれ，自然を相手にして就労する分野である．農業の場合は，気温，土質，季節変化，農産物の種類，などそれぞれの国の置かれた地理的環境と長い間に形成された食習慣に左右される．また水産業も，漁場の有無，漁獲される魚の種類，加工方法などそれぞれの国に固有のものがある．その分野に，製造業と同様の概念である技能移転を目的とした研修生を受け入れる，という事実は研修目的が名目に過ぎないことを知らせていることになる．

さらに，各国の外国人労働者一時受け入れ制度を見た場合，その典型は農業作業者であり，季節労働者として低熟練職種の典型となっている．農業では収穫期に大量の労働力を必要とするという業種特性が，一時的労働者を受け入れることを不可避としているわけで，今日でも，アメリカ，イギリス，ドイツ，メキシコ，カナダ，スペインの各国では外国人季節労働者を対象とする一時的受け入れ制度を持っている．

世界的に外国人農業労働者については一時的受け入れが一般的であるにもかかわらず，この分野に技術移転を目的とする技能実習生を受け入れてよしと判

断することは，技能実習制度全体の目的が字義通りの技能移転ではないことを明確に示していることにならないだろうか．

一方，受け入れ農家にとっても技能実習制度は必ずしも理想的ではない．家族経営で農業を行う場合は，農閑期はそれなりに骨休めをする，あるいは出稼ぎに行くことができた．しかし，技能実習生を受け入れて毎月賃金を支払うようになると，実習生を農閑期に休ませてはおけない．栽培品目を変更し，年間を通じて農作業が絶えないような工夫が必要とされる．休漁期のある漁業の場合は，漁網などの手入れ以外に冷凍魚や他の港から魚を買って水産加工を継続している．技能実習制度が年間を通じて作業が行われる製造業主体で設立されたために，農林水産業の実態とは必ずしも合致していない．

技能実習制度における農水分野の拡大は，技能実習制度そのものの変質を端的に示していよう．

5-2 異業種組合の増加

農業水産業分野への拡大とともに，第3期を特徴づける傾向は，受け入れ団体に異業種組合が増加したことである．第1期の技術研修生モデルでみたように，外国人研修生受け入れ制度はそもそも，人手不足の労働集約型産業における中小企業組合の自主的取り組み事業であった．若年者不足に悩んでいたために，「技術研修生」という枠組みをそのままに研修生という名目で労働力を確保したのである．

しかしいったん，技能実習制度という確固とした制度が成立すると，今度はこの制度を「安定した3年間の労働者供給モデル」と読み替え，人材派遣と同様に，技能実習制度を商売とする人たちが登場した．同じく団体監理型研修生であっても，すでに存在する同業種組合が会員企業のニーズのために新たに受け入れ団体を設置する場合と，研修生受け入れを目的として団体を結成し，新たに会員を募る場合とでは団体目的が異なる．後者の場合は，異業種組合と呼び，技能実習対象職種を抱える企業ならばどこにでも研修生を送り込むサービスを事業としている．技能実習制度のビジネス化であり，異業種組合は人材斡旋・派遣を行う企業と何ら変わりがない．

異業種組合を設立した人の経歴は多様であるが，いくつかの類型は見られる．

1つは，自社で研修生受け入れを行っているうちに，研修生を受け入れて製造業や建設業を営むよりも，研修生受け入れ事業そのものの方が利益が上がると見込んで，製造業，建設業から人材派遣業へと業種転換した例がある．他の場合は，従来から人材派遣業を事業内容としていた企業が，派遣先工場から日本人，日系ブラジル人以外に，研修生・実習生の派遣も求められたことをきっかけとして，派遣者の種類に研修生・実習生を加えるために，新たに組合を設立した事例である．その他，従来から設立されていた中小企業団体が，中小企業への福利厚生サービス事業の一環として，研修生派遣を事業内容に加えた事例もある．いずれの場合も，研修生受け入れは事業であるから，利益を生む必要がある．要するに，技能実習制度が人材派遣業の一部と重なり合うようになり，いわゆるブローカーの介在が見られるようになったといえよう．

5-3 派遣社員化した研修生・実習生

　研修生・実習生が派遣労働力として扱われるようになった背景には，日本の企業が正社員から非正社員の雇用へとその従業員構成をシフトするようになったことも指摘できる．正社員の雇用が賃金保障のうえでも，雇用保障のうえでも重荷となった企業は，派遣，請負といった雇用形態で非正社員の雇用を増加させていった．1990年代の不況期を通じて，製造業は自社の事業内容を外部委託し，その結果として非正社員も増加し，2007年度では就業者に占める非正規就業者の割合は35.5%に達した[6]．そして，そうした非正社員を派遣する業務請負業，人材派遣業が不況期に拡大し，景気回復後も新しい事業分野として日本の産業構造の中に定着した．

　労働市場全体がこのように派遣労働者の比率を高めていく傾向のなかで，技能実習制度もその影響を免れない．日本社会はこれまで研修生・実習生を外国人労働力として考えてきたのであるが，新たに派遣労働者の一形態，非正規雇用労働者として位置づける考え方が生じてきたのである．日本人が集まらないから外国人労働者に依存するということだけでなく，派遣などの非正規労働者を雇用するために，研修生・実習生を受け入れるということである．こうした研修生・実習生の位置づけならば，彼らを受け入れる企業は人手不足の中小企業には限定されない．製造現場で多数の派遣・請負社員を雇用する大企業でも，

研修生・実習生の受け入れを行う傾向が見られるようになった．これは，大企業は企業単独型研修生の受け入れに限定されていた第2期以前には見られなかった新しい傾向である．研修生受け入れを事業内容とする異業種団体は，企業を対象に営業活動を行い，外国人研修生・実習生への新たな需要を呼び起こしている．企業もまた新しい派遣労働者の給源として研修生・実習生に依存するようになった．

新たな派遣労働者として研修生・実習生が考えられるようになった背景には，第1に，従来の日系ブラジル人の供給源が枯渇してきたからだ．この点はすでに第1章でふれた．研修生・実習生が注目されるようになった第2の背景は，企業にとって彼らには日系ブラジル人にはない魅力があることだ．すなわち，3年間彼らが移動しない，移動できないという点である．同じく派遣・請負社員である日系ブラジル人の場合は，転職の自由があり，斡旋仲介料を取る派遣会社が転職を強制することがあるために，定着率が低い．しかし，研修生・実習生の場合は，研修目的であるために，3年間同一企業で研修，実習することが大前提である．実質的には3年間の雇用契約であると考えてよく，そのため企業にとっては人員計画を見込める安定した労働力なのである．

ところが，3年間であれ1年間であれ，転職できないということ，労働移動の自由がないことは，労働者としての基本的権利が保障されていないということも意味している．P.マーティンはILOの文書（Martin, 2007）のなかで，世界的に移民の一時的受け入れが拡大しつつあることを前提に，こうした制度がどのようにすれば移民の権利を侵害しないで済むかその方法を検討している．そして，移民の一時的受け入れは構造的に労働移動を制約せざるを得ないが，労働移動が制約されていることによって移民に対して契約上の隷属性をもたらし，契約破棄をすれば解雇となり，帰国しなければならない制度それ自体，移民の地位を非常に不利なものにしていると主張している．すなわち，労働者が自分の権利を主張するための最適手段は労働移動の自由のなかにあるにもかかわらず，退職する自由がない場合，労働者の基本的自由がなく，辞める自由という点では，一時的受け入れ労働者よりも不法就労者の方が恵まれている場合さえあるという．

技能実習制度が企業にとってもつメリットは，とりもなおさず，労働者とし

ての技能実習生にとっては大きな足枷となっているということになる．移民の一時的受け入れ制度に関しては，どの先進国も労働移動の自由を認めていないことは確かであるが，「一時的（temporary）」という言葉から連想するには，3年間は長期にすぎるであろう．

5-4　送り出し国の労務派遣制度の拡充

　第3期に研修生数が急増した理由は，送り出し側にも技能実習制度についての認知が広がり，送り出し体制の整備が見られたことも指摘できる．団体監理型受け入れ研修生の8割が中国から来日するので，その中国の送り出し団体について簡単にふれておこう[7]．中国では労務輸出と呼ばれる労働者派遣事業が民間事業として拡大し，日本への送り出し人数は2003年から2006年まで毎年10％以上の増加で，2006年度に日本へ団体監理型研修生として新規入国した人数は5万5811人であった．送り出し機関も増加し，またそれに伴う名義貸し，偽造書類作成，労働契約の不在などさまざまな法律違反が目立ってきたために，2002年にはこうした民間派遣業者を取り締まる法律が施行されている[8]．たとえば，事業設立に伴い必要とされる資本金額に下限を定めて，悪質な送り出し業者の参入を防ぐ措置をとると同時に，海外での人身事故などに対しての各種保険制度の導入を義務付けている．

　さらに，中国政府および地方政府が国内，国外を問わず労働者派遣事業を推進していること，その結果として日本への研修生派遣事業もまた拡充していることも銘記されねばなるまい．労働者派遣事業は研修生の需要側である日本でも拡大しているが，供給側である中国でも中国特有の事情で推進が図られている．その背景には，現在の中国の雇用政策の転換がある．すなわち中国では1978年の改革開放政策実施後，国有企業から流出した下崗人員（レイオフされた人），農村部から流出した農民工の就職先を確保しなければならず，そのために「フレキシブルな就職」として労働者派遣事業が積極的に提唱されたのである（鄒，2009: 44-47）．また同時に，労働者派遣を派遣労働者を保護しつつ推進していくために，2008年1月1日に施行された労働契約法では，労働者派遣を容認しつつ法律上の規制を設けた．こうして一定のルールを示しつつ，実態としての派遣労働を推進していこうという雇用政策の下で，中国の派遣事

業は拡大しつつある．その結果，各地方政府も労働者派遣元企業を設立しており，またその優遇政策を打ち出している．日本への送り出し団体も，大きな組織の場合，民間企業の形態をとっているが，出資の資本構成のうえから，また経営幹部の出身元の組織のうえからも，地方政府とのつながりで成立している事例が少なくない．

こうした中国側派遣企業のうち，大手の場合は日本に駐在事務所を持っている．その仕事内容は，派遣研修生受け入れ企業を開拓する営業活動を行って新規マーケットを拡大するとともに，送り出し研修生・実習生の日本での生活適応援助，逃亡防止などの業務を行っている[9]．駐在事務所の数はその送り出し規模に応じて 1-3 カ所，駐在員の人数も 1-3 人で決して多くはない．この人数で，日本の受け入れ団体，受け入れ企業とコンタクトをとりつつ，送り出し研修生・技能実習生の労務管理を行っている．たとえば大連国際合作股份有限公司では延べ 3000 人の研修生・実習生の管理を 2 名の駐在員で行っており，日本全国に散らばる受け入れ先企業を定期的に巡回するほか，問題が発生して研修生・実習生からの相談の電話があった場合は，その企業へ出向いて問題解決を図っている．日本の受け入れ企業は，送り出し団体に属する人の顔が見えることにより安心して受け入れを行えると同時に，研修生・実習生も，本国および自分の実家の事情をよく知る送り出し団体の駐在員の説得には納得させられることが多く，派遣に伴うトラブルの発生を未然に防ぐことに役立っている．

送り出し国側に実習生などの労働者派遣制度が拡充した理由は，日本以外の外国人労働者受け入れ国もまたその受け入れを拡大してきているからである．韓国，台湾，シンガポール，香港は日本と並んで外国人労働力を受け入れているが，とりわけ韓国が単純労働者受け入れに踏み切った影響が大きい．韓国は日本の技能実習制度に倣って外国人産業研修制度を 1991 年に，その後 2000 年にその制度を改めて研修就業制度を導入した．しかし逃亡者が相次ぎ不法就労者増加の原因となったために，結局 2004 年から雇用許可制度を導入し，2007 年からこの受け入れ制度へ一本化した．これは正式に単純労働者を受け入れる制度で，雇用契約は 1 年，滞在期間は最長 3 年，就労先は固定されている．

こうした制度ができれば，労働者海外派遣企業は，多くの派遣先を持つことが可能であり，日本の研修生・実習生も，日本を含む労働者受け入れ国という

1つの派遣先国にすぎないのである．派遣先国をいくつか持つことは，派遣事業にとってはリスク分散となるので経営上重要であり，日本も派遣先国の1つとして重要な国であることは確かである．

　こうして受け入れ側，送り出し側双方の人材派遣制度が整備，拡充したことにより，研修生送り出し・受け入れ事業がスムースに行われるようになったことが，受け入れ研修生のニーズをさらに高めたといえるのではないか．技能実習制度の日本社会への定着が完成段階になったと結論づけられる．すなわち，外国人技能実習生の労働市場が，図1-4で描いたように日本の外国人労働市場の下層を形成するようになったといえよう．そしてこの技能実習制度そのものが，日本社会に構造化されるようになったため，後段の第8章で指摘するように，この制度を廃棄して新たな外国人労働者受け入れ制度を設置することが，ある意味では非常に時間とコストがかかる難しい作業となったともいえるのである．

5-5　研修手当の低下

　技能実習制度が日本社会へ定着するに伴い，外国人研修生の平均収入月額が低下している．団体監理型研修生の平均研修手当月額は，1997年は8万5567円であったが，2006年は6万3800円であった．一方，労働者である技能実習生の月額賃金は，最低賃金という歯止めがかかっているために，その下落率はわずかである（図4-3参照）．しかし，技能実習生の賃金水準そのものは日本人と比較しても低い．国際研修協力機構（JITCO）調査によれば，技能実習生の平均賃金は2006年度男性12.3万円，女性11.5万円，男女合計で11.8万円であった．他方，厚生労働省「賃金構造基本統計調査」によれば，製造業の生産労働者20-24歳の2006年6月分現金給与総額は，男性19.6万円，女性16.4万円であった．

　なぜ研修手当がこのように低下したか．次のように考えられる．

　第1に，1999年に研修生・実習生の受け入れ適正化のために，法務省から「研修生及び技能実習生の入国・在留管理に関する指針」が出され，送り出し管理費と研修手当を分離するようにという指導が行われたからである．この種の指針はその後，2007年，2013年と出されたが，1999年の最初の指針は，と

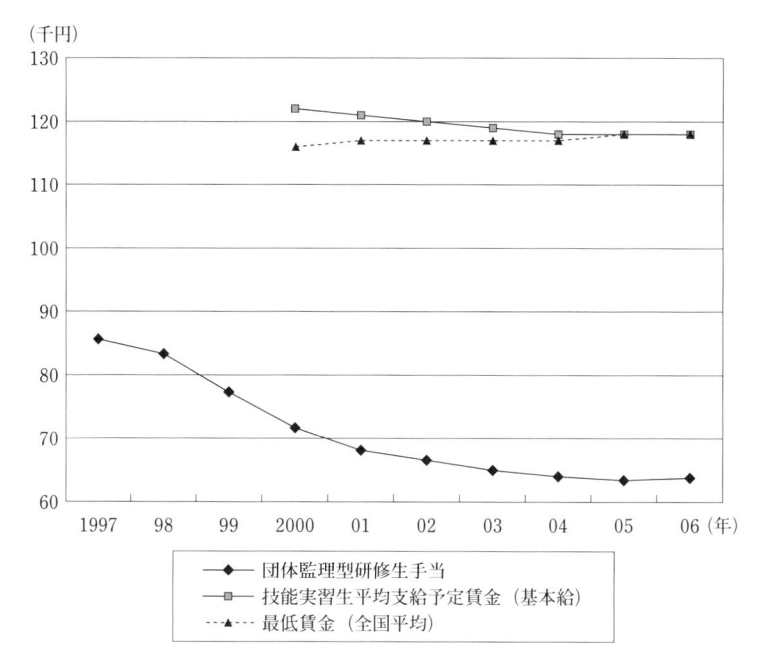

図 4-3 研修生手当，実習生賃金，最低賃金の比較

注：技能実習生への平均基本給データは 1999 年以前のデータはない．時間外手当，休日手当等は含まれず，食事手当があればここに含まれる．
資料：JITCO 白書および厚生労働省資料．
引用：衆議院調査局法務調査室編（2008: 52, 62）より．

かく隠蔽されやすい送り出し機関に支払う管理費用をきちんと透明化し，そこに不当な中間マージンが課されることを防ぐ目的を持っていた．これまで研修手当のなかに含まれ，研修生自身が支払っていたケースもある送り出し管理費用は受け入れ企業，あるいは受け入れ監理団体が支払うという形で，費用負担者の明確化がおこなわれたのである．その結果，研修手当に上乗せして支払われた送り出し管理費用，たとえば研修手当 6 万円，管理費用 2 万円という上乗せ分がなくなり，名目上の研修手当が低下した．

　第 2 に，5-1 で述べたように，この時期に技能実習制度が農業・水産業分野にも拡大した．こうした分野は，日本の地方の過疎地に事業所が存在している場合が多く，そうした地域は物価水準が低くて生活費が安価で済む．そのため生活費を支給する目的を持つ研修手当が，都会地で操業する製造業で研修・就

労する研修生・技能実習生よりも低めに抑えられた．さらに，研修生が野菜などの食料を自分で栽培する，あるいは同じ職場の日本人従業員からわけてもらうなど，自給生活が可能な側面もあり，生活費をさらに切り詰めるような努力がなされ，低い研修手当でも生活可能であったともいえよう．

第3に，団体監理型研修生に占める女性の比率が高まったことである．縫製業，食品加工業を典型に女性雇用者が多い産業は伝統的に賃金水準が低く，女性比率の増大が結果として研修手当を押し下げている可能性が高い．団体監理型研修生に占める男女比は1997年には女性9223人に対して男性1万8788人で男女比はほぼ2：1であったが，2001年には逆転して，2005年では2-2-4で示したように研修生受け入れ人数の男女比は43：57となっている．

第4の要因として，派遣研修生・実習生の労働市場が供給増加により，競争が激化，手当の下落が起きたという労働力の需給状況の変化を指摘できる．送り出し機関が整備・拡充されたことで，研修生の供給がスムースになったが，他方，送り出し団体ごとの競争が激化して研修手当に値引きがもたらされたという考え方である．この変化の実情は，中国の事例として第9章でふれた．

中国送り出し団体の駐日事務所でのヒアリングでは，受け入れ企業をお客様として位置づけ，もちろん研修手当の増加は望ましいが，受け入れ団体，受け入れ企業からの値引き要求に応じないと，ビジネスチャンスを逃してしまうという苦情が出されていた．実習生賃金については最低賃金が適用されるので賃金交渉外におかれているが，それだからこそ，法規制のない研修手当部分での交渉が重要となっているのである．送り出し側も，受け入れ側も，また研修生・実習生自身も，来日は3年間を単位として考えているために，研修手当，実習賃金などすべてを含んだ経費として考慮しているのであり，実習賃金だけを規制対象としても実態としては規制の効果は低いのである．

さらに送り出し機関の間の競争関係は，中国送り出し機関相互間に限定されない．2000年前後から，中国以外のアジア諸国，ベトナム，フィリピンなどの送り出し機関が営業活動を拡大した．こうした諸国は，中国よりも物価水準が低いため，そして円の通貨としての価値が高いため，送り出し機関が求める送り出し管理費について値引きが可能である．すなわち，同じ2万円の管理費用であっても，現地の通貨に換算すると新規参入諸国の送り出し機関の方が中

国の諸機関よりもはるかに利潤が見込めるのである．そのため，こうした諸国の送り出し機関が研修生送り出し費用のバーゲンを行い，研修生手当を平均値でみると低下が起きたと説明可能であろう．

以上のように，送り出し機関の動きをみると，研修生受け入れという事業自体，広くは人の移動に関する事業は，物財の貿易と同様に，国際的な関係のなかに位置づけないわけにはいかず，そうした国際的な関係が研修生手当というところに如実に反映しているように思える．

5-6 一時的外国人労働者受け入れ制度の定着

技能実習制度はその初期の団体監理型研修生制度から数えると，ほぼ30年が経過した．この過程で，技術研修生から出発した研修生制度は，制度化を経ることにより徐々に外国人労働力の一時的受け入れ制度としての色彩が強まった．現在，先進産業国は高齢化と若年労働力不足から，発展途上国の人材に依存せざるを得ない段階に達している．とりわけ日本はすでに世界第一の高齢社会となっており，外国人の受け入れなしには将来の労働力確保に不安がある．しかしながら，一時的外国人労働者受け入れ制度というものは，外国人労働者を一時的雇用という形態に押し込めること，内国人労働者には課せられない職種制限，労働移動制限を強制するものである．すなわち，国家そのものが内国人労働者と外国人との権利の差異を承認している制度である．

日本の技能実習制度もこうした性格を免れるものではない．外国人労働者の一時的受け入れが一国の産業維持のために不可欠とするならば，労働力受け入れであることを前提に，技能実習制度の研修期間を再考し，技能実習生に対して労働者保護措置などの実施が必要とされよう．

1) すでに序章でふれたように，2009年の入管法改正により技能実習に前置された研修制度は廃止され，実習生は入国時から「技能実習」という在留資格をもつように変更された．
2) 厚生労働省による「外国人雇用状況報告」(2006年度6月1日現在)は，49人以下事業所では一部，50人以上規模事業所については全事業所を対象にしている．そのようなサンプル構成ではあっても，99人以下規模事業所で雇用されているのは直接雇用外国人労働者の22.3万人のうちの29.1%，間接雇用外国人労働者16.7万

人のうちの 22.1％ であり，残りの 7-8 割は 100 人以上規模で雇用されている．
3) JICA (Japan International Cooperation Agency)，国際協力機構，AOTS (Association for Overseas Technical Scholarship) 海外技術者研修協会，JAVADA (Japan Vocational Ability Development Association) 中央職業能力開発協会，ILO (International Labour Organization) 国際労働機関，日本 ILO 協会などである．
4) 当時，商工会議所職員として中国からの研修生受け入れ事業を担当した人へのヒアリングによると，日本政府の関連部署にパスポート発行に関わる問い合わせをした際に，対象者が若年中国人女性ばかりであったので，彼がまるで売春斡旋業者であるかのような応対を受けたそうだ．外国人研修生の受け入れという事業は，当時にあっては出入国関連の公的機関においてもそれだけ稀であったということであろう．
5) 2006 年度決算でみると，総収入 30 億 5925 万円のうち，補助金 8830 万円，政府からの受託金収入 4 億 9401 万円であり（『JITCO 白書 2007 年度版』），ほぼ 2 割に相当する．設立当初の 1995 年では総収入 23 億円のうち，補助金，受託金は約 12 億円であったから，決算で見る限り政府からの独立度が近年は高くなっていることがわかる．
6) 就業構造基本調査で男女別に非正規就業者の割合をみると，1992 年→ 2007 年にかけて，男性は 9.9％→ 19.9％，女性は 39.1％→ 55.2％ と大幅に増加した．また同調査によれば，労働者派遣事業所の派遣社員は，2002 年度 720 千人であったが，2007 年には 1608 千人へと倍増している．
7) 詳しくは，本書第 9 章や上林 (2007) を参照のこと．
8) この法律は，「海外雇用斡旋活動に関する管理規制」と呼ばれている．Ma 氏が 2006 年 2 月 17 日東京で行われた JILPT 国際ワークショップ「アジアにおける人の移動と労働市場」に提出したペーパーを参照した（労働政策研究・研修機構編，2006c）．法の詳細な内容は，IOM (2005: 115-121) に英訳が記載されている．
9) 中国側送り出し団体の大手組織で年間ほぼ 1000 人の研修生を送り出している大連国際合作股份有限公司の駐日本事務所代表へのヒアリング（2008 年 7 月 17 日）と，日本への研修生送り出しを 1989 年から開始している歴史が長い中国対外友好合作服務中心の駐日本事務所代表へのヒアリング結果による（2008 年 7 月 24 日）．法政大学社会学部教授田嶋淳子氏と 2 人で伺った．

付表 4-1　調査対象企業属性

企業名	事業内容	日本人従業者数(パート含む)	うち55歳以上	研修生	実習生	研修生・実習生合計	請負外国人	受け入れ外国人の国籍	性別	外国人受入開始年度	技能実習制度利用開始年度	就労職種	実習生賃金	時間外手当
製造業部門														
A	自動車用ゴム製品	70	6	0	4	4	0	フィリピン	男	1992	1994	射出成型	130,200	175,000
B	金属製ボックス製品	63	9	2	4	6	2	フィリピン	男	1989	2002	工場板金	134,640	83,410
C	食品素材製品製造	734	−	0	0	0	105	ブラジル	男女	1994		果実選別		
D	自動車用金属パイプ加工	41	−	3	0	3	0	中国	女	2005	2005	部品組み付け	[65,000][2]	
E	自動車用ゴム製品[1]	270	−	10	21	31	9	中国	男女	1990	2003	検査	135,000[3]	
農林水産部門														
F	魚類加工(飯ずし,糀漬)	29	12	3	5	8	0	中国	女	2001	2001	魚類加工	122,240	
G	干物製造	3	3	3	5	8	0	中国	男女	1987	2000	魚類加工	130,000	
H	酪農	3	2	1	2	3	0	中国	男女	1992	2002	搾乳,牛の世話	120,000	
I	漁業協同組合	71	40	6	12	18	0	中国	女	2001	2001	ホタテ加工	103,400	
J	水菜栽培農家	2	0	2	3	5	0	中国	男	1989	1997	ハウス内作業	112,000	
K	野菜栽培農家	5	2	3	2	5	0	中国	男	2000	2000	農作業	130,000	
L	養鶏農家(採卵)	10	−	0	2	2	2	ネパール	男	1990	2000	鶏の世話	100,000	

注：1)　企業規模全体は，2586人(単体)だが，表中の人数は調査対象事業所のみの人数．この直接雇用者270人以外に，260人の工程請負，派遣社員がいる．
　　 2)　研修生しかいないので，研修生手当を記入．
　　 3)　13万5000円は手取り賃金で，4直3交代の手当を含む．
資料：上林(2005)より作成．

第5章
技能実習生の受け入れ費用

1 はじめに

　1991年のバブル経済の崩壊によって外国人労働者問題はいったんは表舞台から退いたように見えた．しかし若年単純労働者の不足は関連中小企業にとって景気循環による一時的なものではなく，日本の人口構造，産業構造に根ざした構造的なものであり，どれほどの不況であっても中小企業にとって若年労働者不足の解消には役立たなかった．

　中小企業のうちでも中小製造業はとりわけ，近年の若年者の現場忌避の影響をこうむっている．大企業製造業でもこうした傾向は変わらない．近年社会問題として取り上げられるフリーター問題も，裏を返せば若年者の製造業離れとサービス業志向の顕在化と見なせるであろう．若年者については，高失業率と人手不足とが共存している．こうした状況下で，中小製造業の外国人労働者への依存度は高まっている．

　本章では外国人研修制度と技能実習制度を対象として，その研修にかかわる費用負担をめぐる問題について考察したい．外国人を研修生として受け入れる場合，民間の大企業が海外子会社からの従業員を再訓練で受け入れるような場合を除き，多くの研修生はその受け入れ時点ではまだ単純労働者にすぎない．しかし，その単純労働者が1-3年の研修や技能実習を経て，ある程度の技能を修得するかどうかは，研修生自身や受け入れ企業の意欲にかかっていると同時に，技能実習制度という制度の仕組みとも関わり合っている．そしてまた研修の内実は，誰がその費用負担をするのかという側面と不即不離の問題でもある．

　技能実習制度の実態については，受け入れ企業側の単純労働力の確保というニーズ，外国人研修生・技能実習生側の母国よりも高い賃金水準の享受と金銭

の確保というニーズ，その双方が合致しているからこそ成立しているという指摘もあり，それは実態の一方の極で描ける図式である．他方，受け入れ企業の真摯な教育訓練とそれを受けた技能実習生の母国での技能活用，という技術移転の教科書的な事例にも事欠かない．技能研修の実態は，その両極の間で様々な多様性を示しており，研修生・技能実習生個人や個々の企業，個々の業種，個々の受け入れ団体によって異なっている．そこで，以下では現在の技能実習制度を費用負担という側面からとりあげ，この制度が現実の技能研修内容や企業の姿勢とどのような関係を持っているのかを考えたい．

2　研修生・技能実習生の受け入れ状況

　まず最初に，1990年代末時点の研修生・技能実習生の受け入れ状況を把握しておこう．外国人研修制度のうち技能実習制度の前段階にあたる研修制度は，企業単独型研修との対比で，団体監理型研修という．団体監理型研修は，海外企業と何らの関係を持たない小零細企業でも，加盟する団体の事業を通して外国人研修生を受け入れられる制度で，1990年に法務大臣の告示によって始まった．国際研修協力機構（JITCO）が支援しているこの団体監理型外国人研修制度の受け入れ人数は，94年の4859人から99年には1万3846人となった．また技能実習生への移行者も，94年の1947人から99年の9081人と増大した．98年のJITCO支援団体監理型研修生受け入れ人数は，1万4867人であった．研修生の来日時期は年度をまたがっている場合があり，前年度に来日した研修生がかならずしも翌年に技能実習生へ移行したとはかぎらないので，きちんとした数値は把握できないが，およそ来日した外国人研修生の6割は技能実習生へ移行していることになろう．

　団体監理型受け入れの研修生約1万6000人については，その半数弱は衣服製造および食料品製造業に属し，これら業種が中小企業分野であることから，約6割が49人以下の企業での研修実施となっている[1]．

　技能実習生については，1999年度の移行者数は約9000人であり，97年の制度改正により研修・技能実習期間が合計で3年間となったことから，技能実習生の総数は毎年の移行者数の累積となる．しかし，実習期間内に帰国や中途退

職したり，あるいは失踪したりする者もおり，技能実習生への移行者がすべて技能実習生として留まっているわけではない．技能実習生となると，在留資格はこれまでの「研修」から「特定活動」に変更される．そこでこの在留資格を手がかりに技能実習生の人数を労働省（当時）「外国人雇用状況報告」（2000年6月1日，以下，外国人労働者調査と省略）に見ると，1万216人であった．この調査は，事業所規模50人以上では外国人労働者を雇用していると申告した事業所の全数を調査対象とし，49人以下は一部事業所のみを対象としているから，技能実習生がここに全数把握されているわけではない．そこから推測すると，技能実習生の人数はおよそ1万人を上回るが，2万人には達しないというところではなかっただろうか．

　1999年度の技能実習移行申請企業数は4177社，申請者数は1万2442人であり，およそ1社につき3人の技能実習移行への申請者があったことになる．また申請企業の約7割が規模49人以下で，うち1-9人規模が26.6％を占める．研修生受け入れ企業よりも技能実習生を雇用する企業の方が，さらに規模の小さい方に偏っていることがわかる．先の労働省の外国人労働者調査によると，50人以上規模の技能実習生5892人のうち，約半数が50-99人規模に雇用されている．また事業所内の外国人労働者に占める技能実習生の割合も規模が小さいほど大きくなり，50-99人規模では12.9％であるが，1000人以上ではわずか1.1％にすぎない．技能実習生と小零細企業とは，切っても切れない密接な結びつきがあるといえよう．

　事実，団体監理型研修制度では，1-9人規模でも最高3人まで研修生の受け入れが可能であるから，技能実習生への移行を前提とすれば，研修生3人，1年目の技能実習生3人，2年目の技能実習生3人，の合計9人までの研修生・技能実習生を同時に受け入れることも制度上は可能である．たとえば，縫製業の企業のなかには，事業主が社長，妻が専務のほかは，中高年女性パートと研修生・実習生だけで事業展開している企業もあり，こうした企業の場合，研修生・実習生が企業内で主要な労働力を構成していることは間違いない．

　以上の結果，外国人研修生・技能実習生の受け入れは，外国人労働者一般の受け入れとはかなり様相を異にしており，小零細企業との結びつきが顕著である．外国人労働者は全般的には100-299人規模の事業所に多く，また就業先業

種も製造業のほかに，サービス業や卸・小売，飲食店などが含まれている．しかし，技能実習制度の場合は，認定職種の関係で，受け入れ先の業種は製造業，建設業，および一部の農林水産業に限定されている．

2000年3月に発表された法務省の第2次出入国管理基本計画では，研修・技能実習制度をいっそう充実させることが課題とされていたが，その拡充対象職種を見ると，農業，水産加工業，ホテル，介護などの零細企業分野や労働集約的業種であった．技能実習制度の成立過程からみても，この制度は小零細企業を中心とした単純労働分野での研修生受け入れから開始したのであるから，拡充の方向もその延長上にあるのは，これまでの成りゆきからみて当然のことであろうか．現在，IT技術者の不足からこの分野にも外国人労働者を受け入れたいとのニーズが高まっているが，それはこの技能実習制度とは別の制度によって拡充されていくものと思われる．日本への外国人労働者の受け入れ方は多様であって然るべきであろうが，研修終了後の技術レベルについては問わないとするならば，受け入れ時点での単純労働者受け入れ，とりわけ小零細企業での外国人労働者受け入れについては，この研修・技能実習制度のみが事実上その役割を果たしていることになろう．

3　研修・実習における費用負担の問題

中小企業が研修・技能実習制度を利用して外国人労働者を受け入れるにあたって，その費用はすべて受け入れ中小企業が負担している．こうした事情についてJITCO報告書では，「公式の研修目的とは別の隠された目的が存在し，その目的の達成度が重要な研修効果として意識され，しかも公式の研修目的およびそれに基づいた研修の形態は維持される，という状況が生じている．この問題の根底には，中小企業が何故に研修費用を負担して，研修生を受け入れるのか，という極めてデリケートな問題がある」（国際研修協力機構編，1999: 16）と述べている．

本来，発展途上国の人材育成のための研修生受け入れならば，その経費は受け入れ国かあるいは送り出し国，もしくは研修生自身が支払うことが当然である．この点からみると，先の報告書でも上記の引用に続いて，「団体監理型の

研修の場合の経費負担が極めて特異な方式であることがわかる．すなわち，上記の留学生への奨学金支給方式ではなく，研修を行う企業が研修経費の大部分を負担し，研修生全員に対して『研修手当』を支給する方式をとっているのである」（国際研修協力機構編，1999: 17）と疑問を投げかけている．

　民間企業である中小企業が，それも極めて零細な中小企業が全面的にその受け入れ費用を負担してまで外国人研修生を受け入れる動機づけが，抽象的な発展途上国への技術移転であるはずはなく，自社の単純労働力の確保に他ならないであろう．そこで，以下にやや詳しく研修生受け入れにともなう費用負担について検討しておこう．

3-1 教育訓練担当者の機会費用

　本来，研修あるいは教育訓練は，効果があがるように実施するとなると，金銭と時間の双方の点でかなりの費用を要するものであり，またある意味ではこうした費用をかけないものは研修とは定義し難い．Off-JT の経費は，講師の費用やテキスト代，教室などわかりやすいが，OJT の場合は算定が難しい．中小企業の場合に研修費用としてもっとも高いと思われるのは，直接的な費用よりも，訓練担当となるベテラン従業員の機会費用であろう．すなわち，訓練指導者が指導のための時間を割かずに生産に従事すれば，その期間に得られるはずの放棄された生産性のことである．研修生の指導には，技能レベルも高く，職務や職場の構成について熟知している職場の基幹従業員があてられることが多い．こうした従業員を生産や通常の業務から引き揚げて外国人研修生の指導にあたらせることは，職場全体の生産性を低下させると判断される．また職場に不慣れな新人が配置されることによっても，一時的には生産性が低下する．不良品の発生や事故の危険性についても，通常よりも念入りに気を配らなければならない．これも職場の効率を低下させる要因となる．

3-2 研修手当と生活費負担

　この基幹従業員の機会費用，放棄生産性以外に，研修生受け入れ中小企業の費用負担は，研修生の日本での生活費（住居など）負担と，研修手当（1999年度の団体監理型受け入れの平均研修手当は月額 7 万 7182 円であった）（国際

研修協力機構編, 2000: 103) がある.

　研修手当は当然のことながら賃金ではないから, 最低賃金水準より低く, 研修手当の額だけでは生活費を満たせない. 研修生受け入れ先の中小企業は, 研修手当だけでは生活できないことの補填として, 住居を確保し, 昼食代を支給, 光熱費・水道代などの諸経費を負担し, 研修生の日本での生活を保障している. しかし, それが現物支給という性格をもつために, しばしば受け入れ先企業と研修生との間でトラブルの原因となっている. 支給する側には, その水準を落とすことによって費用節約を図りたいという意図がしばしば見られる一方, 支給される側の研修生はその費用が企業負担であることを知っているために, 光熱費・水道代などの節約を考えない傾向がある. 日常の研修生活, その後, 労働者として認知される技能実習生としての職場生活では, 光熱費といった一見些細なことが, 実は企業と研修生, 従業員間の紛争に発展するような相互の不満の種を醸しだしやすい. 光熱費の節約という問題は中小事業主にとっては単なるコスト問題以上に, 従業員の生活態度の問題であり, 光熱費をはじめとしてモノを粗末にすることは事業主の持つ倫理的な生活規範に抵触するからでもある.

　さらに, 研修生自身が技能研修制度についての理解をしていない場合, 研修手当それ自体が不満の根拠となる. 日本人と同じように職場で作業しながら, 日本人の方が賃金が高く, 研修手当はその2分の1, あるいはそこから生活費を差し引かれて手取額が4分の1という場合がある. この点については, 研修生と受け入れ企業が常に意見の一致をみないところで, ここにもまた紛争の種がある.

　受け入れ企業側の見解では, 渡航費および日本での滞在費のすべてが企業負担となっているのであるから, 手当は小遣い程度であってもよいという基本的な考えがある. そして, そのうえでとりわけ社会主義国である中国から来日した研修生に関しては, 生産性の概念が欠如し, 職場に立つことが即労働であるという誤解があり, 研修に伴う教育費用, 職場の能率低下については全く無知であり, 研修というものの内容を理解していないという. 単純労働者として来日し, そのままの技能レベルで帰国する研修生は, 金銭獲得だけを目指して来日した者が多く, 職場での経験を研修の一環として理解するよりも, 単に自分

の時間を売ったと認識している．したがって，自分自身と他の人の技能の差異がなかなか認められず，それだけ余計に，経験を積んで技能の蓄積がある日本人と自分との間にある賃金格差を不当と感じやすいそうだ．企業側からすれば，以上の点が研修生の「モノの理解が足りない」不満として残る．

　一方，研修生の見解は，受け入れ企業のそれとは大きく異なる．第1に，日本人との差異の問題がある．自分たちは日本人の同僚と同じ職場で同じ職務に従事し，来日当初はともかく，半年を過ぎれば従事職種が単純であるだけに，ほぼ同じ能率に達し，ある場合には年齢が若いだけに日本人中高年者の能率を凌駕することさえある．それにもかかわらず，日本人従業員と比較して手当の差が大きく，これではあまりに理不尽にすぎる．自分たちが日本の事情に疎い外国人であることを理由に，受け入れ事業主は不当に利益を貪っているのではないか，という疑問が頭をもたげてくる．こうした疑問は，単に研修期間中にお金を稼げばよいといういい加減な気持ちの研修生よりも，一生懸命に研修内容を理解し，技能を向上させようとし，また日本語も上達した研修生・技能実習生の間に生まれてくるだけに，それが企業と研修生・技能実習生の間の紛争に発展しない場合でも，素朴な疑問として研修生・実習生に抱かれているともいえる．

　研修生・実習生が受け入れ先企業の手当・賃金に疑問を抱く理由は，この日本人との差異だけではない．第2に，後に触れるように，研修生・実習生自身がいくつかの送り出し機関・受け入れ機関を経て現在研修・実習先企業に到着しているために，賃金額そのものの内容が不透明であることにもよる．また第3の要因として，研修生・実習生が地域社会のなかで，外国人として日本人と隔離されて生活しているために，手当・賃金水準についても外国人として不当に扱われているのではないか，という根本的な不信感が抱かれているということもある．自分の賃金額を正確に評価するための相場さえ知らされていないのが実情であろう．

　多くの日本企業では賃金体系その他が制度化され，また労使協調の傾向が著しいために，すでに日常の職場生活のなかではほとんどみられなくなったような労使関係の原初的な形態，労使相互の不信感というものが，21世紀の日本社会において研修生・実習生と受け入れ企業間に存在している．研修生・実習

生には基本的に受け入れ先企業を変更する権利がないこと，受け入れ期間が最長3年間と限定されていること，の2点が通常の雇用関係と異なる．本来技能実習生に移行後は企業と技能実習生は通常の雇用契約を結んでいるはずであるが，これは日本人従業員の雇用契約と同じではない．労働移動の自由，現金による賃金支払いの原則など基本的な労働者としての権利が，現在の技能実習制度では保障され難い．このように研修生受け入れ中小企業は研修手当・賃金以外にも，紛争の火種を多く抱えていることになろう．

3-3 往復旅費

研修生自身が外国から来日するためには往復の旅費がかかる．この往復旅費の問題は，受け入れ中小企業が研修生送り出し国を選定する際にも影響を与えている．たとえば，1999年度に受け入れた外国人研修生全体の出身国を法務省資料に見ると，中国が2万2041人（45.9％）で，送り出し国として最上位を占めており，第2位のインドネシア5926人（12.4％）を3倍以上引き離している．研修生送り出し国に中国の占める割合が高い理由として，①日本人と外見が似ており，一見したところ違和感が少ないために，エスニシティを曖昧のままにしておくことが可能と考えられている，②日本と同じ漢字文化圏であるために，言葉が通じなくても筆談が可能でコミュニケーションが容易になる，③賃金水準が日本と比較して大幅に低いために，賃金における比較優位の原則を行使できる，という諸点を指摘することも可能であろう．しかし，それ以上に重要なことは，研修生の往復旅費が中国は日本と地理的に近いために安く済むという点である．

一例を挙げると，近年中国から毎年研修生を受け入れている食鳥処理業では，山口県の大手企業A社は中国の青島で，また岩手県の大手企業B社は同じく長春で研修生を募集している．募集地域の選定は，基本的には企業と送り出し機関との間の往復旅費の金額で決定しているそうだ．南北に長い日本では同じ中国からの受け入れであっても，企業から近い地域が異なる結果，募集地域も異なっている．

研修生を純粋に労働力として捉えた場合，受け入れ企業にとってその採用基準は健康であること，研修内容を遂行できる一定以上の意欲と能力を持つこと，

の2点に集約される．これらの基準をクリアしさえすれば労働力としては安価であるにこしたことはない．そうなると，送り出し国は近い国ほどよいことになろう．研修生送り出し国第2位のインドネシアについて，多くの企業が研修生の真面目さ，優秀さを指摘しているものの，研修生受け入れ人数が中国と比べてわずか4分の1強でしかない事実を説明するには，旅費の違いを指摘すれば足りるだろう．インドネシア—日本間の往復旅費がおよそ20万円，中国—日本間は12-15万円で，それほどの差異はないようにみえる．しかし研修生だけの場合は1年間しか日本に滞在できないから，研修生受け入れに必要とされた費用の回収期間が短くなればなるほど旅費の差は大きく感じられるのであろう．

　以上，研修・実習における費用負担の問題を検討してみたが，どの項目を取り上げても技能実習制度をめぐって研修生・実習生と受け入れ企業との対立が顕著であった．研修生受け入れ期間が1年から技能実習期間を含めて3年と限定されているために，研修生への研修成果を企業が利用できる期間が限定されていること，またその費用がすべて企業負担であること，この2点からだけでも，研修生自身にとって研修効果が低いことは容易に想像されるのである．

4　おわりに——残された課題

　研修・技能実習制度については，受け入れ企業の費用負担だけでなく，その他送り出し機関・受け入れ機関のピンはねなどの問題がある．送り出し機関については他国の事情であるために，日本側からは口を差し挟む余地がなく，他方，受け入れ機関についてはその実態を把握し難いという実情もある．商品が生産者から消費者まで渡る場合，いくつかの卸売，小売という流通経路を経るごとにその商品が選別されていくが，それにより単価も上昇してくる．労働力も商品であるから，研修生送り出し企業から送り出し機関，受け入れ機関，受け入れ企業と，各団体を経るごとに，手続費用や人件費，そこでの訓練費などが上乗せされている．こうした手続きや団体の関与は技能実習制度それ自体が要請していることであるから，省略するわけにはいかないプロセスであるが，

このプロセスの問題は，研修生・実習生の失踪問題とともに，技能実習制度の大きな課題である．

　研修生・実習生の技能実習制度は，研修費用を取り上げただけでも，ここで触れたように紛争の原因を潜在的に宿している．これが紛争にならない理由は，一方では真の意味で研修を実施したいという受け入れ中小企業が存在していること，また日常の職場生活で研修生・実習生の不満を和らげる努力を受け入れ企業も行っていること，研修生・実習生が日本社会の実情に疎くてその権利意識が薄い場合があること，日本での滞在期間は最長3年であっても，ここでの研修態度や成果が母国へ帰国後に送り出し機関により問われることが多く，そのため研修生・実習生は不満があっても研修当初の条件を遵守すること，などの要因が考えられよう．とりわけ最後の要因の影響は大きい．「旅の恥は掻き捨て」という諺が日本にあるが，母国との絆を大切にする研修生・実習生にはこうした諺は該当しない．また永続的に研修生・実習生を受け入れたい企業も，短期的に自社の利益だけを考えていては研修生・実習生を毎年受け入れることが不可能になるので，無茶なことをしない．こうした双方における長期的な見通しが，辛うじて現在の技能実習制度を継続させているといえるのではないだろうか．

　　1）　研修生に関する数値，および以下の技能実習生に関する数値は，国際研修協力機構編（2000: 95-112）から引用．

第6章
中国人技能実習生の就労と生活

1 外国人技能実習制度の問題と技能実習生の実態

　2010年7月から実施された新入国管理法では，改正点の1つとして新たに「技能実習生」という在留資格が創設された．これは従来まで技能実習生が「特定活動」のなかにワーキングホリデーメーカーと一緒に分類されていたことを改め，実態通りの資格を創設して現状把握を容易にすることを目的としたものである．しかしそれ以上に重要な改正目的は，従来の技能実習生の前段階であった1年間の研修生期間を廃止し，（入国当初1カ月間の研修期間を除いて）入国時から法律上，技能実習生を労働者と規定することにより，彼らを労働法の保護下におけるようにしたことである．

　この改正は，1993年の制度設立以降，外国人技能実習制度が重ねてきたいくつもの制度改正の1つである．これまでも技能実習制度について，利用範囲の拡大と受け入れ人数の増大にともない，制度と利用実態の間の懸隔が大きくなって，多くの問題が発生していることは周知の事実であろう．しかしながら，その発生している問題を考察する際に重要な，技能実習生に関する基本的な実態が容易につかめなかった．

　その理由はいくつか考えられる．まず第1に技能実習生は外国人であり日本社会との接触が薄く，彼らの社会的ネットワークは本国の家族・親戚あるいは送り出し派遣会社とより密接に結びついていることが指摘できる．

　また第2に，技能実習生は一般労働者と異なって労働市場を自由に移動できる存在ではなく，送り出し団体（以下では，実態に即して送り出し派遣会社という）と受け入れ監理団体（同じく，受け入れ派遣会社），最終的な受け入れ会社，そして実習生本人という4者間の複雑な契約下での労働者であるために，

こうした契約の壁に阻まれて，実習生本人に対して関係機関がアクセスすることが難しい状態にあることである．さらに実習生は基本的には外国籍者として送り出し国の権力と庇護下にあるために，彼らを送り出す政府の施策・見解が実習生へ及ぼす影響力が大きく，日本の関係諸機関のアクセスが制限されやすい．この場合の関係機関とは，たとえば技能実習制度全体の運営を担う国際研修協力機構（JITCO）であり，あるいは公的権力が担保されている労働基準監督署，警察，入国管理局であり，あるいは実習生支援を意図するNPOや労働組合などである．

そこで，技能実習生がいったいどのような意図と目的をもって来日し，どのような成果をもって帰国するか，その実態について改めて調査する必要性が生じている．連合総研が主体となって組織された外国人労働者問題研究会では，NPOである外国人研修生権利ネットワークとその関係団体，および実習生相談事業を実施している連合愛媛，連合徳島からの協力が得られたので，これらの組織へ相談に来た実習生を対象にアンケート調査と面接調査を実施した．

アンケート調査は50票，面接調査はその50票の中に含まれる7人と調査票のプリテストを兼ねて面接した3人の合計10人が対象である[1]．また日本における実習生のおよそ8割が中国人であることの反映か，全員が中国人実習生であった．NPOおよび労働組合への相談事例は，延べ人数は決して少なくないのだが，実習生自身が3年間で帰国するために，調査時点で配布・回収可能な実習生の人数は決して多くはなかった．言い換えれば，ストックとしての実習生にはアクセスできず，ある一時点での相談事例に対してのみアクセス可能であった．また配布地域は，外国人研修生問題ネットワークの関係団体が全国にわたっているために，東京，岐阜，福井，広島，愛媛の各地が対象となった．

支援団体を通じて調査票を配布したというサンプリング方法からもたらされるサンプリング・バイアスは，労働・生活相談を必要とする何らかの問題を抱えた実習生のみが調査対象となることである．そのため，技能実習制度に対する評価は当然厳しいものとなる可能性があるが，母国での出身階層，職業，来日動機については正直な回答が得られたのではないかと思われる．

ところで，技能実習制度では，母国で就労していた職種と日本での就労職種が同一であることが来日条件となっているために，母国での職業についてはそ

の実態に関係なく，日本での就労職種と同じ職種を答えることが不可欠となっており，一般的には実態について真実の回答を得にくい．しかし，この点について，今回のアンケート回答者からは真実の回答が得られていると判断してよいだろう．なぜならば，これらの回答者は，すでに支援団体に相談したというその事実によって，送り出し・受け入れ派遣会社，受け入れ企業の3者との暗黙の契約に違反している反抗者なのであり，その意味ではこうした組織からの圧力に弾き出された，あるいは自ら進んで飛び出した存在だからである．現在の技能実習制度下では，受け入れ企業，派遣会社以外の外部への相談自体が事実上禁止されており，このことは日本派遣前に行われる事前研修のなかで徹底されている．支援団体への相談者はこうした指示への反抗者であるから，関係者からの指示によって調査票への回答を記入することがない，という点は，調査サンプル選定上の1つのメリットとして考えることができよう．また支援団体の人々に対する実習生の信頼関係が存在してこそ，面接調査やアンケート自由記入欄に，彼らの正直な気持ちが告白されたともいえる．

　以下では，その回答と支援団体関係者への面接に基づいて，中国人技能実習生の出身階層と日本での技能実習がどのような成果をもたらしたかを報告したい．

2　技能実習生の属性と母国での就業状況

2-1　年齢の若さ

　実習生の年齢は若い．**表6-1**によると，全体50人のうち，20歳代が6割を占める．男性は女性より20-24歳層の比率が低いが，両者の平均年齢をとると男性が27.8歳，女性が28.5歳でほぼ変わりがない．今回調査対象外の実習生全体の年齢構成をJITCO調査に見ると，2009年度調査では20歳代の比率が75％であり（国際研修協力機構編，2010: 128），今回の調査対象者より年齢が低い．労働相談に来るような人は，日本の事情についてある程度の知識を持ち，かつ自分の置かれた職場の状況についてもやはり幾分なりとも客観的に判断できる人であると考えれば，実習生全体よりもやや年齢構成が高いことの説明となるかもしれない．

表 6-1　調査対象者の年齢　　　　　　　　　　　　　　　　　　　(%)

	20-24歳	25-29歳	30-34歳	35-39歳	NA	件数	中央値	平均値
総計	34.0	26.0	22.0	16.0	2.0	50	26.5歳	28.6歳
男性	30.0	35.0	15.0	15.0	5.0	20	25.5歳	27.8歳
女性	40.7	22.2	18.5	18.5	—	27	26.5歳	28.5歳

いずれにしろ，実習生は20歳代の若年者中心であることが特徴である．これは中国人労働者全体の年齢が若いというよりも，受け入れ側の日本企業が，若年者のみを選別しているからである．その結果近年では，実習生へ応募をする中国人の間に求人時の年齢制限の存在が知れわたるようになり，彼らのなかには「若い時にしか日本へ行けない」という思いから，一度日本側の求人面接に不合格となっても，何度も実習生応募を繰り返す人が出ている状況となっている．

2-2　学　歴

調査対象の最終学歴は**表6-2**のとおりである．

学歴については明らかに男女差が大きい．男性は初級中学（日本の中学校レベル）卒業後に進む専科学校・技工学校卒業者が6割であるが，女性は初級中学卒業者が7割弱である．

2005年に常清秀が日本の水産加工業に従事している山東省威海市出身の中国人研修生192人を調査した際，中卒者の比率はわずか13％であった（常，2005: 75）．研修生・実習生の学歴に関する調査事例は非常に少なく，この事例しか見当たらなかったが，この数値と比較すると，今回調査対象の実習生の学歴は，特に低い方に集中している．

この理由は中国の進学率の問題という以上に，実習生を雇用する日本企業が低学歴女性を選好している結果とも思われる．それは日本の受け入れ企業が若年者を選好する理由と同じであろう．後段で触れるように，今回の女性の就業先は，6割が衣料品製造業，4割が電子・機械金属業である．このうち，衣料品製造業では戦前からの伝統により地方出身の低学歴若年女性を出稼ぎ型労働力として雇用してきた．そのためか，現在でも女性実習生の採用にあたっては低学歴者が好まれる傾向にある．

表6-2 調査対象者の最終学歴 (%)

	初級中学	専科学校・技工学校	高級中学	専門学院・短大
総計	44.0	34.0	20.0	2.0
男性	10.0	60.0	25.0	5.0
女性	66.7	14.8	18.5	―

　たとえば，技能実習制度の改革の必要性が社会的に，また業種全体として問われた繊維業界では，2005年に「繊維産業における外国人研修・技能実習制度に関する状況調査」を実施している．この調査報告書中，上海に立地している実習生送り出し機関C社の事例が紹介されている．この派遣会社は2005年当時，日本へ200人ほどの実習生を派遣していた中規模程度の会社である．この会社の募集状況を見ると，上海地域では豊かになってきているために実習生の募集枠が埋まらず，内陸部から募集している．また中国でも高学歴化がすすんでいるために応募者の半分が高校相当卒業者であるが，採用される人は中学卒業者が多いという（日本繊維産業連盟，2006: 98）．

　こうした記述を見ると，実習生の学歴が即，中国人応募者の属性を反映しているのではなく，雇用する日本側企業の採用基準が影響していることが推測できる．中国側派遣会社の多くは，実際に実習生を雇用する企業に対して，顧客サービスの一環として採用人数の3倍の応募者を集めて企業による面接・実技試験を実施している．したがって，実習生を雇用する企業の裁量の余地が大きいのであり，企業の低学歴者を好む志向性が，実習生の低学歴化をもたらしているものと考えられる．

　日本側受け入れ企業が低学歴実習生を雇用する理由は以下のように考えられる．受け入れ企業の立場からは，高学歴者も低学歴者と同様に日本での実習に大きな期待を抱いているが，来日後の現実との間に落差があることを知って失望し，就労意欲を失う可能性が高いのは低学歴者よりも高学歴者であることの方が多いと考えるからである．当然のことながら，出身階層からみると，高学歴者の階層の方が低学歴者のそれよりも高く，その分，出国前の期待と日本の現実との落差への失望感は高学歴者の方が高いと思われる．

　衣料品製造業を含め繊維産業は戦前からの伝統として，若年女性を農村から採用する際に，「貧困農村のなかの最も裕福な家庭」の女性を選好していた．

その理由は，貧困地域の出身者の方が同額の賃金水準でも満足度が高いこと，一方，その地域での裕福な家庭出身者の方が義務教育をきちんと受けて読み書きに不自由せず基礎学力に信頼が置けること，また外部の労働運動に対して抵抗力があり思想的に安全なこと，などの点を重視したからである．

こうした伝統は現在でも受け継がれていると思われ，その結果として，雇用する実習生の満足度を高め，反抗的態度を未然に防ぐために，低学歴者が選好されているようだ．企業が技能移転を真剣に考えた場合には，教育訓練の効果をあげやすい高学歴者を選好した方が合理的であると思われるが，現実には企業の実習生への期待は技術移転が第一義であるよりも，従順な労働力であることが基本的な条件であり，その意味で受け入れ企業の選考基準は企業の合理的思考の所産であろう．

2-3 出身地と戸籍，来日前の就業状況

実習生の出身地は，その8割が農村である．女性は27人中22人が農村出身者で，都市近郊出身者と都市出身者がそれぞれ2人ずつみられた．一方，男性は15人が農村出身者であり，3人が都市近郊出身者，2人が都市出身者である．戸籍をみると，8割が農村戸籍を持ち，都市戸籍は16.0%，その他（農村から都市戸籍への転換者など）4.0%である．

来日前の仕事の有無をみると，男性では25.0%，女性では14.8%の者が無職であった．また女性では約1/4の者が農村労働者であり，男性ではその比率がやや下回って15.0%であった．出身地と来日前の仕事の状況を見ると，農民あるいは農村の郷鎮企業，都市個人労働者（自営業者）で就労していた人や無職の人をリクルートしそのまま日本へ派遣した場合がおよそ半数であり，他の半数が来日前に雇用者として雇用されていたことがわかる．たとえば，寧夏回族自治区出身の24歳男性は，高校卒業後，無職であったが，派遣会社の人が自宅へ日本への出稼ぎを勧誘に来て，来日を決意した．出国費用は派遣会社への支払いなどすべてを含めておよそ4万元（調査時点2010年7月のレート，1元＝13円で換算すると，およそ52万円）であり，3年間で300万円以上の貯金・送金を目標に来日した．2年9カ月の日本での就労で，貯金はおよそ200万円程度となったという．

表 6-3　来日前の仕事の有無　　　　　　　　　　(%)

	無　職	雇用者	都市個人労働者	農村労働者
総計	18.0	52.0	2.0	22.0
男性	25.0	55.0	5.0	15.0
女性	14.8	51.9	—	25.9

　以上のような事実から，調査対象実習生の半数は前職無職ないしは近代的工場労働とは無縁の農村での就労者であったことが注目されよう．その意味では，技能実習制度の創設趣旨である，技能移転，技術移転の目的が，実際には果たされていないということになる．技能実習制度の役割は，技術移転ではなく，雇用機会に乏しい農民に雇用機会を与えて現金収入確保の方途を与えることにあるように思える．さらにそのうえで，工場労働とは無縁であった農村出身者を，一人前の工業労働力へと転換させること，技能教育以前にまず職務規律を遵守することの重要性を教え，時間単位で働き，かつ生活するという生活形態が可能となるように実習生を育成することが現時点での技能実習制度の大きな役割であるように思える．

　表 6-3 にある都市個人労働者のカテゴリーには男性 1 人が該当した．この都市個人労働者とは農村から都市に移住し，そこで自営業（あるいは日雇い）として就労していた者と推測される．

　面接した 3 人の男性は，アンケート調査結果には含まれていないが，いずれも中国での都市個人労働者に該当する者である．彼ら 3 人は農村部出身者であり，遼寧省あるいは河北省で建設関連の日雇い労働者として就業していた．彼らは日雇い労働の仕事が不安定であることから，公設民営の派遣会社の求人募集に応募して日本へ実習生として派遣され，建設関連職種に就労していた．左官，型枠・解体と職種名は中国で就労していた職種と同じであるが，職務内容は中国で就労していた時とは異なり，日本での作業内容は単純労働ばかりであったと説明していた．たとえ職種が本国と同一であっても，日本語が不自由で，かつ使用する用具が異なる場合，技能を要する作業に従事することは困難であると思われる．

　来日前に就業していた者は 38 人で，アンケート調査対象者 50 人中の 3/4 にあたる．うち 26 人が雇用者であったが，その雇用者について雇用形態を質問

表 6-4　就労者の雇用形態　　　　　　　　　　　　　　(%)

	正社員	契約社員	その他	無回答
総計	26.9	38.5	26.9	7.7
男性	36.4	36.4	18.2	9.1
女性	21.4	42.9	35.7	—

した結果が，表 6-4 である．およそ 1/4 が正社員であり，残りの者は「(有期の) 契約社員」，「その他」の就業形態である．「その他」のカテゴリーは，雇用契約を特に結ばずに働いていた事例と思われる．中国語で「打工」と表現する，臨時工，アルバイトあるいは出稼ぎを意味する雇用形態である．表 6-4 から明らかにされる事実は，雇用者として就労していた場合でも，契約社員の比率が 4 割弱，とりわけ女性にその比率が大きくなっており，さらに臨時工，アルバイトの比率も 1/4 となっていることである．

さらに就業者 38 人について，来日前の職種を表 6-5 に見ると，機械操作工が最も多いが，男性の場合は「その他」の職種が機械操作工と並んで多くなっている．「その他」の職種にチェックをした者で具体的に職種名を記入した調査票は 1 票のみであったが，黒龍江省の農村の米加工業の国営工場で働いていたと記入されていた．

女性の縫製工の場合は，中国で衣料品製造業が発展していることから，来日前の職種と日本で就労する職種との間に齟齬が少ないが，男性の場合には，そもそも製造業に従事していた者，あるいは正社員として勤務していた者が予想外に少ないことがわかる．

また有業者のみに，来日前の勤務先企業での勤続年数を質問したが，1-3 年が半数を超えていた．平均年齢が男女合計で 28.6 歳であることを考えると，勤続年数のうえでも不安定雇用者であり，雇用形態の不安定さが勤続年数の短さに反映されている．

3　技能実習生の出身階層と母国での位置づけ

3-1　農民工出身者と中国の都市労働市場の階層構造

今回調査対象となった実習生は，8 割が農民戸籍を持ち，雇用者は半数にす

表6-5 来日前に就業していた人の職種別人数

	機械操作工	現場監督者	事務員	販売員	管理職	農　民	その他
総計	22	1	1	1	1	1	11
男性	7	0	1	1	0	1	7
女性	15	1	0	0	1	0	4

ぎず，また雇用されていても正社員は1/4にすぎなかった．前職は無職である人も2割弱おり，男性の方に失業者が多い．一方，女性の場合は仕事をしていた者が多いが，農村で就労しているか，あるいは雇用されてはいるものの，雇用形態は臨時工ないしは派遣社員のような有期雇用契約者の割合が高かった．こうしてみると，現在中国から来日している実習生は，中国労働市場での不安定就労者層の中から選抜されて来日した階層であることが推測される．すなわち，農民工，民工，あるいは出稼ぎ労働者といわれる階層の出身者が，農業だけでは生計が立たないために，中国沿海部の新興工業地域へ出稼ぎに行くのと同様の意味合いで，日本への出稼ぎ，すなわち日本での技能実習へ応募し，来日していると推測できよう．

中国の農民工問題は，中国での大きな労働問題，都市―農村の格差問題として位置づけられて近年は様々な研究が着手されている．そのなかで，厳善平は，「上海市民，外来人口就業状態調査」の個票をデータとして，上海市の二重労働市場の存在を実証した（厳，2008）．その結果によると，外来人口の属性には次のような特徴があった．第1に，平均的教育年数が地元住民よりも2-3年短く，第2に平均年齢も地元住民より10歳以上も若い．2003年時点で地元住民が40.7歳，外来人口が30.7歳であった．また第3に，男性の割合が地元住民よりもはるかに高く，第4に9割近くが農民工であった．

また賃金との関係を見ると，地元住民と比較して外来人口ほど教育収益率が低く，その格差が近年増加傾向にあるという．以上のデータ解析から，厳はアメリカの二重労働市場が黒人や女性といった社会的差別を背景としているのに対し，中国の労働市場は戸籍制度がその背景にあるとし，市場経済の深化に伴って労働市場の資源配分機能が強まってはいるが，戸籍によって分断された第2次セクターでは人的資本収益率の上昇速度が第1次セクターよりも低く，都市労働市場の二重構造は依然として解消していない，と指摘した．

以上は上海市の統計データに基づく分析であるが，この分析は上海のみならず，現在経済発展が著しい沿海部地域の農民工の労働移動のパターンの典型例とみなせるであろう．

　また佐藤宏の分析では，データが1999年とやや古くなるものの，都市労働市場の階層構造を概念化している（佐藤，2003: 69-73）．それによると，都市労働市場は，①公有中核層，②公有中核・転職者層，③公有周縁層，④非公有層，⑤失業・レイオフ経験者層，⑥農村出身者層，の6階層に分かれるとした．都市社会の周縁部に位置する階層は公有周縁層と農村出身者層の2階層であるが，賃金水準，雇用の安定性からみた都市労働市場における地位という第1の尺度と，単位社会主義からの離脱の程度からみた就業行動・賃金分配における市場化の程度という第2の尺度を合わせると，農村出身者は失業・レイオフ経験者層に次いで賃金水準が低い階層となっている．そして1990年代には「農村―都市間労働移動の急速な拡大により，農村出身者世帯はすでに都市労働市場において不可欠の，しかし最下層に位置する構成部分となっている」（佐藤，2003: 68）と述べられている．

　中国は1977年以降改革開放政策をとり，従来の社会主義経済から社会主義体制を維持しつつ市場経済原理を導入する改革を進めてきた．その改革の1つが国有企業の改革であり，雇用期間の定めがない固定工を有期契約の契約工とする転換を進めた．1992年以降は，新規雇用者ばかりではなく，それ以前に雇用した人もすべて契約工へ転換する努力をするとともに，国有企業を含む公営企業の余剰人員を下崗と呼ばれる失業・レイオフ者として排出したのである．これが社会主義市場経済のスローガンのもとに政策として実施された．すなわち，中国の労働市場改革とは，日本の雇用政策とは逆の方向で進められた．日本では現在の派遣労働者に代表される有期雇用労働者を削減することが1つの政策目標となっているが，中国の場合は，無期契約の固定工を有期の契約工に転換させること，それが一種のワーク・シェアリングとして多くの人に就業機会をもたらす手段として捉えられたのである．1994年に初めて中国で制定された労働法も，この有期契約者を増大させ，有期契約者としての様々な保護や権利を認めるための法律であった．

　現在，中国の労働市場における有期契約者の割合についての正確な統計デー

タはない．しかし，2008年に新しく中国契約法が施行される直前，中国政府の人力資源和社会保障部の副大臣孫宝樹は，「中国労働契約法公表以前，有期契約者が占める比率は70％であり，そのうち1年以下の短期労働契約者は60％前後を占めている．労働契約の短期化の問題は非常に重大である」[2]と人民日報記者に語っていた．固定工の契約工への転換も重要であるが，それと同時に非常に高い割合で短期契約の労働者が存在し，その多くは農民工として社会問題を形成していることをこの記事が語っているのである．

中国の労働市場は，市場化を進めるために固定工制度を廃止して契約工化を進めたが，2008年に労働契約法が施行される以前の状況では，この契約工にすらなれない一連の労働者が急増し，これが農村からの出稼ぎ労働者である農民工であった．農民工は労働契約を締結せず，労働法の適用対象外である労務契約によって出身地農村から出稼ぎ者となっているため，彼らを法の対象としてその権利保障を可能とする目的が労働契約法に込められていたのである．契約工の場合は，有期契約であっても一定の契約関係のもとに雇用される労働者であるが，その下層に，契約関係のない労務契約だけで都市に出稼ぎに来た農民工の存在がある．彼らは，出身地の労働行政部門の指導下にある労働就業服務機構，いわゆる派遣基地や派遣元会社から受け入れ先で営業する派遣会社や受け入れ地の労働服務就業機構へと送られてくる．こうした諸機関の間で締結されるのが労務契約であり，「農村労働力の多くの部分は，自らの名において労働契約を締結することなく，労務契約によって省外に送り出され，都市労働に従事することになる」（菊池，2009: 9）という．

中国農民工の就労実態については，近年，中国で研究が進み，そうした成果は日本でも紹介されている（厳，2009）．こうした農民工の就業行動の特徴を日本企業の観点から見ると，彼らは短期勤続で長期雇用を希望せず，少しでも賃金の高いところへ転出する労働力ということになる．一企業にできるだけ長く勤務し，そこで技能形成を行って技能工としてのキャリアを目指すという労働力ではなく，短期出稼ぎ労働力として短期間にできるだけお金を稼ぐことを志向している労働力である．中国華南地方へ進出した日系企業に対するジェトロのヒアリング調査では，農村出稼ぎ労働者である農民工の「平均在職期間は1.5年程度，出稼ぎに来て2-3年経ったら故郷に帰るパターンである．しかし，

離職する人の大部分は3カ月の試用期間内に辞めるケースが多い．周辺の工場をぐるぐる回っている人も見受けられる」（日系電子部品メーカー，深圳）という事例が紹介されている（ジェトロ編，2006: 81）．農民工の就業行動として日系企業に限らず，こうした転職行動は一般的なものと思われる．

こうした中国人技能実習生の母国の労働市場の階層構造と契約制度，母体となる農民工の一般的な就業行動は技能実習生の日本での就業を考察するうえで重要な要因である．今回調査対象となった技能実習生の母国での就業状況をみると，男性はすでに都市部に移動した失業者，非正規雇用者，自営業者（都市個人労働者）であり，女性は農村部での無業者か郷鎮企業労働者などである．すなわち，男女を問わずいわゆる農民工である．彼らは母国ですでに派遣労働者であり，実は日本への技能実習生として派遣されること自体も，農村からの出稼ぎの一環として捉えてよいだろう．日本への出稼ぎは，中国沿海部への出稼ぎと比較して言語・文化のうえで多少とも不自由ではあっても，賃金水準のうえで，また安全衛生のうえで，賃金の遅配が少なく，少なくとも3年間の雇用保障がなされているという点で，農民工として本国の都市労働市場で占める地位よりは恵まれている．その点を評価する実習生がいても不思議ではないのである．

3-2 不確定な帰国後の職場

日中間で研修制度が始まった1980年代当時は，日中間の賃金格差の大きさから，来日する中国人研修生は特別な人たち，いわゆるエリートであった．そもそも海外へ出国することが容易ではなかった時代である．たとえば党幹部の子弟や国営工場での永年勤続者が永年勤続の報償として1年間，日本に行くことを許可されたような選別された人々であった．彼らは高学歴者であったし，往々にしてこれまでの職歴中，肉体労働に従事した経験がなかったために，労働力受け入れを期待していた中小企業との間で悲喜劇的なミスマッチを起こしたのであった．

ところが，現在は送り出し国中国で産業の発展が著しく，それに伴って賃金が高騰しているだけでなく，労務輸出（労働力の海外送り出し）を積極的に実施するための各種規制緩和が行われており，30年前の状況とは大きく異なっ

ている．いまや技能実習生は，戸籍によって分断された第2次労働市場のなかの不安定就労者が，厳しい選抜を経て来日したというカテゴリーが適用可能な労働者とみなしてよいだろう．その結果，次のような点について技能実習制度の当初の趣旨が歪められている．すなわち，彼らの多くは来日前無職，ないしは農村部の非農業就業者であるか，都市部の不安定雇用者であったために，帰国後の職業が保障されていない．帰国しても戻る職場がないのであるから，特定の技能を習得しようという意欲が低く，その分だけ，来日目的が金銭獲得のみに集中してしまう．

　表6-6は帰国後に希望する働き方を質問した結果であるが，この表がこうした事情をよく説明していよう．元の会社に戻るという者は女性では1人のみであり，全体でも3人しかいない．正社員が会社命令ではなく自分の意志で3年もの長期間，外国へ行くことを許可し，かつ3年後の復職を保証するという事例は日本では考えられないだろう．もしそうした企業があるならば，それはよほど終身雇用が徹底し，かつ業績に不安のない企業に違いない．中国の企業も国有企業が解体され，市場原理に基づいて運営されるようになっているから，3年間の休職扱いが許されるような悠長な企業運営がなされているとは考えにくい．

　また，「自分で起業する」と答えた者も，特に具体的に起業する計画があるわけではなく，「しばらくの間は仕事をしたくない」と答えた者と同様に，しばらくは日本で稼いだお金で生活をして様子を見たいと考えているようだ．彼らの月収は中国でおよそ1500元前後であり，これは現地では決して低い額ではないが，年収に換算して日本円でおよそ25万円前後．日本滞在中の貯金・送金総額は200-300万円で彼らの10年分の年収額となるので，しばらく働かないで今後のことを考えようという態度そのものは決して不思議ではないと思える．「その他」と答えた者の回答では，シンガポールなど外国へ再度出稼ぎに行きたいと考えている者，日本語ないしは別の言語をもう一度きちんと勉強したい，中学を中退したので英語を勉強したい，自分にふさわしい仕事を探す，などの記入がみられた．実際に，研修生支援の経験が長いNPOの非専従職員のT氏によれば[3]，帰国後は再度，シンガポールへ出稼ぎに行く者が多いとのことであった．シンガポールで就労するには，実習生として来日する場合より

表 6-6　帰国後の希望する働き方　　　　　　　　　　　　(％)

	元の会社に戻る	日本で実習した業種で働く	どのような業種でもよい	自分で起業する	しばらくの間は仕事をしたくない	その他
総計	6.0	12.0	10.0	34.0	20.0	18.0
男性	10.0	10.0	15.0	40.0	15.0	10.0
女性	3.7	14.8	3.7	29.6	22.2	25.9

も出国費用が高いため，日本で貯金した金をその出国費用に充当するという．

　帰国後の職場が保証されていない大部分の実習生にとっては，日本での就労生活で疲れがたまっていること，また一定期間の生活を保障するだけの貯金ができたこと，などの理由から，帰国前の段階では確固とした将来設計が立てられないのも無理からぬことであろう．したがって表6-6はあくまでも帰国直前の実習生に対して行われた「帰国後の希望する働き方」という質問への回答結果としてとらえねばならない．しかし，一点強調しておかねばならないのは，希望という段階でも元の会社に戻るという可能性が極めて低いという点である．その意味では技能実習制度における技能移転という趣旨はほとんど活かされていないということになろう．

　そうなるとこの外国人技能実習制度とは，よく指摘されているように，技能移転という看板を掲げたまま実態は単純労働者受け入れであり，制度自体は実態を誤魔化すためのものにすぎないのだろうか．現地あるいは日本での2カ月間の派遣前訓練や，職場での実習指導員の指導，それぞれの受け入れ職種ごとに作成される指導教本などは形式的で無意味なものなのだろうか．こうした疑問に答えるためには，彼らの教育訓練について考察しなければならない．それを次に考えてみよう．

4　技能実習生の技能修得意欲と職場への不満

　技能実習生への教育訓練内容を検討してみると，その目的は特定の職種に必要とされる狭義の技能移転ではなく，農業労働力を工業労働力へと転換させるための広義の技能移転であると思われる．大半の技能実習生の中国での職業が無職ないしは都市の非正規雇用者，個人労働者（自営業主），ないしは農村で

表 6-7　現在の仕事と本人が自覚する技能向上の有無　　　　　　　（%）

	母国の仕事と異なるのでわからない	母国の仕事よりもレベルの低い仕事をしている	母国の仕事よりも高度の仕事を修得	その他
総計	42.0	18.0	16.0	24.0
男性	35.0	30.0	10.0	25.0
女性	48.1	11.1	18.5	22.2

の郷鎮企業労働者，個人経営の小零細企業に雇用される労働者であり，これらを中国の都市労働市場での第2次市場に属する不安定就労者層であるとするならば，彼らが日本の雇用労働市場で就労していくには，日本企業の生産性とスピードに適合する工業労働力へと転換されねばなるまい．技能実習制度はこの転換に対して一定の役割を果たしている．以上の結論をアンケート調査と面接結果から洗い出してみよう．

4-1　技能修得への意欲と成果

まず表 6-7 によって実習生が就業している仕事の技能レベルを質問した．それによると，そもそも母国での職業と現在の職業とが異なるため，技能レベルそのものを比較できないとする者が4割であった．さらに，母国よりも低いレベルの仕事をしていると考えている者，これは男性に多いが全体で2割弱，高度の技能を修得していると考えている者は 16.0% で，男性よりも女性に多くなっていた．その他の回答は，「同じレベルの仕事をしている」「技能向上はない」「もし活用できるなら活用したい（が実際はわからない）」「帰国後の仕事（と現在の仕事）とは関係ない」などである．どちらかといえば技能修得の成果については否定的な回答であった．日本での仕事は金を稼ぐための仕事，母国ではまた母国で見つかる仕事をする，と現実的に割り切っている者が大半ということになろう．

たとえば，日本の技能レベルの方が低いと回答した女性のプロフィールは以下のようである．彼女は 28 歳の縫製工で，母国で臨時工（打工）という雇用形態で2年3カ月間，縫製工として働いていた．そのため，日本でも縫製工として就業しているが，特に修得すべき技能はないという．自由記入欄には，「日本に来た目的は，はっきりいうとお金を稼ぐためです．私たち大多数の人

は，来日前に数回の選抜を経たので，技術には自信があります．私たちの現在の給与と残業手当はもう少し上げていただきたいと思います」と書いていた．寮費，光熱費，税・社会保険料を差し引かれて手取り6万円，その他に1カ月210時間の残業代が8.4万円である．彼女はそもそも残業代の低さのためにNPOへ相談にかけこんだのである．月210時間の残業時間とは，一般の日本人にとってはすさまじい長さであるが，彼女の訴えによれば残業時間の長さに不満はなく，賃金の低さに不満を持っているのである．また自己の縫製技能についても誇りを持っているから，日本で技能修得することはないという．

　以上の結果をみると，実習生のほとんどは日本での就労によって自己の技能が向上したとは考えていない．1つの説明要因は，彼らが母国と同じ職業に従事する場合には，採用時に選別が行われて技能の高い者が採用されるために，日本で技能を修得する必要がない，すでに熟練ないし半熟練レベルに達した者を採用しているということである．また，異なる職種から採用された者は，そもそも日本で新規職種につくために，まったくの未熟練労働力に対して新規教育訓練を実施することになり，技能向上という概念がなじまないのである．その意味では，一定の職種と技能訓練を前提にした「技能向上」という概念は実習生にとっては無縁のものであった．

　次に帰国後に日本で修得した技能を活かせるかどうかを質問した．**表6-8**がその結果である．非正規雇用者を中心とする技能実習生にとって，元の会社に戻って日本で修得した技能を活用できるとした者は，全体で8.0％にすぎない．元の会社に戻るかどうかわからないが，日本で修得した技能を活用したいという希望を持つ者は28.0％で，女性に限定するとその比率は37.0％と高くなる．これは女性の職種に縫製工が多く，彼女たちの出身地の周辺で衣料品製造業を営む工場を見つけることが可能であることによろう．他方，男性では技能の活用を重視しないという者が半数，また「その他」という回答には，「仕事を変更する」「現在の技能は必要とされない」「活用すべき技能などそもそも修得していない」といった内容が書かれていて実習生の評価は厳しい．

　以上，実習生の技能修得にまつわる回答からは，彼らの来日理由がお金を稼ぐための出稼ぎであること，日本での就労が技能向上によってキャリアアップを目指すための1つの段階ではなく，あくまでもお金を稼ぐための期限付きの

表 6-8　帰国後の技能活用の意欲　(%)

	元の会社に戻るので活用できる	元の会社に戻るかわからないが活用したい	活用を重視しない	その他
総計	8.0	28.0	34.0	30.0
男性	10.0	15.0	50.0	25.0
女性	7.4	37.0	22.2	33.4

時間にすぎないことが明らかになっている．

4-2　日本語修得

　実習生が日本で修得した技能を将来活用する見込みが小さいために，技能修得意欲が低いとしたら，日本語能力についてはどうだろうか．技能は活用できなくても，外国語能力という一種の人的資本を形成すれば，それが将来のキャリアに役立つのではないだろうか．そこでさらに，将来，日本語を使う仕事への就労意思の有無を質問してみた．その結果は，特に考えていない者が全体で74.0％，日本語を活かせる職業に就きたい者は14.0％，日系企業に勤めたい者12.0％であった．日系企業に勤めたい者は男性で5.0％，女性で14.8％となり，女性にやや多い．女性の場合は技能修得の項で触れたように，衣料品製造業を中心に勤務可能な日系企業が身近に存在するが，男性の場合はそうした企業を具体的に思い浮かべることが不可能なのであろう．

　また日本語を活かせる職業につくことを考える者も少ないが，これはそもそも実習生にとって仕事に活かせるレベルまで日本語が上達していないことが原因であると思われる．日本語検定資格を持っている者は，今回調査対象者50人中女性2人のみで，彼女たちは日本語検定2級資格を取得していた．資格取得者が少ない理由は，そもそも実習生自身のキャリア計画の中に日本語修得が組み込まれていないからであろう．また受け入れ企業によっては実習生の日本語能力が高まることを危惧する企業もあるということであった．日本語が上達し，日本社会になじめば，それだけ逃亡の可能性が高くなるからである．

　2009年9月にヒアリングを実施した愛媛県中小企業団体中央会では，中央会が主体となって傘下中小企業が受け入れている実習生を対象に日本語検定試験が実施される高松までバスを運行して受験のための便宜を図っていた．こう

した好事例はまだ稀であるといってよいだろう．そもそも実習生自身が，休日や夜間のあいだ時間に日本語を勉強するよりも残業を選好するような生活形態では，日本語を修得するために必要な時間数を生みだすことができないだろう．
　実習生アンケートの自由記入欄に次のような記述がみられた．

　　私は会社で働くだけです．技術が合格しないと製品は基準に達することができません．日本語は通じればいいのです．学習機会を要求したとしても学習計画はないし，教える人もいません（37歳男性，金属製品製造の4人規模の会社で，はんだ付けおよび金属磨き工）．
　　日本語と日本の先進的な技術を学ぶために，家族から離れて異国に来ました．3年間は言葉が最大の悩みでした．簡単な日常会話しかできず，日本語で日本人に自分の気持ちを伝えることができませんでした（23歳女性，電子部品製造業20-49人規模の会社で携帯電話文字盤の印刷に従事）．

　以上の事例で指摘された事項は，多くの実習生に共通して見られる．実習生の日本語修得については，日本の就業先職場で必要とされる日本語を覚えるだけであって，検定合格に必要な日本語修得は大多数の実習生にとっては困難なようである．

4-3　職場規律と職場への不満
　来日した実習生が，一方では主観的には技能修得にも日本語修得にも期待せず，他方，客観的にも技能修得や日本語修得を期待できる職場の状況や労働条件に置かれていないとしたならば，彼らは日本へ出稼ぎに来た3年間に，何を学んだであろうか．そこで技能以外に修得した内容について質問した（**表6-9**）．
　特に職場から学んだことがないという者は，全体の28.0%で女性に多い．設問は複数回答であったが，項目を選択した割合も女性の方が少ない．女性の場合は家族経営の零細衣料製造業に従事している者が多いためか，職場での安全教育や，3S，5S運動など大企業では一般的に実施されている職場教育に縁が薄いようだ．

表 6-9　技能以外に職場で学んだこと（複数回答） （％）

	職場の規律を守る	安全に注意を払う	3S運動・5S運動	品質管理・QC運動	生産性を高めること	仕事に対する取り組み意識	特にない	その他	回答累計
総計	40.0	40.0	18.0	16.0	22.0	38.0	28.0	8.0	210.0
男性	40.0	55.0	30.0	15.0	20.0	45.0	25.0	10.0	240.0
女性	37.0	25.9	7.4	18.5	25.9	33.3	33.3	7.4	188.9

　次に技能以外を学んだという者にその内容を尋ねると，職場規律，安全教育，仕事に対する取り組み意識など，製造業で働くために必要な基本的な職場規律と習慣を学んだという者がおよそ7割であった．「その他」には，「消耗品の節約，何でも節約」と記入した回答がみられた．技能修得と日本語修得の双方について来日成果がはかばかしくなくても，工場労働に従事するための基本的な職場規律について何らかの点で学ぶところがあったと実習生は評価しているようだ．彼らの出身階層が農民工であり，一部の女性縫製工を除いては工場労働に従事した経験が不足している．その意味では，工業労働力となるために必要な職場規律の基本を学んだといえるかもしれない．

　実習生の母国の職場と日本の職場では品質管理への要求水準が異なっており，日本の方が概して，高い品質を要求している．その職場で労働力として通用するだけの能力，すなわち品質管理や生産性向上，安全性への配慮などを日本での就業を通じて修得できたともいえる．

　次に職場で困ったことを複数回答で尋ねた．その結果（表 6-10）は当然のことながら，賃金の低さを訴えている者が圧倒的であり74％に達した．通勤時間が長いことの大変さを指摘した者は男性に多くみられたが，中国の農村部からの出身者にとって，日本の大都会での通勤時間はとても長いと感じられ，それだけに通勤時間に対して賃金が支払われないことに不満を持つようである．

　労働時間・残業時間が長いとした者は10人，20％であった．調査前月の平均残業時間は，男性が30.6時間，女性が108.6時間であった．女性の残業時間は非常に長いものの，それが必ずしも不満とはなっていない．面接調査では女性2人の残業時間が192時間であり，確かにその長さが不満であるとしていたが，先に引用した28歳縫製工は210時間の残業時間でも，職場での不満は賃金の低さだけであった．残業が強制的に行われるのではない場合，残業時間

表 6-10　職場で困ったこと（複数回答）　　　　　　　　　　　　　　（％）

	仕事で必要な日本語がわからない	職場の習慣がわからない	仕事のスピードが速い	職場の規則が厳しい	教育担当者とうまくいかない	職場の人間関係がうまくいかない	賃金が低い	労働時間・残業時間が長い	残業時間が少ない	通勤時間が長い	その他	特にない	回答累計
総計	18.0	6.0	6.0	4.0	8.0	4.0	74.0	20.0	8.0	28.0	24.0	6.0	192.0
男性	25.0	15.0	10.0	—	15.0	5.0	65.0	20.0	15.0	30.0	20.0	5.0	225.0
女性	14.8	—	3.7	7.4	3.7	3.7	77.8	22.2	3.7	25.9	7.4	—	170.4

増加は残業代増加を意味するから，必ずしも実習生の拒否するところではないのであろう．しかし，1カ月の残業時間が100時間を超えることは，本人の健康管理のうえでも，残業時間内の生産性維持のうえでも労使双方にとって由々しい問題である．こうした残業時間の問題ひとつを取り上げても，たとえ実習生本人たちから大きな不満は出ていなくても，技能実習制度下で運営される職場が，日本の労働基準法の想定外にあることを思い知らされるのである．

　賃金，労働時間・残業時間，通勤時間，そして「仕事で必要な日本語がわからない」という日本語の問題が職場で困ったことの主な事項であった．その他の事項，たとえば仕事のスピード，職場の人間関係，職場の習慣などについて問題を挙げた人は極めて少ない．先に見たように技能修得についても修得意欲が低いために職場の問題となっていなかったが，その他の事項でも全体として職場の問題の指摘は低い．来日目的が金銭獲得であったことに呼応するように，職場の問題もまた賃金の低さに集中している．どのような種類の職場アンケート調査でも，賃金への不満は常に第1位となることは事実ではあるが，実習生の場合は，他の項目の選択率が低いだけに，頭抜けて賃金の低さに対する不満が集中している．

　実習生の低賃金への不満と怒りについて，実習生を雇用する事業主は見過ごしていることが多い．多くの実習生は真面目で勤勉に働くために，従順で素直な労働力と見なされているが，勤勉に長時間働くのは少しでも稼得賃金を増やして母国の家族の生活の資としたいからで，彼らは我慢に我慢を重ねている．

したがって，そうした期待が裏切られた時の怒りはすさまじいものとなることは想像に難くない．面接で組合・NPOに実習生が相談したきっかけを質問した結果では，そのほとんどが残業代の未払いや当初約束した出来高単価を支払い時に引き下げられた，寮費・食費の天引きに納得がいかない，など賃金をめぐる問題がらみであった．想像力に乏しい事業主の場合，従順な労働者だから多少の誤魔化しは実習生にはわからないだろう，あるいは外国人で日本の事情に疎いからだませるだろう，といった短慮と出費を惜しむ欲張った気持ちから，残業代を誤魔化すなどして，それが結果として多くの時間と出費を伴う労使紛争を招いている．実習生が来日にかけた費用と来日するために払った様々な犠牲を考慮すれば，事業主の賃金に関する不正行為は，実習生にとってとうてい見過ごしにできる類のものではないといえよう．

実習生の場合，職場での不満が賃金に集中している分だけ，その他の項目に対する不満は相対的に低くなっている．何らかの労働相談のために労働組合あるいは研修生支援NPOに相談した実習生を対象にアンケート調査を実施したにもかかわらず，不満の項目は予想外に少なかった．実習生はすでに一定の技能を修得しているか，あるいは帰国後の職業が不定のために，日本での技能修得意欲が低く，いずれにしろ技能修得への不満も職場への不満も，低賃金への大きな不満を除いては少ない．母国の労働市場では農民工として契約期間が短い不安定な雇用形態であったために，日本の労働市場でも外国人労働者として不安定就労に就くことへの違和感は少ないようだ．職場の問題に関しては，次に触れる生活上の問題よりも問題の緊急度が低い．労働者としては，市場競争下にある企業で一定の生産性を持って働くことに成功しており，だからこそ事業主の実習生への需要が不況期でも衰えない．しかし，労働者としてではなく，生活者として彼らをみると，生活上の問題を種々抱えている．それを次にみておこう．

5　いくつかの生活上の困難

5-1　耐乏生活と経済人としての実習生

実習生が抱えている生活上の困難については特記に値する．彼らの経済的生

活は貯金・送金のために非常につましいものであり，その結果，おいしい食べ物，酒や清涼飲料などの飲み物，パチンコやテレビなどの娯楽など，いわゆる生活のなかで金銭によって購われることが可能な楽しみが奪われている．母国の家族への送金費用を捻出するために，極度の禁欲生活を送り耐乏生活を営んでいる．

　日本で実習生に支払われる賃金は最低賃金水準であり，単身者がようやく生活できる額にすぎない．その賃金で日本での生活を支えながら，かつ母国へ200-300万円の送金を実際に行っているのであるから，日本での生活水準は非常に低いものとなっていることは容易に想像がつく．いわば，母国の家族への送金のために，日本で耐乏生活を行っているのだ．実習生が男女を問わず自炊する理由も，生活費の節約のためであり，乾物で保存のきく食料品を来日に際して持参する，あるいは母国から送ってもらうのは，故郷の味を懐かしむというよりも日本での食費を節約するためである．自炊する場合も，仲間内の細かな金銭トラブルを避けるためか，塩・砂糖などの調味料まで個人別に購入し，1人で自分の分だけ調理するケースもあった．こうした厳しい生活を強いられるのであるから，とりわけ未婚の若年者にとって日本での生活は単調で，孤独な忍耐を強いられるものとなろう．たとえば自由記入欄には，以下のような事例がみられた．

　　日本で働いていると疲れがたまります．さびしく，面白くありません．農村にいて遊ぶところがなく，いろいろと制約されます（22歳女性，機械金属業10-19人規模企業，機械工，前月残業時間30時間，賃金13万円，残業代4万円）．

　この女性の場合は衣料品製造業に従事する他の女性実習生と比較して賃金は高く，また残業時間も短く，特に問題がないように思えるが，それでも日本での生活に対してこのような感想を持ったのである．
　アメリカの労働経済学者M.ピオレは，その著『渡り鳥』で移民の経済人としての性格を指摘している（Piore, 1979: 52-59）．移民についてふれたこの本の第3章は，経済学的というよりは非常に社会学的な記述であり，移民の階層

と職業上の社会的地位，世代間移動，コミュニティとの関係など，集団の中で生きる人間として移民を取り上げている．

そのなかで，移民は仕事のもつ3要素，つまり生活維持，社会的役割の遂行，個性を作り上げる，のうち仕事を経済的機能にのみ純化してとらえ[4]，仕事に対してはそのすべての側面において手段的価値，すなわち金銭獲得のための手段としての価値しか認めていないという．ピオレによれば，移民の場合は自分のアイデンティティが故郷にあるので，彼らにとっての仕事は，役割の一側面であるところの，人と人との付き合いを可能とする仕事の遂行が必然的にもたらす社会的志向性が低下し，仕事が人と人との付き合いを否定するような非社会性（asocial）[5]を帯びるという．それは，移民自身が社会的背景から分離した存在で，社会が課す制約や禁止するものの外に位置しているからでもある．稼得した結果である金銭の使用目的は，家・土地の購入費用に充てられ，母国での社会的地位の回復・向上を目指すという．

この記述における非社会性とは，言い換えれば，仕事を金稼ぎの手段としてのみ捉えることによってもたらされる，他者からの非難や他者への迷惑を無視し，エゴイスティックとなって自分の獲得目標とする金銭だけしか視野に入らないということであろう．ピオレの記述は，カリブ海諸国やメキシコからアメリカに移住した移民のモノグラフや研究書を参照したものであり，日本の中国人技能実習生についてふれたものではない．しかしながら，移民が仕事を単なる金稼ぎの手段としてのみ捉えるという指摘は，現在の一時的移民である実習生にもよく当てはまるものである．彼らは3年間の耐乏生活・禁欲生活と引き換えに，故郷の家族のために送金や貯金を行っているのである．

そして，この経済人の観点からみると，ある意味では労働相談も支援団体からの支援も，自分たちの賃金を取り返すための手段としてのみ利用し，相談される側の負担については考慮外のことがある．もちろん不当な労働行為から労働者を守るために存在しているのが労働相談であり，日本の場合は，こうした事業は各地方自治体の労働行政の実施担当部局が運営しているため相談料はとらない．ところが，現在の実習生用の労働相談は，労働組合，実習生支援団体やNPOがボランティアで行っている．技能実習制度がまだ日本社会では広く認知されていないために，日本全国津々浦々の公的機関の相談員や労働基準監

督署，警察までは仕組みについて理解が広がっておらず，そのため市役所など公的機関から各地のNPOへと労働相談が回されているのが実態である．

　この労働相談サービスが労働組合やボランティア団体で実施されているために，必要とされる人的サービスの費用を誰が負担するのかという問題に，相談を受ける側の組織は常につきまとわれている．いったん外部への労働相談が行われると雇用先の事業主との間の関係が気まずくなり強制帰国となることが多いために，実習生は帰国直前まで働いて，帰国直前になって初めてこれまでの残業代が規定よりも少額であることを訴え，未払い額を取り戻すために労働相談に駆け込む．こうした場合，彼らに相談時に組合員になってもらっても，1-2カ月後に帰国予定であるから徴収された組合費は，その相談に費やされた人的サービスのための費用には全く見合わない．相談担当者はできるだけ組合活動の時間外にそうした相談を行って一般組合員に影響が出ないように配慮してはいるのだが，現実にはなかなか難しい．労働相談を行えるような組織を維持することの困難さについて，またボランティア活動について実習生が理解しているわけではなく，ただ「自分たちのお金を取り戻してくれる人たち」というように，自分の利益中心に周囲の人を認識しているところにも，彼らの非社会性というものがあらわれているように思える．

5-2　ホームシックとその他の生活上の困難

　経済生活以外の困難については，**表6-11**に整理した．「とても困った」の項目を選択した者の比率を示したものである．その他の選択肢は，「やや困った」「特に困っていない」の2つである．

　この表から明らかにされることは，まず職場の問題以上に生活のなかでの困難の指摘が大きいことである．第1に「子供や家族に会えない」というホームシックの問題は，男女を問わず半数の者が指摘している．「特に困っていない」という者はわずか4.0%にすぎず，ほとんどの者がホームシックを抱えている．現在ではスカイプを利用してパソコン越しに故郷の家族と連絡をとる者もいるし，また国際電話も安価になっているが，それでも3年間，家族と対面できないことのつらさは小さくないようだ．既婚者は子供が10歳未満のことが多く，子供の成長がもっとも著しく，子育ての喜びを味わえる時期にある子

表 6-11　日本の生活のなかでとても困ったこと（複数回答）　　　　（%）

	日本語が不自由	私的な空間や時間がない	友達がいない	子供や家族に会えない	一日中，時間に追われている
総計	30.0	18.0	18.0	50.0	44.0
男性	20.0	15.0	30.0	50.0	50.0
女性	40.7	11.1	11.1	51.9	40.7

供を配偶者や両親に預けて出稼ぎに来ている．未婚者は未婚者で，日本でのつらいことを母親に話すと心配をかけるからと，つらいことは自分の胸にしまって家族に元気な様子だけを伝えるそうだ．特に20歳前後の未婚女性の場合は，年齢も若く，これまで家を遠く離れて働いた経験のない者も多く，日本に出稼ぎに行くことそれ自体が，大きな試練となっているようだ．

　次に，「一日中，時間に追われている」という項目にも44.0%の者がとても困ったことであると指摘した．この内容は，職場の仕事のスピードではなく，日常の生活のなかでのスピードを意味する．職場での仕事のスピードについての不満は非常に少なかったが，生活全般では「一日中，時間に追われている」気がするようだ．それが疲れをもたらすのであろう．すなわち，生活のなかに生産性と効率性を求める都市や工業地域の近代的生活に，農村出身者が容易にはなじめないのである．また日本人ならば，時間に追われてもそのせわしさと気疲れを癒す都市の娯楽や慰安を楽しむことができる．しかし実習生の場合は，すでに触れたように禁欲生活をおくっているので，そうした慰安からも見放されている．事業主が提供する娯楽は，年1回の富士山旅行，ディズニーランド観光，大阪観光などの事例があればよい方で，ほとんどの実習生は就労先企業周辺しか知らない．

　一方，実習生はほとんどが寮・寄宿舎に起居し，2段ベッドを入れた6-8人一室の居住形態をとっている．そうしたプライバシーが全く欠如した生活への不満があるかどうかの質問をしたが，これについてはあまり問題とは感じられていないようであった．母国においても一人一部屋を持つような住居に住んでいる者が少ないということも影響していよう．また実習生が日本への出国前に受ける事前訓練機関の寮も同じような居住水準であった．

　日本語が不自由，についてもおよそ3割の者が困難を感じていた．職場にお

ける日本語の不自由さを感じている者は全体の18％であったから，職場では何とか日本語を使えるようになっても，普通の生活のなかで日本語を使用し，不自由を感じないためには，職場で必要とされる以上の高度の日本語能力を必要とするのであろう．友達については，同じ会社の実習生以外では，同期に来日した仲間とのつながりが深い．しかし，労働時間が長く，多くの者は携帯電話を所持していない，あるいはその所持を禁止されている場合があり，交際できるだけの時間と手段が不足している．とはいえ先にピオレが指摘したように，彼らのアイデンティティが母国にあり，日本での滞在は一時的なもので日本で本格的な人間関係を築く意欲が低いのであれば，友達のいないことへの不満はそれほど高くないと見て差し支えないだろう．

6　労使紛争の一事例から

　これまでアンケート調査を資料としながら実習生の就労状況と生活を見てきた．最後に，こうした実習生の就労と生活実態を端的に示すものとして労使紛争の事例を見ておきたい．

　事実経過は以下のとおりである．支援団体へ駆け込んだのは3人の女性実習生である．彼女たちは，縫製業が伝統的な地場産業となっている中国の江蘇省から日本の縫製業の会社に派遣された．会社は寝具のカバーを製造しており，従業員は実習生だけ6人であった．研修生の手当は月5万円，残業代は時給250円，実習生の賃金は月6万円，残業代は時給300円であった．社長は残業代節約と労務管理の容易さを求めて，2009年9月から賃金制度を入管法では認められていない出来高制度に変更した．その賃金制度を理解した彼女たち実習生は，土日の休日にも働き，平日は毎夜午後10時まで働いて，9月以降の手取り賃金は月11万円から13万円まで上昇した．その金額に驚いた事業主は4月から出来高給の単価引き下げを通告した．それについて6人の実習生のうち3人は4月分の支払いの受け取り拒否をして労使紛争となり，寮への立ち入り禁止を事業主から言い渡されたために，24時間営業のスーパー銭湯で一晩過ごした後，支援団体に駆け込んだという次第である．

　駆け込んだ実習生の1人は過去に日本で実習した経験を持つ弟を持っており，

今は中国に帰国しているその弟に支援団体の電話番号を国際電話で聞き出し，そこから支援団体に助けを求めたのである．最低賃金と現実に支払われた賃金額の差は，1人あたりおよそ150万円となるが，およそ100万円で妥結する見込みという．労働基準監督署を通じての会社との交渉期間中，実習生は組合が提供するシェルターに居住しているが，その生活費は4月分の給与，1カ月分の解雇一時金，支給された雇用保険で賄われている．シェルターは支援団体の活動支援者の所有するワンルームの平屋であり，かつて彼の息子が母屋の庭先に自分の部屋として建てた小屋を，持ち主の好意でシェルターとして使用している．事業主の寮から逃げ出した実習生は，逃げ出したその日から寝泊まりする場所を欠くので，こうして短期間，寝泊まりする場所が確保されていることは彼らの権利保障にとって重要な手段である．

　今回の事例に限らず，労働相談に来て企業と紛争状態になった実習生の場合，入国時に許可された企業，職種でしか就労できないため，労使交渉中は就労できず，生活費のみがかかるので，早めの帰国を希望する．今回の紛争もその例外ではない．一方，最低賃金との差額の支払いを求められている寝具縫製会社の社長は病気で倒れ，会社は倒産，労働相談に来なかった残りの3人の実習生は受け入れ派遣会社に戻されたという．

　以上の事例は京都新聞でも報道された（2010年5月19日付）．この事例はマスコミをにぎわすような極端な事例であるかもしれないが，実習生受け入れ企業のなかには，倒産と事業継続との狭間で細々と経営が行われている企業が少なくなく，経営状況が実習生受け入れ以前から悪化していることもあり，この事例にみるような非常に原初的な労使紛争が発生しやすい．賃金未払い，最賃以下の賃金，労働者の人権無視，といったすでに近代的な労使関係では解決したような極めて初歩的な労働問題の段階で労使紛争が発生しているといってよいであろう．今後，来日する実習生の人数が増加し，またその実習生が母国の近代化とともに権利意識を高めてきているとするならば，こうした類いの労使紛争は減少するのではなく増加していくのではないかと危惧される．

7 実習生の技能実習成果と制度の今後の課題

　日本に来て3年間就業した成果として，実習生は母国に送金・貯金することが可能となる．それが第1の来日目的である．「日本に行けば3年間で20万元稼げる」という対日派遣会社の広告があながち嘘ではないほど，彼らは送金している．しかし単身者向けの生活を保障するだけの賃金水準でそれだけの金額の余剰金を生みだすには，相当の禁欲生活を強いられることになる．この困難をやり遂げるだけの意志の強さと忍耐力も持った者が選抜されて日本に派遣されるようだ．中国の派遣会社も，また彼らを雇用する日本の受け入れ企業も職業上の技能以上に，そうした生活規律を順守できる者を選抜している．現在の実習生がこうした困難に耐えられるということは，そうした者が選抜されるからだと考えなければならないだろう．

　滞日就業の目的がそうした生活規律の遵守と金銭獲得へと純化してしまった結果，技能修得という目的も，日本語習得という目的も背後に退いてしまった感がある．耐乏生活をしながらお金を稼ぐこと，近代社会の効率重視の生活に適合するだけで，疲れてしまい，それ以上のことを達成するだけの時間もエネルギーも残っていないというのが，実習生の日本での生活であろう．

　それでは彼らの滞日就業の経験がお金だけだったか，というと必ずしもそうはいいきれない．職場における品質管理や勤労意欲などを学んだという者もいた．面接結果によると実習生の来日理由として，家族や知人がすでに滞日就業の経験者であったことが指摘できる．もっとも信頼する家族が勧めるからこそ実習生は来日したのであり，その意味ではこの技能実習制度を否定的に捉えているのではないことがわかる．

　現在，滞日実習生数が増加したこともあって実習生をめぐる労使紛争が各地で発生している．実習生への派遣前教育内容に労働法や入国管理法を組み入れて，彼らに日本の事情を理解するようにすることも当然，必要とされよう．それとともに，実習生受け入れ先事業主が，実習生の来日目的とそれを遂行するための忍耐力をあまりに軽く見て，残業時間や残業代を誤魔化し，それでよしとしている点に紛争の火種が隠されているように思われる．技能実習制度が今後の外国人労働者受け入れ制度のための試金石ならば，受け入れ側に労働基準

法や入国管理法を遵守するという最低限の行為がともなってこそ，制度の存続が可能となるのだといえよう．そして，こうした遵守を可能とするような受け入れ体制を人数のうえでも予算のうえでも構築することが必要とされよう．

　たとえば，実習生に対する相談体制の整備も1つの提案である．現状では，有志のボランティアベースで実施されており，時間のうえでもまた人的費用の点でも，相談される側の負担となっている．彼ら相談受付側は，実習生問題はいまや「労働問題の水準を越えて，人権問題だ，やらないという選択肢がない」（G県支援団体責任者の言葉）という差し迫った必要を感じてこうした相談体制を敷いているのが実状である．各地の労働基準監督署や警察，市役所などは，技能実習制度が複雑化していて責任主体が事業主か日本の派遣会社かという点で曖昧であり，また言語の壁があることから，実習生の相談を各支援団体へ回している．とりわけ，過疎地に立地している事業主が実習生を受け入れた場合，そうした地域の公的機関が受け入れ企業の見回り，実習生の保護を行うのはほとんど不可能である．相談体制に対して公的支援，あるいは公的機関に対して技能実習制度に関する周知徹底をより図ることが望まれるであろう．

　今回の調査対象者の属する産業は衣料品製造業が多かった．日本の派遣会社（受け入れ監理団体）の中には，最低賃金を支払えない衣料品製造業や農業からの実習生派遣要望を拒否するところもあるが，技能実習制度が始まった経緯を見ても，実習生への労働需要は衣料品製造業等の限界型企業から発生しているのである．最低賃金支払いがギリギリの零細企業に実習生が集中して雇用されるならば，そこに問題の起きないはずはないことは容易に想像がつくであろう．元来，地方からの出稼ぎ女性が就労していた職場の穴を埋めるように外国人実習生が雇用されている現状を前提とし，その穴を埋める労働力が言語・習慣・生活水準の異なる外国人であることを考えると，労使紛争の発生はほぼ必至ともいえよう．現在の段階では，問題は送り出し派遣会社の指導や保証金制度などの外的強制によって問題発生が抑えられているが，徐々に実習生の人権が確立されて彼らの発言力が強まれば，労使紛争が生じやすくなり，それを未然に防ぐためにも，何らかの制度が必要であろう．

　支援団体の1つからは，受け入れ派遣会社への規制・監視強化の提案があった．この提案は，2010年7月から実施された入管法改正以前の状況を前提に

行われているが，基本的な方向は入管法改正に左右されておらず，改正内容よりもラディカルな提案である．その提案内容は，いわゆる受け入れ派遣会社，一般的には受け入れ監理団体への管理強化というものである．

　支援団体がこれまでの支援活動の中で接した派遣会社のなかには，単に受け入れ業務の書類づくりを担当するだけで，実習生の受け入れ実態が皆無の企業もあり，いわゆる実体がないゼロ組合が散見されたという．入管に実習生受け入れ書類を通すノウハウを持っていることを1つの資産として機能させ，弱小な受け入れ派遣会社からの上前をはねているという．

　日本側実習生受け入れ派遣会社間の名義貸しの問題はこれまでも問題化していた．名義貸しとは，実習生受け入れ資格を持つ団体（派遣会社）がその看板を他企業に名義料をとって貸すことである．これは違法行為となる．そのため，派遣法で派遣会社・受け入れ会社の行為を規制するのと同様の意味合いで，2009年の入管法改正にともない，実習生受け入れ監理団体への規制も強化された．しかし，規制が強化されればされるほど，その規制をクリアするための書類作成，許認可を獲得するためのノウハウが必要とされ，名義貸しのような違法行為が発生しやすいという，社会学用語でいうところの逆機能が発生しやすくなる．

　また実習生保護の観点以外に，実際に人手不足から実習生受け入れを希望する企業の側からも，どの派遣会社に依頼してよいか皆目見当がつかないので，きちんとした受け入れ派遣会社を教えてほしいという要望が支援団体に寄せられているという．悪質な派遣会社の場合は，受け入れ企業から費用をとったまま倒産という形で会社が消えて責任の所在が不明というケースもある．

　2009年の入管法改正によって，受け入れ派遣会社は無料職業紹介を実施することになり，それにともなう団体運営への制約が加わり，受け入れ企業への定期的な見回り実施（月1回の現場見回りと3カ月に1回の役員による監査など）が監理団体継続の要件となった．支援団体側からは，派遣会社への管理強化案として，さらに受け入れ派遣会社の職員1人あたり何社を担当するかの目処を明らかにする，優良な受け入れ派遣会社が例示される，違法な行為を行った派遣会社名が公表される，など何らかのベンチマーク設定などの案が出されていた．

また新入管法では，実習生が派遣先企業の倒産で帰国せざるを得ないような場合，その帰国費用は受け入れ会社負担となった．実習生に帰国費用の積み立てがなく，また受け入れた個別企業も倒産して賃金未払いなどが生じた場合，JITCOでは帰国旅費立替払事業や未払い研修手当等の確保のための受け入れ機関相互扶助制度の創設促進を行っている．こうした制度を利用する以前に，受け入れ派遣会社自体に未払い賃金や帰国旅費を支払える余力があれば，問題の解決はスムーズであろう．実習生受け入れ企業のなかには，実習生が雇用保険，労災保険に加入していても会社としては保険料未払いの事例もあり，こうした企業への指導は，実質的には受け入れ派遣会社しか可能ではないだろう．監理団体，すなわち受け入れ派遣会社，および実習生派遣会社業界全体の整備はこれからも必要とされよう．

　最後に，技能実習制度の今後について簡単に触れておきたい．技能実習制度がここで述べたように，実態として中国農民工への日本での就業機会提供という性格を持っているならば，制度については技術移転という性格よりも，労働者受け入れ制度という性格から分析されなければならないだろう．その意味では，彼らを労働者として保護し，その権利を確保するという点が重要であるとともに，労働者受け入れ制度として最初に行わなければならない初歩的な設計，すなわち何人の受け入れを予想して制度および制度維持に必要な人員と予算を割り当てるか，そうした具体的なプランが今後必要とされよう．どのような制度も，その対象者数をある程度想定しなければ，うまく機能しない．人数という制度の根幹部分を，景気動向と企業からの申請数にのみ依存している現状についてはやや疑問が残る．

1) 総計は50人であるが，性別不明の3人がここに含まれるので，男女別では男性20人，女性27人となっている．総数が少ないために，性別不明の3人も総計に含めた．
2) 『人民日報』2008年4月7日付．この記事の存在は人力資源和社会保障部労働科学研究所副主任研究員である李天国（2010-11年度法政大学客員教授）からの指摘による．
3) 2010年7月4日に面接．

4) この職業の 3 要素の指摘は，日本の産業社会学者尾高邦雄が戦前に指摘した点と同じである．もちろん，ピオレは尾高とは無関係にこの職業の機能を引用している．
5) ここでは，ピオレが使用した "asocial" という語を「非社会性」と翻訳してみた．反社会性と訳してもよいが，この場合は社会へ反抗する，反社会的という意味合いが強くなるので，非社会性と訳した．移民の判断の準拠枠に，移住先の社会関係が含まれていない，無視されているという意味の「非」社会性であり，社会への反抗者という意味合いは含まれないことに注意したい．

第III部

移民政策のジレンマ

第7章
外国人労働者の権利と労働問題
労働者受け入れとしての技能実習生をめぐって

1 外国人労働者の権利と労働問題

　日本や他の移民受け入れ諸国では，外国人労働者は内国人労働者（外国生まれではあっても国籍取得した外国人労働者はここに含まれる）と比較して，行使できる権利がある程度は制限されている場合が一般的である．それはその国の国籍を持たない，すなわち外国人であることから生ずる制限である．しかし他方，現在の私たちが生きる近代社会は，国籍の有無にかかわらず同じ人間として基本的人権は保障されなければならないという理念を堅持しながら発展してきた．そのため，民主主義を政治体制とする先進諸国では常に「内外人平等原則」が主張されてきた．特に移民受け入れの歴史が長く，自由で平等な民主主義国家を標榜する欧米諸国がこの原則を主張してきた．しかし言い換えれば，そうした基本理念を繰り返し主張しなければならないという事実こそが，この原則を現実社会で実現することの困難さを示していよう．

　社会学の研究領域において，エスニシティ研究が近年に活発化した理由もまた裏を返せば，外国人労働者の権利の問題が社会的な問題として浮上してきたからである．一国の中では少数者，マイノリティーに位置づけられる外国人は，単なる政治的権利のみならず，言語や宗教などの文化的な特性についてもまた1つの権利として尊重されねばなるまい．こうした倫理的前提が外国人労働研究の初発の動機づけとなっている．

　外国人労働者の権利について考察する場合，いくつかのアプローチがあろう．1つは，内国人，すなわち国内で国籍を持ち，人種上でもマイノリティーとはならない人に対して，外国人をいくつかのサブカテゴリーに分類し，それぞれの権利を確定し考察していくというアプローチである．典型的には，T. ハマ

ーが主張した市民／デニズン（永住者）／外国人という3項対立図式である．梶田孝道は，この図式に外国人非正規滞在者（不法就労者）を加え，日本社会を想定して，国民／デニズン／短期滞在者／非正規滞在者の4項対立図式を提案した（梶田ほか，2005: 25-29）．外国人に対してこのような下位分類が行われるのは，それぞれの分類枠に応じて各人の持つ権利と国家への統合度が異なるからである．

　次に労働問題に触れたい．この用語は21世紀に入った日本社会ではすでに死語となったという共通認識があろう．労働者の権利が確立され，一定の賃金水準が保障され，労使関係のルールが確立された現代の日本社会のなかで，あえて労働問題という用語を用いる必要性があるのか疑問も生じよう．しかし，外国人労働者，とりわけ一時的移民として受け入れた労働者は，単なる言語や生活習慣の差異に由来するだけでなく，制度上でも種々の権利制限が設けられているから，すでに死語となったこの労働問題がその原初的な形態で再噴出している．そしてこの外国人の労働問題の発生という現象は，外国人労働者の権利制限と深く結びついている．

　さらに，発展途上国で近代的工業労働力を育成していくためには，労務管理の在り方が非常に重要であるという清川雪彦の主張がある（清川，2003）．近代工業を発展させていくには，職務規律を備え，高い労働意欲を持った労働力が必要であり，そうした工業労働力へと農村の未熟練労働力を転換させていくには，労働意欲を喚起するような労務管理こそが必要とされているとしている．この議論は発展途上国内での労務管理について触れているのだが，こうした国々の労働者が単純労働者ないしは低熟練労働者の一時的移民ないしはローテーション型移民として先進国に出稼ぎに来た場合でも，清川の主張は該当するであろう．本章の文脈に置き換えてみれば，発展途上国出身の農村労働力を，どのように教育し，労務管理していけば，受け入れ国および送り出し国の双方が希望するような工業労働力へと転換可能かという問題となる．その意味でも，外国人労働者の労働問題を考察することは意味があろう．

　以上のような前提から出発し，以下では具体的な外国人労働者として，日本の外国人技能実習制度で受け入れた技能実習生を中心にその権利と労働問題をみていきたい．

技能実習生の労働問題の発生については，次の2つの視点が重要である．第1は，技能実習生の労働問題は，技能実習制度が課す権利制約に由来する側面があること，そして第2は，より普遍的な移民受け入れという文脈からみると，発展途上国の労働力を，工業化された日本社会に適応するような工業労働力へと転換する過程にも問題発生の由来があること，である．

　そこで本章では，この実習生に与えられた権利を1つ1つ点検する過程を踏みながら，①外国人労働者，この場合には外国人技能実習生に付与された制限付き権利と，②彼らへの規律訓練と生活管理の在り方の2つの領域がどのように労働問題へとつながっていくかを検討したい．特に実習生の生活管理に焦点を当てるため，本章では技能実習制度の目的である技能育成の問題には触れない．

2　外国人技能実習生の権利とその制約

2-1　滞在期間の制限

　外国人技能実習生に付与される在留資格は「技能実習」であり，これは2010年7月に施行された新入管法によって新たに創設されたものである．この在留資格では，技能検定基礎2級等の検定合格を前提に3年間の滞在が認められる．ただし更新，あるいは技能実習制度を利用した再入国は認められていない．日系人に対して交付される定住者ビザも1年間ないしは実習生と同じ3年間の在留期間であるが，こちらは更新が認められるので，日本とブラジルを往復するリピーターも多く，出稼ぎ労働者としての性格を持つ日系人もみられる．他方，実習生の場合も同種の出稼ぎ労働という性格を帯びているものの，リピーターは認められていない．技能移転という技能実習制度が掲げた本来の制度目的に照らし合わせた場合，実習修了者の再入国は制度趣旨に反するからである．

　技能実習制度という制度は，3年間限定在留期間と，同一在留資格による再入国禁止が，制度を支える二本の基本的な柱となっている．第8章でみるように他国でも特定の移民受け入れ制度を一時的移民受け入れ制度として想定し，ローテーション方式を制度として機能させようとする場合には，こうした制限

が必須となっている．

しかし長期的に見た場合，移民受け入れ方式にどのような制限が存在しても，いったん入国した移民は政策的にも本人の意志のうえでも，意図せざる結果として定住化することが他国の事例から明らかにされている．そうした場合の受け入れ制限とは，移民の定住化を遅らせるための制限としてしか機能しなかったのである．ピオレは，1960年代のドイツのガストアルバイター制度と，アメリカのプエルトリコからの農業労働者の一時的移民受け入れ制度を例に取り上げながら，次のように述べている（Piore, 1979: 83-85）．これらの制度は，非定住化を目的に，単身での採用，短期の有期雇用契約，隔離された住居，再入国禁止（ドイツの場合）などの方式をとったが，公共政策としての結果をみると定住化を阻止できなかった．

こうした制度的障壁が不成功だった理由をピオレはまず第1に，人間がともすれば自分たちの生活を支えるために永続的で構造的なコミュニティを作る性向を持つ，という人間のもつ社会性に求めた．そして第2に，事業主が固定費となる移民の住居費と交通費の負担を避けて生産量の変動に対応するために，自由に移動できる移民の雇用を選択したこと，という彼の理論的枠組みを構成する二重労働市場論のなかに求めた．とりわけ第2の理由である生産変動への対応を重視する事業主の行動パターンは，一時的移民受け入れの制度自体が失敗につながったとピオレは述べている．すなわち，移民という安価な労働力を手に入れるために，そしてその採用費用を削減するために，すでに他の事業主が正規の手続きを経て合法的に入国させ就労している移民に対して，逃亡することをそそのかすフリーライダーが事業主間で発生したからと説明した．

このフリーライダーの問題は，誰が移民の受け入れ費用を負担するのかという問題と密接に結びついており，一時的移民受け入れ制度に関して難しい問題となっている．単純労働に従事する多くの外国人労働者が，渡航費用をはじめとして外国で就労するための初期費用を自前では負担できず，その費用負担を受け入れ事業主に依存するしかない．そして渡航費や就労国の言語の習得，生活習慣の習得など異国での就業にともなう初期費用を事業主に依存する限り，初期費用の回収が可能になるまで，受け入れ移民の労働移動を制限することは事業主にとって合理的行動となるが，他方，この場合には移民にとって労働移

動の自由が制限されることになる．移動の自由が存在するからこそ行使できる移民の権利が，移民から奪われてしまうのである．移民の労働移動の自由の確保と，フリーライダーの事業主とが実は同じく利害を共有し，同一方向のベクトルを示すことになる．そうなると合法的に一時的移民受け入れを行う事業主は損害を受けるので合法的移民受け入れは進まず，結果として移民の逃亡者や非正規滞在移民が増加するという事態が発生しやすい．

そこで正規に移民受け入れを行った事業主に対して，一定期間だけ移民の労働移働を制限する措置が考えられる．技能実習制度の場合，当初の受け入れ期間は研修生時期を含めて2年間，その後この期間は3年間に延長された．そして現在，再技能実習制度としてさらに2年間の延長，合計で5年間の実習制度が産業界から求められている．受け入れ実習生のうちから能力の高い人を選抜して再度，同一企業で実習を継続させたいという要求である．しかし労働移動の自由を欠いた3年間が果たして妥当な期間かどうか，またその後の2年間も労働移動を原則禁止とする2年間であるべきか，改めて検討しなければなるまい．

現在の技能実習制度は3年間が1つの単位であり，その期間の労働移動は想定されていない．問題はこの3年間をどのように理解するか，という点である．3年間の在留期限は他国の制度と比較して長い方の部類になるだろう．農業労働者のような季節労働者の場合は1年間未満であることが多く，またIT技術者などの専門技術者を対象としたアメリカのH-1Bビザの場合でも，一度に許可される滞在期間は3年間である．

滞在期間の制限措置の問題は，以上のように労働移動の制限期間と結びつくだけではなく，もう1つの要因として移民の技能形成問題とも密接に関わる．実習生は3年間で帰国することが前提になっているから，勤続3年を超えて形成されるような高度の技能は養成されえないということになる．企業は教育訓練費を費やして実習生に訓練を実施しても，3年後にはかならず退職が見込まれるから高度な訓練を行わない．企業内の周辺労働力として実習生は，女性パートタイマーや派遣労働者と同じ位置づけである．二重労働市場の構成メンバーとして，移民が女性や派遣労働者，農民の出稼ぎ労働者と並び称される理由は，この勤続期間の短さが他の労働力と共通するからである．

他方，離・転職の多い若年者や派遣労働者と異なって，実習生の場合は3年間も同一企業で勤務することが前提にされているのだから，受け入れ企業が実習生に要求する能力レベルは決して低くはない．企業にとって実習生は決して単純労働力として使い捨てにされるような労働力ではなく，企業が負担する住居費，渡航費，訓練費を勘案すれば，実習生に対して支払った金額に相当するそれなりの作業能力を要求しているのが実情である．3年間という在留期限は，実習生が全くの単純労働者ではなく，3年間の雇用期間にふさわしい技能レベルを持った労働力であることを求められていることを示しているであろう．

2-2　再入国禁止

　技能実習制度下で来日した実習生は，再入国が禁止されている．在留資格の変更による日本への入国は実質的には不可能となっている．入国管理運用上でも，一度，本来は職業訓練に包摂される技能実習課程を修了した帰国実習生が，再度，たとえば留学目的で日本のビザを申請しても許可が下りないという実態が，関係者間では周知の事実である[1]．また技能実習制度の対象職種となる建設業および製造業の大半の職種は，入国管理のカテゴリーでは「熟練技能」とは認定されず，外国人の就労可能職種ではない．たとえば，熟練職種である鉄筋工，型枠工，旋盤工などは受け入れ可能な「熟練職種」として認定されず，また半熟練工の技能レベルである機械操作工，組立工のような職種は熟練職種ではないので，当然，外国人を受け入れられない．入国資格のうちで「熟練技能」者として入国管理局に認められる職種は，中華料理コック，西洋料理コックなど非常に限定された職種のみである．そもそも技能実習制度が創設された理由も，こうした製造業関連職種では一切，外国人を導入できなかったことにあったのである．

　実習生は一度日本で実習生として就労すると，その後は再来日ができないこと，また現在の入国管理法下では製造業職種でどれほど熟練技能を形成しても，就労資格を持つビザが下りないこと，こうした現在の技能実習制度の中身を前提にした場合，実習生自身が技能形成意欲を喪失しがちとなる．また事業主側も，実習生に対して教育訓練を実施する動機づけが生じない．教育訓練の見地からも，「再技能実習」の要求は正当化され，これに対する実習生本人と事業

主のニーズは大きい．

　もし産業界の要求するようにトータルで5年間に達する再技能実習を導入しようとするならば，労働移動の自由と次に述べる家族帯同という2つの実習生の権利についてより真剣に考える必要があり，さらにより長期にわたって，彼らの定住化を前提にして日本の制度を検討していかねばなるまい．

2-3　家族呼び寄せ禁止

　移民が母国から家族を呼び寄せる権利（family reunion: 家族再結合と呼ばれることもある）は移民の基本的権利であり，1990年の国連による「すべての移住労働者及びその家族の権利保護に関する条約」に象徴されるとおりである．しかし，一時的移民受け入れ制度では，移民の就労期間が短期間であり，母国に帰国することが前提になっているので，家族呼び寄せの許可をかならずしも必須事項としているわけではない．たとえばアメリカのブラセロ計画，シンガポール，台湾の外国人労働者受け入れプログラムでは家族呼び寄せを禁止しているが，アメリカのH-1Bプログラム，ドイツのガストアルバイター制度では，家族呼び寄せを許可している．

　日本の場合，日系人は家族呼び寄せに対して制限はないが，実習生は先に触れたように単身赴任が原則となっている．一時的な受け入れ外国人として受け入れた実習生を定住者としないために，単身赴任の原則は定住化への歯止めとして機能している．

　それではこの家族呼び寄せ禁止規定は，移民の定住化を防ぐための方法として合理的に設計されたものだろうか．実は多くの移民政策が意図せざる結果をもたらしたように，家族呼び寄せ禁止は，長期的な社会的利害関心に基づいて判断されたというよりも，より短期的に自分の企業の利益を追求する事業主の利害を反映して設計されたという方が実情をあらわしているだろう．

　一時的に受け入れた移民が定住化することへの歯止めを期待したのは，関係者である個別事業主よりも世論や関係官庁であろう．個別受け入れ企業側がかならずしもこうした関心を持っているわけではない．実習生の個別受け入れ企業は地域の地場産業を担う中小企業が中心であり，景気変動の波にさらされやすく，中国，韓国，台湾などとの競争を強いられているために，まず自身の企

業の維持存続が最優先の課題である．そうした中小企業の日頃の思考方法と関心の向け方に基づいて行われる判断のなかに，実習生が将来の日本社会に定住化するかどうかという長期的な課題は含まれにくいだろう．実習生受け入れ企業にとって，家族呼び寄せ禁止の規定は，短期的に見て，単身者の方が受け入れ施設を安価に手配できること，単身者が生活できるだけの水準に支払い賃金を抑えておくことができること，という2つのメリットをもたらすものとして受け止められている．その意味で，事業主にとってはこの家族呼び寄せ禁止規定は，総体としての人件費削減につながる規定として歓迎される種類のものである．

以上のような事業主の行動は，近年の実習生受け入れにともなう固有の判断ではなく，日本の中小企業の伝統的な労務管理方式と考えてよいだろう．日本は産業化の過程で，各企業が農村部から若年労働者を募集し，都市部工業地帯に移動させ，彼ら若年労働者のために単身寮を建設し，工場労働に従事させてきた．戦前の繊維産業はこうした女性労働力に依存していたし，また戦後の高度成長過程でも企業は農家出身の女性のみならず，農家次三男をこうした形態で雇用してきた．その場合，彼らは若年のために移動費および単身寮の建設・維持費が安価に抑えられ，かつ単身であるために賃金が安くても生活が可能であった．

このような農村からの労働力の受け入れについて理論上では，戦前では大河内一男が農村労働者の出稼ぎ型労働として定式化し，また戦後も氏原正治郎が日本の労働者の「特殊な日本社会的性格」として記述した（氏原，1966: 285-287）．すなわち，日本の産業構造とそこで使用される労働力の特徴は，家計補助的労働力にあるという．繊維産業の女性労働者を典型事例として，労働者が社会的・経済的に家族から完全に分離しかつ独立した生活主体ではなく，家計補助を目的とする工場労働者であることが，日本の労働者の特殊性，いわば社会的生活に現れているという．この理論は日本資本主義の跛行性（近代的な制度と封建制とが二重性として存在していること）として理解されたのであるが，農村の余剰人口が解消されたために，現在の日本には該当しない．しかしこうした労働力を利用してきた日本の中小企業にとっては，日本の農村部からの労働力供給が途絶えた現在，同種の労働力を他国から移入する必要が求められた

と考えてもよいだろう．そのためには，彼ら外国人労働者は単身でなければならないのである．

もっとも同じ外国人労働力でも，実習生と異なって家族滞在を許可された日系人は電気・電子・機械製造の大企業の派遣・請負労働者として就労している．他方，実習生は繊維・機械金属などの中小零細企業を中心に雇用されている．こうした企業では，日系人を雇用できるだけの賃金水準を支払えないことが多いので，実習生への依存度が高いのである．現在の日本社会では非正規雇用の派遣労働者と正規従業員の格差問題が問われている．確かにこうした問題は日本社会の不安定化を生むが，外国人実習生の問題は，その賃金水準と生活管理を含めた労務管理全体が日本人の派遣労働者をさらに下回るレベルで行われていることにある．戦後の高度成長を経て日本社会からすでに消え去った問題が，外国人実習生という形で再度，日本社会に登場したと見なせるのではないだろうか．

ところで，単身生活をおくる実習生自身は，日本でどのような生活を営んでいるだろうか．誰にとっても単身のまま異国で暮らすことは，極めてストレスの高い生活となる．周囲に生活の支援をしてくれる家族や知人がいないために，病気・怪我などの健康問題，生活資金の不足，言葉が不自由なことによる周囲の人とのコミュニケーション不足，など母国で生活していれば些細な事項でも，外国で生活すると大きな負担となる．また実習生は既婚，未婚を問わずに来日している．独身者は単身での来日をそれほど厭わないが，既婚者にとっては家族と離れて暮らすことは，実習生自身にとっても，また母国に残された家族にとっても，3年間の別居生活となるのであり，正常な家庭生活とはいえない．

実習生はまた生活費を切り詰めるために，娯楽に乏しく，勤務先が過疎地である場合には，町に出る楽しみもない．もちろん，性生活も不可能である．

家族呼び寄せ禁止条項は，定住化を防ぐためには有効な規定であるが，有効性が高いだけに，この規定は実習生にとっても生活上の福利向上のための障壁となっている．先にふれた国連の「移住労働者とその家族の権利保護条約」が先進国間で批准国が極めて少ない理由も，家族の問題は定住化と極めて密接な関係にあるからである．日本の技能実習制度における家族呼び寄せ禁止条項も，既婚・未婚を問わず若年の外国人・単身労働力をローテーション方式で獲得し

ていく形態を維持していくためには，必須である．そしてこの家族呼び寄せ禁止条項は，単身労働力を希望する事業主にとってもまた望ましいのである．しかし，こうした家族生活にとって変則的な条項が，先進国である日本社会において今後長期にわたって維持可能かどうかは疑問が残る．

2-4　就労可能職種の制限と失業時の途中帰国

技能実習制度は，海外への技術移転を目的とした制度であるため，技能検定が可能な職種にのみ限定して受け入れ職種が指定されている．技能検定の重要性は受け入れ可能な職種範囲が拡大するにつれて設立当初よりも薄れてきたが，技能検定が必要とされていることは制度創設以来，一貫している．

しかし技能移転を目的とするか否かにかかわらず，外国人労働者を受け入れるに際して，受け入れ職種と受け入れ産業の限定は行われるのが一般的である．日系人に対する定住者ビザには就労制限がないが，これは制度上，労働者受け入れのためと明言していないからである．またEUの場合もEU加盟国間の人の移動は，加盟国間の人の移動の自由を保障した結果であり，実態は東欧諸国から西欧諸国への労働移動であっても，建前上は移民受け入れではないから，基本的には就労職種への制限はない．ドイツやフランスではトータルとしての受け入れ人数に制限が付されている．一方，労働力受け入れとしての移民受け入れ制度の場合，低熟練職種に限らず，高度な専門技術職の場合でも，就労職種への制限がある．アメリカのH-1Bビザは典型例であろう．外国人労働者へのこうした職種制限は一国が自国の国内労働市場を守るうえで，当然の制限といえよう．こうした制限は，当該業種の事業主のニーズや政治的圧力と政府，労働組合の政治的妥協のなかで生じている．

また近年，西欧，アジア諸国での移民受け入れにおいては，すべて職種制限が課せられている．佐藤忍はその事情を，以下のように説明する．すなわち，1960年代から70年代に西ヨーロッパ諸国が実施した外国人労働者の一時的受け入れ制度を第1期とすると，この第1期の政策は外国人の定住化を招いて失敗であったとドイツをはじめとする西欧諸国で判断された．各国はそのため，1990年代以降に労働力輸入ブームが到来しても，その反省に基づいて外国人労働者の導入に際しては，産業と職種を特定化し，定住化の見込みを明確に排

除した．外国人労働者に対する受け入れ産業と受け入れ職種の制限は「定住へのなし崩し的な移行をきっぱり排除する強制ローテーションの導入」(佐藤，2010: 9) のために必要不可欠な措置と判断されているという．職種制限という措置は，現在の外国人労働者受け入れ諸国での共通項となっている．

外国人労働者に対する職種制限の存在を前提にすると，その対象となる一時的移民（ここでは実習生）は，職種制限によって生活上どのような不都合が与えられるだろうか．実習生の場合，技能移転という目的があるため，来日前に就労していた職業は，日本での就労職種と同一であることが本来の条件となっている．この条件については近年，形骸化しているので実習生にとっては大きな制限とはならないようだ[2]．実習生の前職は，近年は無職ないしは農民などが多くなっており，再入国を禁じたままで本来の意味で同一職種の人を来日させようとすれば，すでに技能実習制度そのものがたちゆかなくなっているのである．

そこで実習生にとって就労職種制限が持つ意味合いは，来日後の転職不可能性にこそ求められよう．実習期間の3年間，受け入れ企業が操業を継続している場合は問題がないが，不景気による操業短縮あるいは倒産の場合，実習生は現実には失業し，帰国を余儀なくされる．

実習生受け入れ先企業は，第1に限界型企業が多く，日本人を雇用できるだけの給与水準を支払えない企業の場合，不景気時に解雇・倒産が多くなる．第2に，実習生が機械・金属業を中心に，第2次労働市場のメンバーとして従来の派遣労働者と同様に雇用されている場合には，派遣労働者と同様に解雇対象となる．派遣労働者と実習生のいずれを先に解雇するかは各企業の判断で異なろう．日系人派遣労働者と比較すると，賃金の高い日系人が真っ先に解雇され，実習生の解雇はその次に行われたという報告事例があるが[3]，あるいは実習生の帰国を日系人あるいは日本人派遣労働者解雇に優先させる場合もあろう．いずれにしても，第2次労働市場メンバーである実習生の雇用は安定しない．そうした雇用が不安定な実習生にとっては，就労職種制限があるために，解雇された場合，移住した国内で新たな就労先は見つけにくくなろう．

不況時には，個別企業というよりもその業界全体が不況の影響を蒙るために，内国人労働者であっても不況の影響下にある業界内で新たに雇用先を見つけ出

すことは難しい．その場合には，職種転換訓練を受講するなど，他職種で新たな雇用先を見つけ出す必要があり，雇用対策の1つとして職種転換のための教育訓練が全国の職業訓練機関で実施されている．しかし実習生の場合は，制度上就労職種に制限があり，職種転換ができない．また実習生の転職先となる受け入れ先企業もすでに実習生受け入れを認定された企業に制限される．その結果として，実習生は解雇されると途中帰国（3年間の実習終了前に帰国すること）を余儀なくされる．2008年以降のリーマン・ショック時に，余裕のある受け入れ企業はすでに受け入れた実習生はその帰国を待ち，新たな研修生受け入れのみを中止したが，不況に耐える体力のない企業は，解雇あるいは倒産解雇により受け入れ実習生を途中帰国させた．

　2010年の新入管法実施にともなって，法務省入国管理局は「技能実習生の入国・在留管理に関する指針」（平成21年3月）を発表した．これによれば，「倒産等により技能実習が継続できなくなった場合の取扱い」として，技能実習生が希望する場合には実習体制が整備された企業での実習継続を条件に，在留資格は認定される．また同指針では監理団体に対しても，傘下企業がどの程度まで実習生受け入れ余力をもっているか常に把握していることを求めており，実習生の解雇がそのまま途中帰国に繋がらないことが制度運営上，適切なことと考えられている．こうした指針は，失業した実習生が不法就労者へと転じないための措置とみなされよう．彼ら実習生に対して労働移動の自由が禁じられている以上，受け入れ団体が転職先確保の責務を負うことによってしか，実習生の雇用確保ができないのである．しかし現実には実習生は内国人労働者のようにハローワークで求職できるわけではなく，同一監理団体下で同一職種の新規雇用先が見つからなければ，途中帰国となる．

　実習生の途中帰国という措置は，マクロの見地からは国内の失業率を上げないので国内労働市場を守ることにつながる．しかし実習生個人のミクロの見地からみると，彼らの生活設計に支障をきたすことになる．彼らは，日本滞在中の3年間にどれだけの金額の預貯金が可能か，また来日の準備資金や借金はどの程度まで可能か，いつそれを返済できるか，ということを合理的に計算した生活設計を前提にして来日している．したがって途中帰国はそうした計画の挫折であるから，途中帰国の影響はある意味では国内労働者以上に大きいといわ

ねばならない[4]．もっとも，実習生のなかには，残業時間が多くて目標貯金額（たとえば，300万円など）に達している場合には，数カ月間の途中帰国はかえって早く帰国できてよかったという発言もあり，途中帰国の評価は，目標貯金額の達成度合いによって決まるようだ[5]．

以上，実習生への職種制限はどのような移民受け入れ制度でも設けられてはいるが，こうした制限は就業先の国内での労働移動を不可能とすることにより不況時に移民を不利な地位においていることが理解できよう．

2-5 その他の労働条件

実習生賃金は，労働基準法で決められた最低賃金の対象となる．残業代などがこの基準を下回っていることが証明できれば，管轄区域の労働基準監督署に訴えることにより差額を請求できる[6]．未払い賃金が是正される事例は氷山の一角にしかすぎないだろうが，制度上，実習生にも労働法が内国人労働者と同様に適用される．アメリカのH-1あるいは農業労働者用のH-2Bビザの賃金が，「その地域およびその職種の支配的賃金（prevailing wage）を下回らないこと」という基準であることに比較して明確である．アメリカの基準は，その一時的移民のスキル，資格，技術によって比較されるべき国内労働者は多様で特定化しにくいが，日本の実習生は最低賃金レベルで雇用され，最低賃金は明確に表示されているので曖昧さがない．労働組合や実習生支援NPOに実習生が駆け込み，残業時間の実態をきちんと証明できれば，支払われた賃金と支払われるべき賃金との差額を事業主が支払う義務があり，その義務は履行される．したがって問題は，実習生が日本の残業割増制度の仕組みを知らされなかったり，賃金未払いという事実を知らなかったり，あるいはその事実を知ってもそれを訴えることを禁止されていたり，訴える場所を知らなかったりすることである．

また実習生は労災保険の適用を受け，健康保険と厚生年金にも加入している．厚生年金加入については，実習生は帰国を前提にしており将来，年金給付を受ける可能性がないことから加入不要にしてほしいという要請が，外国人実習生支援団体から出されている．同じく，厚生年金を支払っている企業側の業界団体からも同様の要望が出されている．現在は，実習生が帰国後に脱退一時金が

支払われるが，その金額が拠出金総額を下回っているために実習生間からも不満が出ている．早晩，見直される必要があろう．

その他の労働条件について全般的にいえることは，賃金水準の問題以上に，最低賃金でもあっても，その水準が守られるという条件が欠けているという事実である．実習生の知識の問題，また知らないことをそのままにしておく監理団体や事業主の存在である．先に触れた入国管理局の指針によれば，新規に来日した実習生に対して受け入れ講習時に，入国管理法および労働基準法などの講義を実施することが義務付けられ，そのための司法書士，労務管理士への講師費用に助成金が支払われるようになった．こうした措置は現状を改善する一歩であろう．

3 生活管理の特徴

これまでは，技能実習制度という制度に由来する権利の制限の内容を検討した．そこで，こうした制度下で実習生は具体的にどのような職場生活，私生活をすごしているか，検討したい．とりわけ事業主が行っている生活管理の特徴をみておこう．

3-1 寮・寄宿舎の住居形態

日本人，外国人を問わず，あるいは日本，その他の移民受け入れ国を問わず，単身・出稼ぎ型労働力を雇用する場合には，事業主により住居が提供される．出稼ぎ労働者であるから就業地に住居がないために，事業主が住居を提供せざるをえない．

日本以外で移民を受け入れている諸国の場合でも，移民が費用のかかるホテルを利用することは稀であり，当初は友人のアパートに寄宿して仕事を探すことが多い．日系人の場合は，派遣会社が準備した寮か派遣先企業の寮に居住する．実習生の場合は，受け入れ企業の住居提供が実習生受け入れ認可条件となっている．その条件は，社員寮，一戸建て，アパートなどで目安として6畳間に2人，布団，食器など生活に必要とされる什器備品と，自炊設備，シャワー設備が併せて提供されることである．事業主の中には節水のために，わざわざ

浴槽を取り除いてシャワーだけにする人もいるという（国際研修協力機構編，2001: 40-42）．すなわち，実習生は自分自身用の着替えと身のまわり品を持参しさえすれば，受け入れ企業が日常生活に差し障りが生じないだけの生活環境を整えているのである．言い換えれば，事業主は実習生を受け入れるに際して，それだけの準備と費用が必要とされる．移民受け入れ事業主間にフリーライダーが発生しやすく，逃亡者が生まれる1つの理由は，移民への初期訓練費用だけではない．入国管理局，第1次受け入れ団体である日本側派遣会社，送り出し派遣会社などの目から見て適切な移民の生活環境を事業主が提供することが望まれており，それには一定の費用を要するから，住居管理の不適切さは逃亡の理由を生みやすい．

　実習生受け入れのための認可基準は存在しているものの，提供される寮・寄宿舎の水準は実に多様であり，寮費もまた多様である．一般には実習生の寮費は光熱費・水道費とともに実習生の給与から差し引かれ，その額は1カ月に3-4万円程度である[7]．水産加工業の調査では，毎月の給与約15万円から実習生は平均およそ8万5000円を貯蓄しているので，寮費は食費を含めて6万5000円前後と推測されていた（三木，2005: 51）．一方，国際研修協力機構（JITCO）が2005年度に実施した団体監理型受け入れの「技能実習生から徴収する宿泊施設費用」の調査によれば，1人あたり合計で39.9万円，当時の実習期間は2年間であったから，1カ月では1.7万円弱である（国際研修協力機構編，2005: 52）．農家が自分の家の庭先にある納屋などを改築して実習生に寄宿舎として提供しているような場合は，家賃を徴収しないこともある．

　寄宿舎の種類は多様である．過去に日本人従業員向けの単身寮を整備していた企業はそれを転用するが，そうでない場合には廃業した織物工場を購入し改築，自社工場の2階や自宅の屋根裏部屋の改築，自宅の元駐車場にプレハブ宿舎を建設，民間アパートの借り上げなどによって対処している．

　こうした寄宿舎はいわば福利厚生施設であるから，賃金の現物支給にあたる．実習生受け入れ企業のなかでも経営が思わしくない零細企業では，労務費全体を削減するために劣悪な住宅を提供しながら，それに見合わない不当に高い家賃を差し引いたりする事例がみられる．実習生に対する家賃は普通，事業主が一方的に決定しているので，一般的な住宅市場の相場水準とはかけ離れたとこ

ろで家賃が決められる場合も少なくない．一方，実習生も光熱費込みで家賃が差し引かれているために，電気や水道について全く節約する気がない者もいて，第6章でふれたようにそれを負担する事業主と電気・水道の使い方についてトラブルを起こしやすい．

　事業主および実習生双方にとって寄宿舎生活は，このようになかなか厄介な問題を提供しているが，寄宿舎が技能実習制度にとって不可欠な部分であることは次のような理由による．事業主にとっては第1に，低賃金でも実習生を雇用可能とすることである．低賃金の出稼ぎ型労働を可能とするには，寄宿舎の提供は必然とされる．第2に，工場内あるいは工場周辺の寄宿舎に実習生を居住させることにより，朝から晩までの生活管理が可能となる．そして24時間の生活管理を実施すれば，事業主への反抗や受け入れ企業からの逃亡を未然に予防することが可能である．また1人部屋ではなく，一部屋に数人が住むことが奨励されている理由も，表向きはホームシック対策であるが，他方，実習生同士の相互監視の体制を予め作っておくという隠れた目的もある．第3に，実習生にとっては与えられた寄宿舎以外の住居がないのであるから，日系人の場合のように，友人や親族を訪問してそこに寝泊まりするようなことは不可能であり，人間関係が限定される．自由に出歩くことも禁止され，外出の際にはノートに記帳が必要とされ2人以上で行動することが求められている場合もある．逃亡の防止のためである．

　実習生はこのように集団的に寄宿舎へ住まうことが強制されているために，企業への従属化の程度が甚だしい．派遣社員の解雇事例にみられるように，実習生にとっても会社から解雇されれば住むべき住居を失うことを意味するのであるから，解雇する，あるいは途中帰国させる，という事業主の脅しは実習生にとって大きな脅威となる．すなわち，解雇された日から住む場所がなくなることになるからだ．

　一方，実習生間では寄宿舎生活は望ましいと一般的に受け止められている．寄宿舎に生活を丸抱えされることにより，自分の生活費を節約できるだけでなく，職場と工場が近接していることにより，通勤時間がかからないので，その時間を残業時間に振り向けることが可能だからだ．

　寮・寄宿舎制度は事業主および実習生の双方にとって確かにそれなりのメリ

ットが見込める住宅供与の制度ではある．しかしそこには一般的な住宅市場の価値尺度が入ってこず，また実習生を独立した生計主体として見込んでいないことからくる人権の抑圧と不自由さがともなっている．日本では，高度成長期を経て，単身者から寮・寄宿舎が嫌われるようになった．大工場が鉄筋コンクリート建ての1人部屋の寮を提供するようになっても，そもそも寮生活を必要とするような製造業で若年者の求人が難しくなった．もちろん，それ以下の水準の住居しか提供できない中小企業での求人はより難しく，零細中小企業，商店での「住み込み従業員」という言葉はいつの間にか死語となった．寄宿舎生活の不自由さを日本人は嫌うようになったからである．しかし実習生にとってはこうした寄宿舎がどれだけ不自由であれ，それに代わる住居がない以上，住居に関して選択の余地はない．日本社会ではすでに消失した「住み込み従業員」という働き方が実習生によって復活され，維持されている．

3-2 職務規律と生活規律の融合

　実習生の生活管理の第2の特徴として，送り出し国の派遣企業や受け入れ事業主が職務規律と生活規律とを融合させて管理しようとしていることを指摘しなければなるまい．生活規律とは，社会生活，集団生活を営むうえで必須の規律で，時間を守る，嘘をつかない，物を盗まない，不倫をしない，掃除をきちんとする，清潔な身体を保つ，など生活上の基本的ルールである．他方，職務規律とは，職務遂行上また職場生活のうえで必要とされる規律であり，上司の指示に従う，遅刻しない，安全基準を守る，不正をしない，など，こちらも職業上の基本的なルールである．

　実習生の場合，この生活規律と職務規律とが混然一体化させられている．送り出し国の派遣会社の派遣前教育の内容をみると，労働条件への不満をいう，労働組合に加入する，携帯電話を持つ，雇い主と労働条件を交渉する，など基本的な労働者の権利と，無断外出・外泊しない，などのプライベートな権利とが，すべて職務規律と生活規律への違反行為と見なされるような内容となっている．こうした教育内容からは，労働者の権利という発想は出てくるはずもない．

　たとえば中国遼寧省大連市の大手派遣会社で日本に年間400人以上の実習生

を送り出している企業が採用している研修生候補者選抜基準を見てみよう．そこには「派遣しない20項目」の一覧表があり，そのなかに「日本に親戚・知人のいる者」「配偶者との同時出国の者」「親戚同士が同じ団体の者」といった基準がある．これは日本での逃亡の可能性が高まる要因を防ぐ目的のための基準である．その他に，「犯罪歴のある者（万引き，強盗，喧嘩等）」「悪癖のある者（酒乱，悪口を言う，うまい汁を吸う）」「わがままで自分勝手な者」「服装・格好・態度が尋常ではない者」「嘘を言う，不誠実な者」「性格がひねくれて内向的な者」など個人の性格と生活態度が問われる．さらに，家庭環境が重要で，「結婚適齢期過ぎても独身の者」「離婚した独身者」「家族との関係に問題のある者」「親孝行できない者」「家庭に責任感のない者」が選抜基準外となる．そして，「苦労に耐えられない者」「裕福な家庭環境，高収入の者」「自立能力のない者」も選抜されない．一言でいうと，家族のために，どんな苦労も苦労と感じない，貧しいが働く気のある人，が実習生として選抜されていることになる．技能，能力的な基準は20項目中でわずか1つ「専門技能が合わない者」に尽きる．こうした基準からも，すでに日本では死語となった「醇風美俗」という用語を思い出させるような労働者像が想定されている．

　実際，縫製業の小零細企業では，実習生に対して，社長を「おとうさん」，社長の妻を「おかあさん」と呼ばせている事例が多い．こうした呼称は，実習生受け入れにともなって新たに生み出されたものではなく，地方出身の若年労働者を受け入れてきた戦前からの伝統の現れと思われる．擬似家族共同体を形成して労使間の対立関係を曖昧にするという労務管理方法は日本の中小企業に伝統的に引き継がれてきたものである．日本人の若年者がこうした中小製造業現場から消失した現在，同じ労務管理方式が管理対象としては異なる外国人技能実習生に対して適用されている．

　もっとも，こうした管理方式は自動車部品製造や電機・電子製品製造の大企業には該当せず，大企業の場合は，生活規律以上に職業能力の1つとしての日本語能力の育成を求めている事例が見られた．したがって旧時代的な家族主義的労務管理が実習生の生活管理全体であるとはいえない．しかし，実習生受け入れ企業のおよそ6割（2008年度）が19人以下規模の企業であり，濃密な生活管理を中心とした労務管理を実施しているものと思われる．

実習生，とりわけ中国人実習生の場合，きちんとした大手送り出し機関，派遣会社になればなるほど，2カ月間の日本派遣前の事前訓練を実施している．その内容は，日本語教育ばかりではない．派遣会社が提供する寮生活を前提とした事前訓練そのものが一種の生活訓練となっており，人民解放軍退役者が教員を務める事例もある．あるいは会社幹部として研修生の訓練を行っている．日本語以外に，ある程度の技能訓練や体操，マラソンなどの体力訓練も教育内容となっているものの，事前訓練の主な目的は生活規律の訓練である．

　体力強化訓練は，中国の大手教育訓練機関（派遣会社から訓練委託を受けている）では一般的に日本の職場で行われているラジオ体操を毎日実施している．また筆者が訪問した山東省の送り出し機関訓練施設では，週2回の体育の時間には筋力トレーニングと3000mの持久走が課せられていた[8]．そうした学校の訓練生たちには，日本の工場の作業服と類似の制服が支給されており，体操する様子は一見，日本の昼休みの風景と変わらないように見える．一方，現在の日本の工場では従業員はラジオ体操の音楽が流れていても体操をせず，気ままに階段に腰掛け，あるいはおしゃべりをしている風景がみられ，中国人の派遣前訓練生のような真剣さと悲壮感は全くない．体育指導者が元中国人民解放軍兵士の場合もあることを考えれば，実習生の体力訓練とは軍事訓練の初歩的なものと考えれば理解しやすい．こうした体力訓練は，第1の目的は日本での就労に必要な体力を強化するということであるが，第2の目的としてこうした訓練に耐えられない人間を不適格者としてハネる意味合いもあろう．日本での3年間の就労が意味することは，賃金は高いが生活全体には体力が必要であるという認識を派遣会社間で共有しているということでもあろう．

　こうした体力訓練を含む生活訓練が必要であると派遣会社が判断し，実際に訓練を実施している事実が存在していることに理由がないわけではない．実習生受け入れ先である日本が求める労働力は，近代的な工業労働力であり，効率性と職務へのコミットメントを求めている．ところが，技能実習制度が実習生経験者の再入国を認めないために，すでに工業労働力として形成された者の供給が徐々に底をつくようになった．その結果，新たに派遣会社にリクルートされる者は農民の子弟あるいは農村出稼ぎ工として有期契約で働いている農民工が主流となっている．発展途上国特有の就業構造である農業部門の余剰と工業

部門の熟練工不足という送り出し国事情を考えると，来日する実習生はそのほとんどが未熟練，ないしは半熟練労働者と考えてよいだろう．その彼らを派遣会社が日本に送り出し，3年後に職務を果たして無事に帰国させるには，職務規律以上に，生活規律を徹底させること，言い換えれば労務管理を強化させる必要があるのだと思われる．日本の職場は，発展途上国である送り出し国の職場に比べて，賃金が高い分だけ，作業スピードが速く，労働密度も高い．もちろん実習生自身の母国の農作業のスピードとは比較にならない．

たしかに日本の工場労働を遂行するために，まず必要とされるのが生活規律である．しかしその当然守られるべき生活規律のなかに，外出時の許可の必要性，携帯電話の所持の禁止，内部告発の禁止，外部との接触禁止，賃上げ交渉の禁止，などの項目が一緒に盛り込まれているのだ．さらに寮生活のなかで，表彰制度やグループ制度を実施し，実習生同士が相互に監視する，あるいはグループ間で競争関係を生みだすことによって相互監視制度を強め，生活規律の遵守が行われるように労務管理上の配慮がなされている．そして規則違反行為をすれば，本国への強制送還となる．こうした生活管理下にあっては，実習生が労働者としての意識を持ち，労使紛争，労使交渉というプロセスに入ることは極めて例外的な事例となろう．

以上，生活規律が重視されるために，本来それとは別個に存在しているはずの職務規律が生活規律のなかに融合されてしまい，職務規律のなかに含まれるはずの労働者の権利の確保と彼らの私生活の尊重という概念が，雲散霧消してしまっている．これが実習生の生活に存在する第2の問題である．

3-3 地域社会からの隔離

実習生と地域社会の関係は，現在のところ良好である．諸外国のように移民と地域社会の関係がトラブルや暴動につながる可能性はみられない．それには2つの理由が存在する．第1は，受け入れ人数が少なく，地域社会の労働市場で日本人と競合せず，むしろ地域社会の衰退を食い止めているという積極的な理由，第2は消極的な理由で，その存在が地域社会から隔離されているために，地域社会との関係が希薄であること，である．

まず第1の理由から見てみよう．実習生の就業先業種である農業・水産業あ

るいは製造業は都会を離れた場所に立地している．農水産業は当然のこととして，実習生の就業が多い縫製業や機械・金属業も，人件費の安い過疎地に立地していることが多い．地元出身の若年者は地元に立地する企業の労働条件の低さを嫌い，あるいはその将来性が乏しいことを危惧し，またあるいは若者特有の都会への憧れを抱いて地元を離れる．そうした若年者がいない地域では，熟練技能を持つ男性高齢者と中高年女性パートタイマーが地元企業を支えてきたが，いまやその両者とも高齢化にともなって引退し始めている．その隙間を，若い外国人実習生が埋めていることになる．高齢化が進んだ過疎地では，若い人といえばほとんどが実習生であり，外見上ではなく，「若さ」という年齢指標によって，地元の人は彼らが外国人であることを見分けている．

日本の地方の過疎化と実習生との関係がどのようなものであるかは，本章とは別の課題であるが，少なくとも現状では彼ら実習生が地域社会で唯一の若年労働力であることは確かである．この現象を労働市場論の観点からみると，新たに導入された外国人労働力は従来の日本人労働力と競合的な関係にあるのではなく，従来の労働力が高齢化にともなって引退した部分を補充するという相互補完的関係にある．

その結果，地域社会での外国人労働者の受け入れは歓迎されているといってもよいだろう．たとえば，政府が音頭をとった地域振興政策のなかには，「構造改革特別区域」を指定して外国人を積極的に受け入れるための規制緩和措置が盛り込まれている．2003年以降に指定された構造改革特区のひとつとして，IT技術者を典型とする専門技術職と外国人研修生の両者について地域を限定して規制緩和措置が実施された．単純労働者である外国人研修生については，タオル製造・縫製業，造船・機械製造業を地場産業に持つ愛媛県東予地区と水産加工業のオホーツク沿岸地区が指定された[9]．この政策に見られるように，外国人労働者の受け入れは地域振興策と密接に結びついている．

地域社会と実習生との関係の第2の特徴は，実習生が地域社会から隔離されていることである．地域に生きる一般の人は，公務員や企業経営者のように地域振興を目指して日常生活を過ごしているわけではない．そのため受け入れ外国人に対して警戒感を抱くことがあっても不思議はない．そこで，外国人労働者との不要な摩擦を避けるために，地域のお祭りなどの特定の期間を除き，実

習生は一般的には地域社会からは隔離された生活を送っている．

　まず実習生の職場は，地価の安い中心市街地から離れた場所に立地していることが多い．自動車がなければ買い物に行くのも不自由であり，自転車が貸与されるか，事業主が自ら自家用車に乗せて買い物に連れて行くような，地理的な過疎地である．そのうえ，生活時間のうえからも，夜遅くあるいは休日まで残業をこなし残業代を得ようとするから工場外に出る時間が乏しい．さらに，単身で生活しているので，子供を通学させることによって形成される子供を通じての社会的な交際がない．地域社会のトラブルとしてはゴミ出しの仕方などが問題にされる程度で，空間的，時間的に彼ら実習生は地域社会との接触が乏しい．

　そのうえ，事業主が積極的に地域社会から隔離している事例がある．その理由は，実習生同士が接触すれば，仲間内で情報を交換して，賃金や労働条件を比較して就業先企業への不満が生じること，あるいはブローカーに接触することになり，逃亡や転職を勧められること，など一言でいえば労使間紛争や逃亡の危険が大きくなることを事業主が危惧しているからだ．ブローカーの業務は人材斡旋であるから，彼ら外国人労働者に対して逃亡を勧め，外国人労働者が労働移動をすればするほど斡旋手数料が手に入る仕組みになっている．

　実習生自身は日本の企業についても，また企業が提供する労働条件についての実態や労働基準法，最低賃金などの規制についてもよく理解できないまま来日している．そうした実習生が実際にそれぞれの職場で就業経験をするなかで，実習生同士が自分たちの労働条件について情報交換をするのはごく自然の成り行きであろう．しかしそうした行為は事業主にとってはかならずしも好ましい行為ではないのである．そのため以前は携帯電話の所持を禁止している事業主もみられた．これは実習生受け入れ事業の監理・指導団体であるJITCOも禁止している行為であるが，なかなか徹底して実行されていない．

　また，一般に外国人労働者を雇用している企業には負のイメージが存在する．外国人労働者しか雇用できない低労働条件を提供している企業，外国人労働者を低賃金でこき使っている企業，彼らを搾取している企業，といった企業に対するステレオタイプが，他方における可哀そうな外国人というステレオタイプと呼応して，企業活動にマイナスとなりやすい．

こうして，事業主は逃亡を防ぐという実質的な意味でも，また企業イメージを維持するという広報活動のうえからも，自社で雇用する外国人労働者の存在をできるだけ地域社会から隔離するという方針をとっている．

　地域社会と実習生の関係は，以上のように実に複雑である．実習生の受け入れによって利益を得る者もいると同時に，そうした利益の範囲外には外国人への違和感と反発心を抱く者もいる．そしてその対策として，外国人を地域社会から隔離しておくことが労使関係上の平和を保つ方策として考えられているのだ．結果として，中国へ帰国した元実習生に面接すると，3年間日本で生活したにもかかわらず，日本国内で知っている場所は就労先企業の周辺地域のみという実習生が多く，彼らが来日前にあこがれていた富士山や桜の花とは無縁であったという話を聞いた．母国の家族・親戚と離れているだけでなく，日本の地域社会からも隔離されて，実習生の生活は孤独なものであることがわかる．

4　労働移動の自由について

　以上，技能実習制度においてそれを構成している個別の規則をみると，受け入れ実習生が日本に定住化することを防ぎ，ローテーション方式を維持するための配慮が行われている．また生活管理の特徴を見ても，やはり規定上は明文化されていないものの，実習生の帰国担保を確実にし，逃亡を防ぐことが意図されている．どちらも実習生の労働移動の自由を制限するものである．労働移動の自由は内国人労働者には基本的な権利として認められているが，外国人単純労働者を受け入れている諸国において，外国人労働者には制限が付されているのが一般的である．日本の技能実習制度の場合，ローテーション方式を採用しているために，労働移動の自由は認められていない．倒産・解雇など離職が非自発的理由に基づく場合は，他の受け入れ先企業を紹介する義務が第1次受け入れ団体に課せられるようになり，転職可能ではある．しかし新たな受け入れ先確保は不況期には困難であり，新たな受け入れ先が見つからない場合には強制帰国となる．また強制帰国があり得るという制度設計が，就業する実習生への潜在的脅威となり，事業主への発言権を弱め，自分たちの権利主張を難しくしている．

また技能実習制度の制度を離れた個別の職場レベルへ降りてみると、プライバシーと私的な生活の自由が乏しい生活管理が行われている。地域社会からも隔離されている。そしてこうした実態に反抗しようとした場合、内国人労働者の場合は退職、転職という選択の余地が存在するが、実習生の場合は労働移動の自由が保障されていないので、選択の範囲は帰国か、あるいは逃亡して不法就労者、非正規滞在者となるほかはないということになる。

このような問題は実習生だけではなく、外国人労働者、とりわけ単純労働に従事する合法的な外国人労働者全般に該当することではあろう。しかし重要なことは、外国人労働者全般の問題以上に、現在の日本で就労している実習生にとってこうした生活問題と労働移動の問題が彼らの権利を侵害しているという事実である。外国人実習生という存在が、権利のうえからも弱者であることが再度、確認される必要性があろう。

1) 2010年8月6日、中国山東省威海市で実施した中国人の帰国実習生面接調査で、日本から帰国した元技能実習生に将来生活の展望を質問した。豊田市の自動車部品製造工場（燃料タンク製造）で溶接工を経験した28歳男性は、日本滞在中に、寮のインターネットを利用して威海の工場に履歴書を送り、帰国後の職を確保していた目端のきく男性であった。その彼が、留学ででも研修ででも、とにかくもう一度日本へ行って稼ぎたいと答えていた。この事例が示すように、どこにもそうした規則があるわけではないが、上陸審査基準の運用上、技能実習生修了者への留学ビザは認定されていない。日本の入国管理局のこうした判断は、就労目的の留学生を締め出すという政策意図のうえからは合理的なものであろう。

2) 送り出し国と受け入れ国の産業化の発展度合いと技術レベルが大きく異なる場合、移民に対する同一職種制限は大きな受け入れの障壁である。受け入れ国の工業的職種へ送り出すに足るだけ十分な人数の製造業就業者が送り出し国に存在しないからである。また技能実習制度については、それに加えて再来日を禁止しているので、該当者を毎年、募集・選抜することが困難となっている。その結果、実態としては受け入れ実習生に対する同一職種制限が有名無実化しており、実習生の来日前の経歴ないしは職種については信憑性が乏しくなっている。

経済産業省が野村総合研究所に委託した『外国人の雇用実態を含む日本企業の雇用動向に関する調査報告書』（平成21年3月）によると以下のとおりである。製造業（繊維・素形材・産業機械・電気電子・自動車・食品・その他）各社に対して研修・技能実習制度への改善要望を質問したところ、およそ6割の企業は無回答であったが、多かった回答は順に、「単純労働者としての受け入れ」(13.5%)、「優秀な研修・技能実習生への就労資格の付与」(10.7%)、「再実習の導入」(7.8%)であ

り，技能習得を目的とする実習生ではなく，正式な労働者としての受け入れ要望が多かった．一方，「研修生に求められる前職要件の廃止（団体監理型のみ）」と答えた企業はわずか 0.1％であった．前職要件が受け入れ企業にとっては何らの効果ある制限として機能していないことの証左であろう．
3) 注1）と同じ威海市での面接調査から．25歳男性で，2006年8月から2009年3月まで愛知県豊橋市の電子部品製造会社に勤務した．不況により予定より4カ月早く帰国したが，すぐに威海市の電子会社に就職し，途中帰国でも生活上は困らなかったという．
4) たとえば，途中帰国した実習生が，母国の中国の送り出し団体（派遣会社）を契約違反で訴えたという事例がある（2009年10月27日の中国江蘇省常熟市の派遣会社からのヒアリング結果）．この派遣会社では，繊維産業では途中帰国の事例はなかったが，生産量の変動に対応するための派遣社員として実習生を雇用している機械・電子電気機器製造業で，2009年に男性実習生が3年未満の途中帰国を余儀なくされた．そのため，契約期間 36カ月，1カ月およそ1万元（約13万円）の派遣契約が履行されなかったことを理由に，途中帰国した 59人の帰国実習生が，裁判所に訴えた．他社でも同様の訴訟があり，帰国実習生同士の情報交換で彼らも訴訟に踏みきったという．派遣会社が日本出発前に徴収した管理費の返金と，1-3カ月分の賃金を解決金として支払って和解する見通しという．そもそも派遣会社が「3年間，日本で就労すれば300万円貯まります」といった広告をしていたことが，こうした訴訟につながったと思われる．
5) ピオレは移民の就業行動について，賃金が高ければ予定された労働時間よりも短く働いて稼得目標金額に達するために，労働時間を減らす行動をとるという．これを移民の「目標金額稼ぎ手」（target earners）という特徴に由来すると説明している（Piore, 1979: 95-98）．一時的移民の場合，好景気ならば滞在期間が短く，不況期で賃金が下がれば滞在期間が長期化して，永住化する速度が速まるという．

　日本では移民受け入れの歴史が短いために，移民の就業行動についての研究は乏しい．2008年以降のリーマン不況時に，日系人の中には帰国した人と，「帰るに帰れず」日本で失業することを選択した人の双方が見られた．実習生の場合には，制度上，途中帰国という選択肢しかなかったので，目標金額の達成如何にかかわらず帰国させられた．
6) こうした事例については，外国人研修生問題（権利）ネットワーク編（2006; 2009）に詳しい．
7) 連合総研が 2010年に 49人の実習生に対してアンケートを実施したが，そのうち半数は無回答，回答者 25人の中央値は4万円であった．実習生を受け入れている中小零細企業では，実習生本人に給与明細が渡されていない場合が多く，手取り給与の内訳を知らないことが少なくない．
8) インドネシアからの実習生を受け入れている日本の大手第1次受け入れ団体は，日本での実習生受け入れ会社募集広告で，「当社の受け入れ実習生は 3000メートルを 15分以内で完走できる」ことを宣伝している．現地でそのような訓練を実施し

ているのであるし，またそうした訓練なくしては日本で就業できないことが経験上，知られているのであろう．
9)　しかしながら，東予地区では研修生受け入れ人数拡大にともない，研修生・実習生の逃亡者が増大したこと，またそのために警察，入国管理局などからの企業への監視が強化されたこと，その結果として複数会社が企業別に作業ラインを構成し，同一作業場に一定数の受け入れ枠を確保する方法が別個に編み出されて，そうした方法を利用する企業が増大したこと，などの経緯をたどり，2008年には特区の特例措置の適用を申請する企業は皆無となった．他方，水産加工業の北海道猿払村，枝幸町などでは研修生受け入れを続行しているほか，新たに稚内市なども特区申請を行った．国境付近の日本の過疎地では，外国人実習生に代わる労働力は存在しないことがこうした事実からも推察されよう．

第 8 章
低熟練労働者受け入れ政策の検討

1　外国人単純労働者の導入と日本

　日本社会の外国人労働者問題については，1980年代後半に続いて2000年前後から再度論議が活発化した．前回は受け入れの是非をめぐる議論であったが，20年の歳月を隔てての議論では，すでに定着した日系ブラジル人の問題と外国人研修生・技能実習生をめぐる問題，そして今後の労働力需給の見通しと外国人労働者の受け入れの方法とその管理をめぐる問題が焦点となっている．本章では，外国人単純労働者受け入れに関して生じる問題とその管理について，すでに外国人単純労働者を受け入れた西欧諸国の経験と日本の外国人技能実習制度の比較から考察したい．

　外国人単純労働者の受け入れ管理については，そうした労働力を必要とした欧米先進諸国でも基本的にはその現実から目をそむけて対応が後手に回ったのが実状であろう．その結果として，正規の就労許可を持たない書類不保持者（undocumented workers），いわゆる不法就労者，非正規滞在者[1]の増大を招く，あるいは外国人への不当な差別と人権無視が行われるという事態が発生している．移民政策における内外国人平等原則という理念上・政策上の建前と，低賃金労働力であるからこそ移民受け入れをしたいという企業の本音との乖離は，どの国でも存在する．この建前と本音との乖離が大きければ大きいほど，外国人単純労働者を合法的に所与の計画通りに受け入れ，計画通りに送り返すという移民管理の目標は実現困難となってきているのである．

　さらにたとえば，国際条約の締結をめぐる各国の動きを見ても，先進諸国は基本的に外国人労働者導入について前向きではない．サービス貿易に関する一般協定（GATS）では第4モードで「自然人の移動によるサービスの提供」を

規定し，越境労働力移動の自由化を掲げているが，インドなどの開発途上国がその締結を主張しているにもかかわらず，この協定を締結した先進国は少ない．国際労働移動分野では一般論としては熟練・未熟練を問わず彼ら労働者の移動が送り出し国・受け入れ国双方にとって福利の向上をもたらすはずだと合意されているものの，現実に送り出し，受け入れの各国がそれぞれの利害得失を考慮した場合，外国人労働者の一時的受け入れが他のサービス貿易と同様に批准国への利益をもたらすかどうかはまた別個の問題だからだ．その結果，こうした国際規制よりも二国間あるいは地域レベルでの自由化推進の方が人の移動の自由化にはふさわしいという論議もある（東條，2007）．また同じ文脈で，国連では「移住労働者とその家族の権利保護条約」をすでに1990年に採択し，2003年から発効しているものの，批准国は移民送り出し国が中心で，受け入れ国側での批准は少ない．このように，外国人単純労働者の受け入れ管理が先進諸国にとっての課題であり，日本もまた今後，こうした課題を担っていくことが予想される．

　本章では，この外国人単純労働者受け入れをめぐって生じるだろう様々な問題を，すでに受け入れを実施している先進諸国の事例と日本の技能実習制度を比較しながら検討していきたい．

2　先進諸国の単純労働者受け入れ

　単純労働者の定義を厳密に行うことは非常に困難であるので，ここでは仮に義務教育のみの修了者（低学歴労働者）として考えよう．OECDに所属する先進諸国の低学歴労働力に占める外国人労働者の割合は増加傾向にある．**表8-1**はOECDの『国際移住展望（International Migration Outlook）2008年版』より引用した表であるが，以下のようなことがわかる．D欄は各国の労働力に占める低学歴者比率であるが，アメリカ，オーストリア，ドイツ，スウェーデン，スイスなどの諸国を第1グループとすると，この比率が10％台で低く，労働力の高学歴化が全体に進んでいる．しかしその少数者である低学歴者をみると（E欄），外国生まれの者の比率が高く，一国の低熟練労働は主として外国人労働者に依存していることが推測される．スイス，アメリカにこの傾向が

表 8-1 低学歴労働力に占める外国生まれの人の割合（若年層と全年齢階層の比較）

(%)

	25-34歳層			全年齢階層（15-64歳）		
	労働力に占める低学歴者の割合	低学歴労働力に占める外国生まれの割合	外国生まれに占める低学歴者の割合	労働力に占める低学歴者の割合	低学歴労働力に占める外国生まれの割合	外国生まれに占める低学歴者の割合
	A	B	C	D	E	F
アメリカ	11.3	54.1	30.9	11.7	38.7	28.8
オーストリア	10.5	41.9	25.0	17.5	25.5	29.0
ドイツ	13.3	39.6	29.6	15.7	28.3	31.8
スウェーデン	8.2	26.3	16.0	14.8	16.1	19.1
スイス	11.6	71.9	28.1	18.7	43.0	33.0
フランス	16.2	19.4	31.7	26.6	17.9	42.7
オランダ	16.5	17.5	23.2	26.2	10.2	26.6
イタリア	31.0	14.4	42.9	39.3	9.7	44.9
ポルトガル	56.1	9.0	44.1	69.4	5.5	49.0
スペイン	32.4	20.0	34.5	42.7	12.4	36.3
ギリシア	23.2	20.2	50.0	35.5	10.7	45.6
EU25カ国平均	15.9	29.6	31.3	25.4	14.1	35.0
日　本*	8.4	―	―	12.6	―	―

注：低学歴者とは ISCED（教育国際標準分類）の0から2レベル，いわゆる義務教育修了者と定義されている．日本の数値は総務省統計局「2007年就業構造基本調査」によるもので，比較のために掲げた．小・中学校卒業者および未就学者の比率である．

資料：EU諸国は European Union Labour Force Survey，アメリカは Current Population Survey の2006年の数値．OECD（2008: 128）より筆者が作成．

顕著に見られる．

　次に，ポルトガル，イタリア，スペイン，ギリシアなどの南欧諸国を第2グループと分類しよう．ここでは労働力全体に占める低学歴者の比率は高く，労働力の高学歴化の傾向はいまだ顕著ではない．したがって，外国人だけが低学歴者ではないということになる（D欄，E欄参照）．しかし若年層だけを取り上げてみると，こうした国々の若年者は前の世代と比べて高学歴者が増加し，低学歴者の比率が低下している（A欄とD欄の比較）．その一方で低学歴者に占める外国人の比率が上昇しており（B欄とE欄の比較），低学歴者が従来占めていた単純職種に外国人が流れ込んでいることが推測される．またC欄を見ると，若年者層では外国生まれ（移民）の3割から5割は低学歴者層である．

低学歴者の比率が少ない第1グループの諸国でも若年層では低学歴外国人労働力が顕著に増加した．アメリカの若年層では低学歴者の半分以上が外国生まれとなっているが，これはアメリカの特殊事情である．アメリカでは義務教育年限に関わりなく公立学校では12年間の初等中等教育（日本における高校卒業まで）が無償で入学試験もなく希望者全入制度であるので，教育国際標準分類の定義にしたがうと数値のうえでは義務教育だけの低学歴者の比率が非常に小さくなってしまう．第1グループの諸国では，低学歴若年者とは多くの場合，移民を指すことがこうした数値から読み取れよう．

　そして第3グループのフランス，オランダはアメリカ，中・北欧諸国と南欧諸国との中間に位置しているようだ．若年者層になるほど低学歴者の比率は低下して高学歴化傾向が生じている点は第1，第2グループと共通する．全体としては低学歴者に占める外国生まれの者の比率は若年層で増加しているが，第1グループほど顕著ではない．労働市場における移民労働力の位置づけと移民の学歴構成については第2グループほど大きな変化がみられず，社会階層中に占める移民の位置づけがすでに安定していることになろう．

　日本の数値を比較のためにここに掲げておく．2007年の「就業構造基本調査」より，小中学校卒者と未就学者を低学歴者とし，該当年齢に占める比率を計算した．その数値はほぼスウェーデン並みで，日本人の低学歴者比率は全年齢階層でもまた若年層でも他のOECD諸国と比較して低いことがわかる[2]．

　近年南欧諸国で外国人単純労働者の流入が急増した理由はどこに求められるのだろうか．1980年代以降の急速な工業化の進展と交通手段の発達はもちろん重要な要因であるが，労働市場の変化にも注目したい．受け入れ国側の経済成長の結果として，労働市場の需給構造が変化したのである．その第1は高学歴化問題および少子高齢化問題である．若年者層が高学歴化したことにより，現場作業をともなう職種への入職予備軍が減少した．さらに，少子高齢化問題は，若年労働力に職業選択の余裕を与えている．低賃金労働を嫌う若年者の増大は先進諸国に共通する労働力供給側の構造的変化である．

　第2は，人口の高齢化にともなって，生産性が低い労働集約的産業から高齢者が引退し，こうした分野での後継者が不足するようになった．さらに引退した高齢者の介護のために大幅な介護労働力を必要とする．介護分野は労働集約

的産業の典型業種であり，低賃金の重労働である．農業や建設業，製造業では衣料品製造・食品製造業など労働集約業種で人手不足となると同時に，労働集約性の観点からは製造業以上に労働集約的な介護分野での労働力需要が増大した．労働力需要側の構造的変化である．

こうした労働市場の需給双方の側の構造的変化は先進諸国に共通してみられる．これが外国人単純労働者を受け入れる背景となっていよう．そしてこの傾向は，西欧諸国だけでなく，近年急速に産業化が進展した韓国，シンガポール，台湾などアジアの新興国家においても共通する．こうしたアジア諸国でも外国人労働者の受け入れが急増している．

3　日本が単純労働者受け入れを不要とした背景

3-1　文化的・経済的要因

日本も高学歴化と高齢化の傾向は著しい．2008年時点で4年制大学への進学率は5割へと達し，2005年の国勢調査では，65歳以上の比率は21.0%であった．高齢化比率はすでに世界第1位である．こうした要因を考えると，なぜ日本はこれまで制度としてフロント・ドアからの外国人単純労働者を受け入れてこなかったのかという疑問が生じる．すでにこうした労働力を受け入れてきた他国の学者からはこのような疑問が提示されている．

それに対して梶田孝道は次のような回答を用意した（梶田，2001: 188-192）．すなわち，そこでは3つの要因が指摘されている．第1に，日本では農業からの出稼ぎ労働者が外国人労働者の機能的代替物であったこと，第2に日本は経済の論理よりも政治の論理が優先したこと．国の意思決定から最も外国人労働者を必要とする中小企業が排除されたことである．第3に，検証することも否定することも難しいが，「文化的同質性」を保ちたいという文化的動機づけ，非経済的理由が外国人労働者の受け入れ拒否となり，他方で日系人受け入れ政策へとつながったとしている．

またアメリカの比較政治学者であるミュロン・ワイナーは，日本とアメリカの移民政策を比較したうえで，両国の歴史的差異を強調する（Weiner, 1998: 4-10）．すなわち，日本が本格的に外国人労働問題に取り組んだのは1980年代

後半と遅く，明らかに他の工業化が進展した民主主義国家とは異なる特徴をもつ．欧米諸国は積極的に移民を導入し，1980年代の不況になって初めて外国人労働者問題が発生した．ところが日本の場合は，好況期で失業率も低い1980年代後半にこの問題が発生している．とりわけその問題の焦点は増加した非正規滞在者にあり，移民政策に対するアプローチが他国と際立って異なっている．それは日本が社会構造的に発生している移民需要に対して，経済的配慮よりも文化的・社会的配慮を優先させようという政策意図を持っているからであると指摘した．そして歴史的に移民受け入れを実施してきたアメリカの場合は，文化的にも社会制度のうえでも移民受け入れに対して抵抗感がないのに，日本ではこうした抵抗感が強く，日米はそれぞれ移民受け入れ拒否と賛成という両極端な国であると述べた．

　他方，神代和俊は経済学者として経済的要因を重視している（Koshiro, 1998: 162-174）．この点は第1章でふれたが，簡単に繰り返すと，日本の場合は，1960年代の高度成長期でも未熟練労働力の供給は十分であり，1970年代になっても年間50万人の出稼ぎ労働者へ依存できた．しかしこの出稼ぎ市場が枯渇することにより，21世紀に向けては移民政策の緩和が必要とされようと結論づけた．

　以上のような論者の論点をまとめると次のようになろう．日本の外国人労働者受け入れが他の先進産業国家より遅かった理由の第1は，日本の場合は農業部門からの流出者や一時的な出稼ぎ労働者が産業予備軍としての役割を果たし，製造業の臨時工や建設作業者として日本の産業を支えてきたが，他国ではこうした職種は戦後の高度成長期に導入した外国人労働者によって充足されてきたということである．また第2に日本は島国としての地理的環境と鎖国時代が長かったという歴史的背景から異文化への抵抗があり，外国人労働者受け入れそのものへの抵抗感が大きく，そのことによって労働力不足への対応が外国人労働者導入という政策に直結せず，政治的配慮として外国人労働者導入に代わる努力が積み重ねられてきたといえよう．

3-2　職場組織要因

　さらにこうした要因に加えて，第3に日本の職場の職務編成・技能形成の方

法についても触れておかねばなるまい．日本の職場は欧米の職場と比較して職務（job）の確立がないとされている．職種別賃金が特殊な職種を除いて支配的ではなく，企業内労働力市場における年功賃金が支配的である．すなわち，職務の確立がないということは，言い換えれば仕事内容に技能程度の差異が直接的に反映されないということである．単純作業が単純職種として職場で括りだされるのではなく，通常の仕事内容のなかに含まれ，そうした単純作業は入職したての新規採用者に多く割り当てられる．彼らが長期にわたって雇用される期間のなかで，より上位職種，上位の職務内容へ転換していくキャリアルートが確立されている．こうした日本の職場の職務編成の仕方は，職場の技能序列を職場外の人に明示化しない．その結果として，単純作業だけを割り当てる単純職種は限定されてくることになり，他国のような単純労働者不足が顕在化しにくい．

　この点についてはすでに日本型雇用システム，年功秩序形成の特徴として多くの指摘があるが，この特徴を国際経済学者のエドウィン・ルーベンが日本が外国人労働力を必要としない理由と関連づけて説明した点が注目される（Reuben, 1981）．「日本ではなぜ外国人単純労働者を必要としないのか」というこの論文の問題提起そのものが移民国ではない日本の研究者にとっては不自然なテーマであるが，移民受け入れが常態化しているアメリカ人研究者にとっては極めて自然な発想なのであろう．日本においては，職場組織，あるいは技能形成の仕組みそのものに単純労働を埋め込むことによって，単純労働者のカテゴリーを曖昧にしてくることができた．しかしながら，ルーベンも「もし日本が将来に労働力不足に直面し，国際競争力の低下を予見するようになれば，国家は徐々に外国人労働者への必要性を感じて彼ら外国人労働者に対してより歓迎するようになるかもしれない」（Reubn, 1981: 756）と述べている．彼がこの論文を書いた1981年当時はまだ現在のように高齢化のもたらす将来の労働力不足が深刻に捉えられておらず，彼自身もこの記述にどれだけ確信を持っていたかやや疑問である．ただし単純労働者へのニーズが，技能訓練とその後の昇進が制度として機能している大企業製造業を中心に，この時点ではまだ大きくなかったことはたしかである[3]．

　近年は派遣などの非正規雇用者が増大しているが，企業がどれほど派遣労働

者を増大させても，職場で単純職種を括りださないという職務編成の原理は日本の製造業の根幹をなすだけに変化していない．たとえば第3章でふれた日系ブラジル人の職務内容もこうした職務編成のなかで決められていた．

また日系ブラジル人と並んで外国人単純労働力導入の典型事例とされる技能実習生についても職場組織の構造は変わらない．日系ブラジル人の多くが大企業関連の派遣ないしは請負労働者として就労している実態とは対照的に，外国人研修生はほとんどが中小企業で就労している．彼らが職場で果たす役割を詳細に調査した研究がある（依光編，2003: 148-152）．その企業は200人程度の自動車部品製造業であるが，ここでも作業配置と技能形成に関しては，研修生も他の従業員と同様の職場秩序原理の下で就労している事実が観察された．

一般的な製造現場では大企業でもまた中小企業でも単純労働をそれとして区分けせず，技能形成過程の一連の流れのなかに位置づけてきたのである．単純職種というものが成立していないので，こうした単純作業者が不足した場合には，それを単純労働者の不足としては企業も社会も意識せず，期間工不足，3K労働を抱える中小企業の人手不足としてとらえたのである．

以上のように，日本においては職場組織要因によって単純労働者不足の招来を遅らせることが可能であったが，ルーベンが指摘したとおり，生産現場の労働力不足は1980年代後半以降，従来の日本の職場組織のなかの配置によってはカバーできないレベルにまで至ったといえよう．その不足は景気変動による多少の需要変動は見られても，長期的・構造的には解消されないまま推移している．短期的には，もちろんリーマン・ショックによる派遣労働者の雇い止めや製造業の地方事業所の海外移管などが起きているが，長期的には労働力不足基調であることは変わらないであろう．

3-3 外国人不法就労者への対策

日本では1980年代半ばまで，労働力要因，文化的要因，職場組織要因などが複合的に影響しあって労働力不足が主張されながらも，その不足が西欧諸国のようには外国人労働者導入政策として結実することはなかった．さらに，1990年代初めに日本の外国人労働者導入の是非について論議が活発になされた時期に，西欧の外国人労働者受け入れ経験が結果として社会的にマイナスで

あったという評価が定着したため，外国人単純労働者を受け入れないというコンセンサスが政策関係者やオピニオンリーダー間で形成されたこともまた指摘しておきたい．

　こうした全般的な日本の事例を理解したうえで，さらに注目すべき点は，日本の外国人労働者対策といわれるものが，まず何よりも不法就労者対策すなわち就労許可を入国管理局から取得していない外国人対策として始まったという事実である．フランスの外国人労働者導入が，戦後経済を復興させるための産業政策上の観点から，また人口減少傾向に歯止めをかけるための人口政策上の観点から，国家の合理的選択として積極的に開始されたことと比較するとこの点を理解しやすい．日本の場合は，すでに成立していた入国管理法が変更されず，外国人労働者導入に対する政策上の意図がなかったにもかかわらず，入管法違反で就労する外国人労働者が国内で増加した．その結果として立案された移民政策はある意味では現実の後追いの政策であった．その政策内容は，1つが日系人の合法的導入であり，また他の1つは外国人研修・技能実習制度であった．このように日本の移民政策は受け入れへの積極的政策ではなく，まず受け入れへの消極的政策という特徴を持つ．移民国であるアメリカやカナダはもちろんのこと，戦後の人手不足から国内産業の存続と繁栄のために，国家政策として移民を導入したフランスやドイツ等の他の先進諸国と日本との間の根本的な違いは，この日本の消極性にある．

　日本では現在にいたるまで外国人単純労働者の導入を目的とする制度は正式には存在しない．ワイナーの指摘したとおり，日本の移民政策の目的は労働力不足の解消ではなく，国内の外国人不法就労者の削減が第1の目的となっている．したがって，他の先進諸国では不法就労者を含む非正規滞在者の人数が極めて多く，また非正規滞在者の正規化が定期的に行われている．そのような現実に直面する必要がなかった日本では，この間の事情をなかなか理解しにくい．それは，移民政策の目的そのものが日本と他の先進諸国との間で大きく異なっているからであると思われる．言い換えれば，不法就労者となりやすい外国人単純労働者をできるだけ受け入れないことが，日本の移民政策の重要課題となっているのである．

4 単純労働者導入に伴う弊害への考察

4-1 単純労働者受け入れ制限の存在

　外国人単純労働者導入に消極的な国は日本ばかりではない．かつては移民受け入れに積極的であった先進諸国もオイルショック後の時期，ドイツは1973年11月，フランスは1974年7月に受け入れを停止したまま現在に至っている．アメリカも2001年の9・11テロ事件以来，移民受け入れの制限と非正規滞在移民の摘発を強化している．

　それではなぜ，単純労働者への受け入れ制限が行われているのだろうか．まず第1に指摘しておかねばならない点は，現在の西欧工業国においてはすでに外国人向けの単純労働職種が充足されてきていることだ．外国人単純労働力は，すでに在住している外国人労働者の家族呼び寄せの形態で，あるいは難民やEU諸国間の出稼ぎ労働者の形態で，あるいは不法就労者の形態で確保されている．特に家族呼び寄せによる入国者の比率は近年高まっている．さらに2008年のリーマン・ショックによる世界同時不況の結果，景気感応的な低熟練労働力の多くが解雇され，帰国や失業を余儀なくされている（Martin, 2009）．単純労働者をあえて海外から導入する必然性はマクロレベルで見る限り少なくなっている．マクロレベルと限定した理由は，たとえばフランスでは鉱山業，建設業，農業などは1973年のオイルショック後も外国人労働者受け入れ禁止の適用除外となったからである[4]．日本でも1991年のバブル崩壊後も外国人研修生や日系人の受け入れはその伸び率こそ鈍化したが総数では増加した．実は受け入れ企業の業種や規模を丁寧に見ていくと，外国人労働者の失業と帰国というマクロレベルの議論は，ミクロレベルではかならずしも当てはまらない．

　以上のような限定を付したうえで，景気変動の影響を考慮に入れても，長期的なトレンドとしては単純労働者の受け入れにはどの国でも何らかの制限を設けている．その方法の具体的内容は労働市場テスト，数量規制などである．詳しくは次節で触れるが，こうした規制が実施される目的は，外国人労働者受け入れにともなって生じる弊害をできるだけ小さくしつつ，労働力の受け入れメリットだけを享受したいという受け入れ諸国側の移民政策上のニーズである．

外国人単純労働者受け入れは社会の福利の向上と経済的繁栄のために必要不可欠であるが，その受け入れにともなって生ずることが予想される様々な社会的弊害もまた存在することが一般的に認識されているからである．

4-2　失業の発生への懸念

外国人単純労働者受け入れの弊害として多くの場合に指摘される第1の点は，外国人労働者導入にともなって内国人の低学歴者が失業し，その賃金が低下することである．しばしばエスニック性の強調によって忘れ去られる点であるが，外国人，低学歴者であっても彼らの労働力としての質と潜在能力は高い．まず年齢のうえで若いこと，そのうえ海外へ移動して就労しようという意欲が示す高い勤労意識，向上心（アスピレーション）がある．この両者を考慮しただけでも，国内の高齢者中心の低学歴者層が若い外国人労働者と第2次労働市場内で雇用機会を求めて競争した場合，内国人高齢者の方が競争に負けて失業する恐れがある．とりわけ身体的能力を要する低熟練労働では，深夜・早朝労働，休日労働でも割り増し賃金があるために喜んで引き受ける若年外国人労働者に対して，内国人高齢者は太刀打ちできないだろう．外国人労働者が低賃金でも進んで働けば，潜在的に上昇するはずの賃金を抑制する可能性もある．国内の産業政策と同様に，雇用政策として国内の高齢者の雇用を保障する必要性が問われ，外国人労働者の就労に対して何らかの制限策が加えられる場合が多い．

しかし，これらの点については必ずしも事実として確証されたというわけではない．第1章でふれたように，M. ピオレの二重労働市場論によれば，労働市場が分断化されているため，第2次労働市場へ外国人労働者参入が増加しても，内国人が主な構成員である第1次労働市場への影響は少ないと指摘されている．ピオレの二重労働市場論は新規移民が絶えず流入しているアメリカの労働市場を前提として策定されたモデルであるが，この指摘で重要なことは，労働市場が分断化されているために，移民の導入が内国人の失業に影響を与えにくいという点である．したがってピオレの問題関心は内国人の失業にはなく，移民第2世代に社会的上昇機会を保障して社会的統合を目指すことにある．

また日本の事例では，中村二朗ほか4人の経済学者が国勢調査と就業構造基本調査のミクロデータを分析し，高卒就業者比率が低く，高卒労働力供給が不

足している地域で外国人労働者比率が高くなっていること，またこうした地域では高卒労働者の賃金が高く，その結果として大卒・高卒間賃金格差も小さいことを指摘している（中村ほか（2009）の第4章を参照）．日本社会の外国人労働者比率は他のOECD諸国と比較して格段に低いため，より詳細な分析は現時点では無理であろう．現時点で入手可能な日本のデータを分析した結果として，ここには現在のおおよその傾向が示されているといえる．

　こうして労働市場の側面からみると，外国人労働者の導入は労働市場ですでに内国人が参入しない雇用機会を埋めただけであり，内国人の失業をもたらしたとは言い切れない．結論は今後の研究成果に待つとしても，外国人労働者の導入が必然的に内国人の失業をもたらすとは断言できないだろう．ピオレが分析したように，また西ヨーロッパ諸国が移民の社会的統合に悩んでいるように，失業の問題は移民第1世代の問題ではなく，移民が定住化した後の第2世代の問題と考えられている．また，日本の労働力政策は従来通り，外国人労働者を導入するよりも高齢者，若年者，女性の雇用を促進させて外国人労働者を必要としない方向の努力がなされている．

　しかしながら若年者が流出した地方の農業，水産業，衣料品製造業などの限界型業種では，もはや日本人を雇用できず，唯一，研修生・技能実習生という形態の外国人労働力だけが頼りとされている．日本人の失業問題とは全く切り離されたところで，外国人労働者の導入がなされている．こうした事例は，失業という雇用政策の問題というよりも明らかに産業政策上の問題と結びついているのである．失業の発生に対する懸念は，当面は二次的な問題として扱ってよいだろう．

4-3　安全への懸念

　外国人単純労働者導入にともなって危惧される第2の問題は，安全の問題である．単純労働は特段の技能を必要としないために，いわゆる非正規滞在者でも就労可能である．正式に受け入れた外国人単純労働者が，ビザの期限が切れた後もそのまま就労継続する事例（オーバーステイ），留学・就学あるいは観光目的で入国し就労するという事例（資格外就労），などはいずれも入国管理法違反の不法就労となる．非正規滞在者の存在は，彼ら自身にとって安全が保

障されずに不利益となるばかりではなく，移民ビジネスとして彼らを搾取して大きな利益を得る犯罪組織を肥大化させることにもなり，決して望ましいことではない．また一般市民にとっても，社会秩序の外で生活している人が増大することは，日常生活の安全が脅かされることになる．一国の法律が遵守され，法への信頼が維持されていくことは，社会生活上でもっとも基本的な課題の1つであろう．

現在の日本では，非正規滞在者数は減少傾向にある．また外国人と治安との関係は西欧諸国と比較して特に世論のなかで注目されているわけではない．しかしながら，他国の事例を見るまでもなく，外国人単純労働者と安全の問題は，外国人労働者導入に際して常に危惧されながらも，実態についてはそれを取り締まる警察や入国管理局以外の一般の人々には容易にはわからない領域である．それだけに人々の意識のなかに無意識に存在する外国人恐怖症（ゼノフォビア）と結びついて合理的判断を曇らせるような問題である．

不法就労対策については，それと銘打たず，外国人労働者の管理を強化するという形で日本でも制度改革が進行している．これは諸外国が2001年の9・11テロを受けて，テロ対策として入国管理を強化している世界的な入国管理政策の変化のなかに位置づけられよう．

こうした制度改革の第1の事例は2007年に施行された改正雇用対策法である．この法によって，外国人労働者を雇用する雇用主はそれを届け出ることを義務化された．第2の制度改革は，2009年7月15日に公布された新入国管理法で，これにより新たに在留カード制度が創設された．在留カードは，地方自治体が管理する外国人住民登録と入国管理局が管理するパスポート（在留資格の特定化が可能）とを一元化して管理するためのものである[5]．

4-4 弊害への予防措置

以上の2点，内国人の失業問題と国内の安全問題が外国人単純労働者を受け入れるに際して考えられる弊害であった．前者については喫緊に考えなければならない産業政策上の問題が存在し，後者については，将来の外国人労働者の増大を見越しての制度の整備がおこなわれた．すでに外国人労働者の定住化が進んだ欧米諸国の場合は，時には時限爆弾にたとえられる移民2世，3世の社

会的統合の問題，福祉のフリーライダー問題などが大きな焦点となっている．日本では定住化した日系中南米人2世の未就学問題，失業問題が発生しているものの，その存在は一定地域に限定されているために，社会的な認知度はまだ低い．定住化後の外国人労働者の社会的統合の問題については今後，長期的視野から本格的に検討しなければならないだろう．

5 単純労働者の受け入れ方法

単純労働者の受け入れ方法は，内国人の雇用機会を奪わないこと，また受け入れた外国人が不法就労者に転ずるのを防ぐことの2点に焦点が置かれている．後者の点については，受け入れた外国人の定住化を防ぐことと実はセットになった目的である．制度がそれ自体の制度目的にしたがって合法的に運用可能ならば，不法就労者は存在しえない．不法就労者を防ぐという制度目的と，どこにも明記されてはいないが彼らの定住化を防ぐという目的とは，大きく重なる部分があると思われる．

現在，移民国といわれているカナダ，オーストラリア，ニュージーランド，イギリスでは移民受け入れに関してポイント制度を実施し，能力，財産，高学歴を持つ人ほど優遇されて移民として容易に受け入れられるようになっている．またフランスでもポイント制度こそ採用していないが，高学歴者への優遇措置が存在する．言い換えれば，ここに列挙した各国でも単純労働者は一時的な労働力として受け入れはするものの，その定住化は阻みたいという政策意図が明らかになっている．そうした各国の国益にもとづいて，単純労働を外国人労働者に依存しつつ彼らを許された期限内に帰国させることが，一時的に外国人単純労働者を受け入れて管理する方法の要諦となっている．日本の技能実習制度に即していえば，いわゆる帰国担保の問題である．

内国人の雇用保障と外国人労働者の帰国担保のための方法にはいくつかの種類がある．それを以下に見ておこう．

5-1 労働市場テスト

労働市場テストとは，外国人労働者を募集するにあたって，事前にその地域

の職業斡旋機関に一定期間，求人広告を出し，その間に内国人からの求職がない場合に，初めて外国人をその特定職種に雇用できるようにする制度である．外国人労働者の受け入れに制限を付して自国の労働市場への影響をできる限り少なくする方法として各国で幅広く採用されている．労働市場テストによる規制の程度は各国によりバラツキが見られるが，共通する枠組みは以下のとおりである．まず外国人労働者の雇用を希望する雇用主は，外国人への就労許可証を発行する政府ないしは地方自治体の当該機関へ，求人広告掲載の証明，内国人ないしはその地域の住民の応募状況と不採用の理由を示したうえで，外国人雇用の許可証を取得する．その場合，賃金はその地域の最低賃金ないしは一般的基準となる賃金（prevailing wages）を上回ることが条件となっている．

制度の趣旨は新たに雇用される外国人労働者が既存の労働条件を引き下げないことであるが，現実の制度運用と趣旨とはなかなか一致しない．たとえば，アメリカではH-2Bビザが農業以外のサービスや労働に対して，またH-2Aが農業労働に関してそれぞれ1年以下の短期滞在による就労を許可している．H-2Bで許可された労働者の職種は造園，芝生メンテナンス，清掃，ハウスキーピングなどである．アメリカでのヒアリングによれば，こうした雇用証明プログラムの場合，一般的賃金の決定方法に問題があること，外国人であるがために低賃金であっても賃上げの交渉ができず，労働条件等の保護がしにくいという．またアメリカ人労働者の労働条件を引き下げる影響の有無については議論が一致しないものの，明らかに引き下げるという調査もみられるという（労働政策研究・研修機構編，2009a: 31-53）．

労働市場テストを必須のものとする外国人単純労働者受け入れ方法は，政府が国内労働市場を守るという大義名分を名乗るための方法という性格が強く，実効性については，政府もまた雇用主も疑念を持っているといえよう．なぜならば，求職者の中から採用者を決定する権限は究極的には雇用主のみに与えられた権利であり，国内労働者の不採用について当局が大きく介入するわけにはいかない．そのため雇用主は求人募集の行為を外国人の雇用許可を得るために必要とされるプロセス，すなわち形式化された一種の儀式として理解しており，国内労働者の求人は形骸化してしまうことが多い．国内労働者がどれほど応募しようとも，彼らを全員不採用にして外国人労働者を採用する．多くの場合，

あらかじめ採用予定にしていた特定の外国人労働者を合法的に採用することは可能であり，こうした雇用主の行動に歯止めをかける規制は一切ないからである．

さらに迅速に外国人労働者を雇用するために，不足職種としてリスト化された職種についてはこの労働市場テストを経ることなく，外国人を雇用できるという労働市場テスト除外例もある．イギリス，フランス，ノルウェーなどはこうした除外職種を持っている．不足するIT技術者や医者などは除外例の典型職種であり，一方では，労働市場テストで全般的な受け入れへの障壁を設けつつ，他方では除外例を設けて受け入れ外国人の職種に弾力性を持たせていることがわかる．他方，景気悪化の時期には，労働市場テスト実施期間を延長することにより，外国人労働者の参入障壁を高くしている[6]．

またイタリアの場合はさらに労働市場テストが形骸化しており，公共雇用サービスセンターに求人広告を出した後，21日間を経過すれば自動的に雇用許可が下りることとなっている（Chaloff, 2008: 159）．イタリアでは1998年のトルコ・ナポリターナ法で廃止された労働市場テストが，2002年のボッシ・フィニ法で再度導入された．しかし闇経済と結びついた非正規滞在者が多く（労働政策研究・研修機構編，2006a: 159-163），1982年から2002年の20年間に6回の非正規滞在者に対する正規化が実施され，出入国管理の実効性が常に社会問題として問われている．労働市場テストも出入国管理の一部としてそうした問いの対象となっている．

以上のように労働市場テストは各国で形骸化しているものの，自国の労働市場を守るという目的が存在する限り何らかの規制が必要であり，規制のためのもっとも基本的な方法がこの労働市場テストであるといえよう．また受け入れ規制の弾力性を確保するために，職種指定の範囲の変更，募集期間の変更という手段が用いられている．実効性という点で疑問が付されるものの，労働市場テストという制度の目的は明確である．ただし，外国人労働者受け入れ手続きが極めて煩雑で役所の承認を得るために多数の書類を必要とし，また申請から雇用許可を得るために一定の期間を要するという点で，外国人労働者を雇用したい企業にとっては時間・コストの点で障壁となっている．

5-2 滞在期間の限定

　滞在期間を限定することは永住権を持たない外国人に対しては極めて当然の措置で，それだからこそ永住権の付与が常に移民政策において問題にされるのである．また外国人単純労働者に対しての定住化は移民受け入れを実施している西欧諸国でも決して推奨していない．移民国の看板を掲げるカナダやオーストラリアでは移民選抜のためにポイント制度を実施している．外国人単純労働者については，他の在留資格と比較して合法的な滞在期間を短期間に定めている．季節労働，とりわけ収穫期にのみ大量に必要とされる農業労働者がその典型例であろう．アメリカは大規模農業経営のために，農業労働者を大量に必要とするが，彼らに給付されるH-2Aビザの滞在期限は10カ月で，3年間までは更新が可能であるが，このビザで入国した場合は，永住権を申請できるビザへの変更は実質的に不可能となっている．またこのビザによる入国者数は年間6万6000人に上限が付されている．

　イギリスの季節農業労働者計画（SAWS: Seasonal Agriculture Workers Scheme）ではこの計画で入国できる労働者の滞在期限を3カ月に限定している．同じく人手不足の典型的な業種である食品加工業にのみに認められている単純労働者受け入れ制度の業種別割当計画（SBS: Sector Based Scheme，以下，SBSと省略）は1年の滞在期間である．この制度はそもそも暫定的計画として2003年に発足し，発足当初は食品加工業とホテル・レストラン業の2業種だけが対象となっていた．後者については2005年の東欧へのEU拡大の結果，必要労働者数が確保されて廃止されたが，食品加工業については2006年廃止予定であったものの，人手不足から廃止できず，2013年末にようやく廃止した．このSBSではブルガリアとルーマニアの2カ国のみからの受け入れが認められていた．単純職種に対して外国人の合法的就労機会が制限されている限り，不法就労者が実態として削減できないことから，次善の対策として業種別割当計画のような制度が設置されたのである[7]．

　以上のように英米の事例をみると，次のような特徴を指摘できる．すなわち，単純労働（low-skilled labor）を単純労働として認め，だからこそ単純労働者の受け入れについては必要最低限の人数と期間にすることの合意がなされていることである．これは英米諸国の職場慣行において，職種が確立され，職務範

囲と職種別の賃率がそれぞれに規定されていることと無関係ではない．一定の職種には一定の職務能力が前提にされ，したがって一定の賃金がともなう，という考え方に立っているのである．そのうえで，単純労働職種について外国人労働者を受け入れるならば，滞在期間の制限を設けて彼らが将来の市民となることをできるだけ防ごうという思想であろう．

5-3　職種の限定と数量割り当て

　移民受け入れのための方法として職種を限定することは各国で利用されているもっとも基本的な方法である．各国が必要とする高度専門職であれ単純職種であれ，職種範囲と職務規定，資格基準を明確にして必要な範囲の労働者のみを受け入れる方法がこの職種限定である．労働市場テストは一定期間の求人広告を必要とするので，人手不足が深刻で早急に外国人労働者でそれを埋めたい場合，イギリスやフランスでは労働市場テストの適用除外職種を設定して弾力化を図り，急を要する企業ニーズに適合させている．

　また受け入れ外国人に対する数量割り当て制度も広く実施されている．この制度の目的は景気変動に対応して外国人労働者の受け入れ数を調整できるようにすること，また移民増加を懸念する国民の不安を和らげることである．スペイン，イタリアは単純労働者に対して毎年受け入れ数を設定している．イタリアの場合は二国間協定を締結し，送り出し国を指定することにより，送り出し条件の整備を送り出し国に求めている．ただし，個別企業主の要求により受け入れた外国人労働者数を積み上げて厳密に数量割り当てを実施するためには，相当規模が大きい事務体制を組織化しなければならないので，イタリアの場合は，非正規滞在者が多数存在することもあり，数量割り当て制度が政府の公表どおりに実施されているとは言い難い状況である．イギリスの場合も，SBSのような単純労働者受け入れ制度では，数量制限を設定している．また外国人IT技術者の受け入れをH-1Bビザによって実施しているアメリカの場合は，IT企業団体が毎年必要とする人数を移民局に申請し，受け入れ人数の総枠を決定しているが，総枠決定と実際に彼らを雇用する時期との間にずれがあるために，景気変動によって需要が変化し，総枠が不足したり過剰となったりしている．

以上のような数量割り当て制度は，かつての第2次大戦以前のアメリカのクォータ制度のように特定人種の排斥を目的とするために使用されることはない．しかし，送り出し国との二国間協定によって移民を受け入れる場合には，通商交渉の場でモノ，カネの貿易と並ぶ大きな外交手段として機能している．また割り当てを受ける企業に対して，割り当てを実施する諸官庁は大きな権限をもつことになるので，腐敗が起こりやすい構造となっている．

6　日本の技能実習制度の受け入れ方法の考察

6-1　単純職種の問題

　それでは最後に，日本の技能実習制度の受け入れ方法について検討しておきたい．日本の場合はすでにルーベンが指摘したように，職場慣行上，単純職種を固定化せず，新人の新米仕事かあるいは職場の人間のローテーションでこなしてきた[8]．一定の人を低位職種に固定化することがなく，技能・経験の伸長にともなってより上位の熟練職種へ移動することが可能であった．こうした平等主義的な職場慣行は，階層を固定化させず上位職種への昇格・昇進を保障することにより，労働者のモラールを高め，職場の人間関係に調和を生み出しやすい．こうした職場慣行を前提にすると，典型的な単純職種を洗い出すことが英米諸国のように簡単にはいかない．職場の各種作業のなかに単純作業が含まれていて，職種として確立していないからである．

　こうした日本の職場慣行が支配するなかで，技能実習制度により外国人労働者を受け入れた場合，どのようになるだろうか．日本の場合は単純職種が明確に認識されていないから，外国人単純労働者を受け入れているという意識が雇用主や政府に薄い．技能実習制度の目的を正面から理解する雇用主であればあるほど，日本人の未熟練労働者を受け入れる際と同様に，技能訓練を実施することになる．その結果，実習生の技能が育成されれば，日本人と同様に職場の中核的な担い手としての役割を期待していくことになるのは雇用主として当然の成り行きであろう．

　他方で，実習生を単純労働者としてのみ受け入れるには，日本の賃金水準が高くなりすぎている．だからといって最低賃金より低い賃金を支払えば労働基

準法違反となり，また労使紛争を招く原因ともなる．実習生を雇用する雇用主はジレンマを抱えることになる．

6-2 滞在期間の問題

　外国人労働者受け入れ制度の場合，労使双方にとって雇用の長期化を希望する十分な根拠がある．その根拠とは以下のようなものである．雇用主にとっては，一時的労働力である外国人労働者をできるだけ長期に雇用すれば，住宅費・渡航費・求人のための費用・出入国管理に関する書類作成費用などが節約できる．また日本語訓練費用，技能訓練費用も節約できる．一方，労働者にとっても滞在が長期になればなるほど貯蓄が増え，技能が向上し，渡航費が節約できる．こうした労使双方の滞在長期化へのインセンティブを，ビザ，すなわち滞在許可期間という規則で断ち切ってしまう制度が，一時的な外国人労働者受け入れ制度である．内国人労働者であったならば決して適用されないような制度である．一定の期間後に必ず離職することが判明している労働者に対して，雇用主はどこまで教育訓練を実施する意欲をみせるだろうか．教育訓練投資の回収という観点から見て，技能実習制度は極めて中途半端な制度である．

　労使双方の長期雇用へのニーズから，技能実習制度の期間は漸次延長された．1990年に外国人研修制度が再編された時は1年間，1993年の技能実習制度の成立で2年間，1997年には合わせて3年間の受け入れ期間となっている．2005年前後からは滞在期間を5年間に延長する再技能実習の提案がなされている．

　ただし，外国人労働者の雇用の長期化とは，せいぜい3年，ないし5年程度を意味する．たとえ作業が単純労働であっても，いくつかの作業内容を組み合わせ，職場の人間関係に慣れ，段取りを覚えて一人前に仕事をこなすには1年間では企業の訓練投資費用を回収できない．そこで企業は1年を超える滞在期間を要請するのである．

　それではローテーション方式で外国人労働者を3年，ないしは5年と滞在期間を区切って受け入れた場合，このような制度をどう位置づけるべきだろうか．現在，EU諸国では5年間外国人労働者が正規に就業すれば，永住権を申請できるように移民制度を統一化する動きがある（イギリスの場合，4年間）．永

住権の獲得は，内国人と同様の市民権を付与するための前段階として考えられている．一方，単純労働者の受け入れは，やむを得ないものとしてその滞在期間が限定され，そうした単純労働の資格で入国・就労する限り永住権の獲得につながらないという障壁を設けている．

日本の技能実習制度の場合，公式的には技術移転が目的で単純労働者としての受け入れではないので，なし崩し的な滞在期間の長期化については抵抗が少ない．労使双方に長期滞在のメリットがみられるからである．他方，制度や雇用主の意図とは別に，日本語が不自由な外国人労働者が短期に中小企業に就労するならば，彼らの職務レベルは単純作業で終わる可能性が高い．教育訓練へのインセンティブが雇用主にも労働者にも働かないからだ．その結果，技能実習制度の実質的な内容は外国人単純労働者の受け入れに終始してしまう恐れがあり，また近年は日系中南米人の穴埋めとしての需要が増加している．

技能実習制度が外国人単純労働者受け入れ制度ならば，短期的には労使双方の利益に反しても滞在期間を厳格に短期に限定すべきである．他方，そうではなく，一部の衣料品製造業にみられるように，いまや職場の中核的労働力として不可欠の熟練労働力を供給する制度としてみるならば，彼らの定住化が可能となるような制度設計をしなければならない．そして，現在の実習生に課せられているような職種間移動や企業間移動の制限を撤廃，すなわち「現在の職場を辞める自由」を保障しなければならないだろう．現在の制度下における内国人と異なる無権利の状態は，短期間ならば他国と比較してもやむをえない措置かもしれない．しかし短期の就労を前提にして設置された制度のままで，これを長期間に延長することは，外国人労働者にとって，また彼らに依存する雇用主にとっても不安定な状態を作り出す懸念がある．

6-3 職種と数量割り当ての問題

日本では就労可能職種は専門・技能職種に限定されているから，受け入れ外国人に対してあえて職種限定を付す必要はない．技能実習制度も技術移転という目的があるので，当然，職種限定が設定されており，日本のこれまでの技能訓練制度と技能検定試験を外国人労働者に応用する形態をとり，彼らの技能形成を促す制度となっている．技能実習制度が1993年の設立当初に想定した職

種は 17 職種で，2010 年時点では 65 職種 121 作業に拡大した．受け入れ職種の範囲をめぐっては雇用主・企業と認可機関との間に攻防がなされており，前者が常に拡大を要求するのに対し，後者は常にその要求を吟味する立場にある．他国は景況如何でこの職種の範囲や人数を弾力化させる方法を採用しているが，日本の技能実習制度では技能育成というタテマエが存在しているために，職種拡大という一方通行の動きしかない．もしこの制度が教育訓練制度ではなく外国人労働者受け入れ制度であるならば，職種範囲の見直しも行われねばならないが，こうした弾力性は現制度にはない．

また数量割り当てについては，日本の技能実習制度は基本的には年間受け入れ人数に天井がなく，受け入れ雇用主は受け入れ条件を整備すれば受け入れることが可能である．その意味では，この制度を外国人単純労働者受け入れ制度として見た場合には，職種限定と同様に，外国人労働者の受け入れ責任の所在がどこにあるかわかりにくい制度となっている．そのため，受け入れ団体と受け入れ企業が研修生・実習生の逃亡を自分たちで防ぐために，彼らの日常生活に過剰なまでの制限を付すような人権問題を生じさせている．滞在期間に制限を付したローテーション方式を十全に機能させるためには，それを可能とする受け入れ体制が必要で，その体制を作るためには一定の人数を想定しなければならない．

現在の研修生受け入れ人数の制限は，企業規模によるもののみであるから，名目上数社が協同組合を設立し，実態は 1 社がそれを運営して数社分の受け入れ枠を利用している事例もある．また社長の妻名義で新会社を設立し，同一フロアの作業場をカーテンで仕切って，2 社分の受け入れ枠を確保している事例もある．技能実習制度が日本社会に定着化するにともない，合法的に制度の抜け穴を見つけてそれを利用している事例が増えた．企業規模が課した外国人労働者受け入れ人数に対する制限が機能しにくくなっているといってよいであろう．またいわゆる「飛ばし」といわれる行為，すなわち受け入れを認可された企業と実際の就労先企業とが異なる行為が頻繁に行われて，研修生・実習生が技能研修どころか真の意味での労働力としてしか雇用されていない実態も生じている．職種指定と数量割り当ての双方を厳密に運用することの難しさの証左と思える．

7　おわりに

　世界的に人の移動が今後も増大することが予想され，かつ日本への外国人労働者の受け入れが不可避になっているのが現状である．いずれの国でも単純労働者の受け入れはやむをえない選択肢として考えられている．やむをえないとは，他方に非正規滞在者の存在があるからだ．日本の将来をみると，技能実習制度を単純労働者受け入れ制度の代替物として取り扱うことのリスクを考慮し，外国人労働者受け入れ制度としての性格を強めていかねばならないと思われる．

1) ILO 文書では「不法」の表現に抵抗して非正規移民（irregular migrants）の表記を用いる文書もあるが，ここではもっとも一般的な用語である不法就労者の用語を用いる．
2) なお，現在日本で就労している外国人労働者の学歴を日本人と比較した数値がある（中村ほか，2009: 267）．これは 2000 年の国勢調査の 5％無作為抽出匿名標本データ（18 歳から 60 歳の非就学者を対象）からまとめたもので，外国籍者（韓国・朝鮮を除く）のサンプル数は 2 万 5991 人と少ないものの，小・中学校卒業者は 22.58％で，日本国籍者の 14.49％を上回っている．一方，大学・大学院卒業者も 26.42％と日本人の 19.03％を上回っている．移民の学歴構成の二極分化はアメリカの移民とも共通する傾向であることが指摘されている．
3) ルーベンはこの論文を執筆した 12 年後，S. スペンサーの "Illegal Migrant Laborers in Japan"（Spencer, 1992）という論文に対して，①日本型雇用慣行の存在，②単純労働を軽蔑しない日本の価値観，の 2 つの理由から，日本の外国人労働者受け入れ可能性を示唆したスペンサーを批判している（Reuben, 1993）．しかしその後の実態をみると，さらに 20 年を経過した現在，ルーベンが考えた「将来」はそれほど遠いものではなく，スペンサーが指摘した非正規滞在者の増加傾向を踏まえた分析の方が正しかったことがわかる．
4) 移民受け入れ停止にともない，その適用除外が経営者団体や国会議員を通じて人口移民局に申請され，その 9 割が認められたという．フランスの移民庁（ONI）が管理する移民労働者の 14％がこの適用除外者であり，その結果，国民へ示された建前とは異なり，国家と雇用主は移民受け入れの継続をある程度認めていたことになる．とりわけ，人集めが大変な鉱山では，モロッコ人労働者は不可欠な労働力であった．また移民受け入れが禁止されたところで，このカテゴリーには入らない家族呼び寄せ者と季節労働者が従来の移民労働者の代わりに伝統的な移民受け入れ業種である中小サービス業や建設業に就労したという（Hollifield, 1992: 81-82）．
5) 日本弁護士連合会「外国人の出入国・在留管理を強化する新しい体制の構築に対する意見書」（2005 年 12 月 15 日）では，人権保護という理念の観点からこの在留

カードに強く反対している．一方，「アムネスティ・インターナショナル日本支部声明——『改定』入管法・入管特例法・住基法の成立に対する抗議声明」(2009年7月8日)では，在留資格が住民登録に連動するために，在留資格を持たない非正規滞在者が，住民基本台帳から除外されて行政サービスの対象外に置かれるという具体的な生活上の弊害を指摘し，日本人と同様の生活を営む権利を保護することを強調する観点から在留カードに反対している．

6) たとえば2008年リーマン・ショック後のイギリスでは，EU域外からの専門技術者を対象として実施する労働市場テストについて，2010年12月から実施期間を従来の2週間から4週間に延長し，国内の雇用者の雇用を守る姿勢を示した(「海外労働事情，イギリス②」『ビジネス・レーバー・トレンド』2010年2月号，労働政策研究・研修機構)．

7) この制度を導入した結果，人権侵害と労働条件の低下，不法就労者の増加が起きたために制度自体が失敗であると移民研究者M.ルースは判断している(労働政策研究・研修機構編，2006a: 235)．ブルガリアおよびルーマニアの2カ国からの労働者に対してのみ，季節農業労働者計画 (SAWS) もまた食品加工業の業種別割当計画 (SBS) も，2013年末まで応募可能であった．しかし2014年1月1日からはこの両国に対するEU加盟への暫定措置が廃止されて正式な加盟国となった．その結果，ブルガリアおよびルーマニア国民に対しても他のEU加盟国国民と同様に，EU域内での就労の自由が認められた．それにともない，この農業および食品加工業での外国人受け入れ制度も廃止されるに至った．国内農業労働者の3分の1を両国からの移民に依存していたイギリス国内では，同分野での人手不足が懸念されているという(労働政策研究・研修機構「海外労働情報・イギリス」2013年10月，http://www.jil.go.jp/foreign/jihou/2013_10/uk_01.htm, https://www.gov.uk/government/speeches/seasonal-agricultural-workers-scheme-and-the-food-processing-sectors-based-scheme)．

8) たとえば，日本型雇用システムを実施してきた旧国鉄(現JR)では，戦後のある時期まで正規の駅員がホームや駅の便所を清掃することが当然とされていた．そしてそうした仕事を通じて一人前になるとされてきたのである．駅員であった詩人による「便所掃除」という詩がうたわれている(茨木，1979: 115-123)．

第9章
中国の労務輸出政策と日本の技能実習制度

1 移民政策と国際労働移動

　移民の受け入れと送り出しは，国境を越えた労働者の移動であるから，送り出し国，受け入れ国，双方の移民政策の影響下に置かれている．本章では，移民政策という国家による国際労働移動の管理の在り方を，外国人技能実習生の送り出しと受け入れをめぐる問題のなかから問うことを課題とする．

　具体的には，中国の労務輸出政策と日本の技能実習制度との関連をみる．爾来，日本の外国人技能実習生制度はその前段階の外国人研修生制度を含めると，1985年以降に開始されたのであるが，その開始当初から主たる送り出し国は中国であった．中国人技能実習生の比率は全体のほぼ8割前後を占め，2011年時点では75.8%である[1]．日本の技能実習制度という制度の実態を理解するうえでも，その主たる送り出し国である中国の労務輸出政策を理解しなければならないであろう．すでに第6章では日本で受け入れた中国人技能実習生の出身階層や来日目的とその成果に関して考察したが，日本でようやく面接することができた技能実習生に関する社会的文脈については考察外であった．そこで，彼らを送り出した中国の移民政策を明らかにすることにより，中国人技能実習生の来日の目的とその背景が本章でより鮮明になることを意図した．

2 中国における労務輸出の定義

　さて国際労働移動は国家政策による労働力輸出に限られず，個人の諸外国の雇用主との契約による移動（海外企業への就職）や海外移住，海外留学なども含まれよう．しかし，中国で労務輸出という場合には，

1）　海外建設請負工事の受注に伴う労働力輸出
  2）　労働力輸出契約に基づく労働力の提供

の2つのカテゴリーしか含まれていない．いずれも国（商務部：日本の経済産業省に相当）ないしは市，各省が経営する企業あるいは各政府関係機関からの認可を得た工事請負企業ないしは人材派遣企業のみが労務輸出業務を営む権利を有し，その意味では，中国の労務輸出事業は明らかに国家の労務輸出政策の影響下にある．就業目的で個人が海外に出国する場合と海外経済援助による出国は，ここに含まれない．

　海外請負工事は，労働力輸出を目的とするよりも，海外，とりわけアフリカ，中東の発展途上国での建設工事を経済援助と外国投資の目的で請け負い，そうした工事を遂行するための建設労働者を中国から送り出すという内容をもつ．すなわち，現地で必要とする労働者を予め中国から連れていくという契約内容で，建設プロジェクトを請け負うのである．一方，労働力輸出契約に基づく労務輸出は，対外労務合作と中国語で表現されるカテゴリーで，英訳するとForeign Labour Servicesとなる．すなわち，出証権（直接労務輸出経営権）を持つ企業が，海外の政府機関，企業，雇用主との間に結んだ労務派遣契約に基づき，各種の労働者を派遣することを指す[2]．

　請負工事による派遣労働者と，海外労働力派遣による派遣労働者の双方が広義の労務輸出であり，商務省統計にもサービス貿易の1つのカテゴリーとして毎年，集計されている．しかし日本は中国からの請負工事受注がなく，そのカテゴリーによる中国人労働者は駐在していないこと，また国際労働移動の観点からは2）の労働力輸出契約にともなう労働力の提供の方がより重要であると思われること，の理由から，以下では2）の海外労働者派遣を指して労務輸出という用語を使用する．この場合は，狭義の労務輸出という概念の使い方になる．そして1）については，海外請負工事という用語に統一する．

3　労務輸出の目的と現状

3-1　目　的

　中国は1978年に改革・開放路線を実施して以降は一貫した労務輸出国であ

り，またそれにともなって労務輸出政策をもつ国である．日本が戦後は一貫して労働力受け入れに関して鎖国政策をとってきたために，移民政策を国の政策の周辺部にしか位置づけてこなかったことと対照的に考えてよいだろう．

　労務輸出の目的は以下のようにまとめられる．第1に外貨を獲得すること，第2に国内の就業状況を改善し，国内の過剰労働力に雇用機会を確保すること，第3にとりわけ海外請負工事の場合，必要とする工場設備，機械・電気設備，建築材料等の輸出促進とそれにともなう外貨獲得，第4に外国の先進技術と経営管理方法を習得すること，第5に労務輸出相手先国との相互理解と友好促進である．第5については，後に触れるように請負工事受注という広義の労務輸出が，発展途上国を相手先国として，政治的動機づけを含めた対外経済協力という性格を持っていた，とりわけ過去において政府援助の枠組みが強かったという点を考慮すると，友好促進という目的は単に建前として見過ごすわけにはいかないであろう．

　また，日本への技能研修生，技能実習生の送り出しが，日中友好を旗印に始まったのも，中国側の労務輸出政策のなかに，第4の技術習得，第5の友好促進という目的がすでに存在しており，そうした事情が日本の中国人研修生受け入れの後押しをしていたことが理解できるのである．他方，日本の場合は1980年代後半の外国人単純労働者受け入れ反対の意見に対抗するものとして，当初の技能研修制度とその後の技能実習制度を設置・拡大するにあたり，その旗印に「技術移転」と「日中間の友好」を掲げたのであり，その意味では中国側の労務輸出の第4，第5の目的に合致する．しかし，中国側は労務輸出目的として外貨獲得と雇用機会確保の2つを明らかにしているが，中国の労務輸出の枠組みで来日する中国人労働者を受け入れている日本側は，技能実習制度について第1と第2の経済的目的を公的には否定している．こうした曖昧さは日本国内にしか通じない姿勢であるといえよう．

　第2の海外就業機会の提供という点については，単に国内の失業者層の削減という意味合いのみならず，国内貧困地域への援助という側面がある．すなわち，中国には2009年時点で529の貧困地域が指定されており，政府系関連団体である中国扶貧海外労務項目管理中心は，この貧困地域の労働者に対して都市部ないしは海外で就業可能となるように，研修・教育訓練を実施している．

具体的には，中国全土の短大，職業訓練校と提携して，これらの貧困地域の労働者の訓練委託を行っている．また海外出国に際しての出国手続き等のサポートおよび労働者権利保護に配慮している（野村総合研究所，2009: 120）．すなわち，積極的差別是正策が労務輸出という政策で実施されているといってよい．この貧困者対策という労務輸出政策の福祉的側面については，貧困者の学歴水準やそれと関わりの深い技能レベルの問題と直結しており，他方，労務輸出先諸国では低熟練労働者の受け入れを嫌がる共通点を持つために，輸出先諸国で強調されることは稀であろう．ただし，労務輸出国にとっては，貧困解決は重要な課題である．また中国派遣業界の上位に位置するような大手派遣企業でも，そのメンバーはしばしばインテリ層出身者であるために，労働者の貧困解決という問題意識を少なからず共有しているように思える．

3-2 規　模

　労務輸出の金額と人数は**表9-1**に示されている．2011年の海外請負工事の契約金額は1034.2億ドル，その請け負いにともなう海外就業の労務人員は32.4万人である．一方，海外労務輸出による年度末在留人員は48.8万人である．海外労務輸出の契約金額は2011年度以降について発表されていないので，前2010年度の数値を見ると88.8億ドルである．各年度末の労務輸出人員を**表9-1**にみると，請負工事にともなう在留人員は1985年においては海外労務輸出人員よりも多いが，その数値はこの表では示さなかったが1988年以降逆転している．海外労務は1995年，請負工事は2005年から急増しているが，労務輸出人員の方が多い．労務輸出人員は2005年以降，毎年20万人前後派遣し，在外就業者数は50万人弱である．請負工事派遣人員と労務輸出人員を合計して2011年度末ではおよそ80万人の中国人労働者が海外に出稼ぎ労働者として就労し，一時的移民となっている．中国の労務輸出人員，広義の労務派遣人員は近年急激に伸びている．しかし，中央政府としては，世界の一時的移民市場における中国人出稼ぎ労働者の占める比率は，世界一の労働力人口を抱えながら他の労働者送り出し国（たとえばフィリピンなど）に比較して低いと考えており，今後の労務輸出の増大を期待している．

　海外労務輸出の完成営業金額は，2010年度を最後に商務省からの発表はない．

表9-1　海外請負工事と労務輸出人員の推移

年　度	海外請負工事 完成営業金額(億ドル)	海外請負工事 年末在外就業者数(万人)	海外労務輸出 完成営業金額(億ドル)	海外労務輸出 派遣人員数(万人)	海外労務輸出 年末在外就業者数(万人)
1979-82	1.23		2.06		
1985	6.63	3.06	1.72		2.49
1990	16.44	2.18	2.23		3.61
1995	51.08	3.84	10.95		22.59
2000	83.79	5.56	28.13		36.93
2005	217.63	14.48	47.86	18.34	41.87
2006	299.93	19.86	53.73	21.48	47.52
2007	406.63	23.60	67.67	21.49	50.51
2008	566.12	27.16	80.57	22.49	46.71
2009	777.06	32.69	89.11	18.01	45.03
2010	921.70	37.65	88.80	18.68	47.01
2011	1,034.24	32.40		20.91	48.84

注：海外労務輸出契約金額は，『中国貿易外経統計年鑑2011』による．
出所：国家統計局貿易外経統計司編（2012: 615）．

　この数値は，実際に労働者が海外で受け取った賃金，ボーナス，各種手当などを派遣会社経由で算出したものである．契約金額は日本向けの場合，最低賃金を基準に算出しているが，完成営業金額は，定義上は，労働者の受け取った収入である．この完成営業金額を年末在外就業者数で除すると，おおよその海外派遣労働者1人あたりの年間所得が算出できよう．2010年度ではおよそ1万9000米ドルであった．2011年度の就業者の全国の年間平均賃金は3万6539元（1ドルおよそ6.23元として，5900ドル），派遣労働者が多い江蘇省では3万9772元（6400ドル），山東省では3万3321元（5350ドル）であった[3]．海外派遣が，労働者にとって大きな経済的インセンティブとなっていることが理解されよう．ましてや，こうした就業者調査の対象外に置かれた農村在住者や農民工にとっては，安定した現金収入が乏しいのであるから，いかに海外就業が魅力ある雇用機会となっているかが推測できる．
　海外派遣労務者総数は，中国の労働力人口に比しては微々たるものの，こうした海外就労の労働者からの送金による外貨収入は，2001年以降2010年まで経常黒字のほぼ5%前後を占めて，安定した外貨収入源となっている（図9-1，

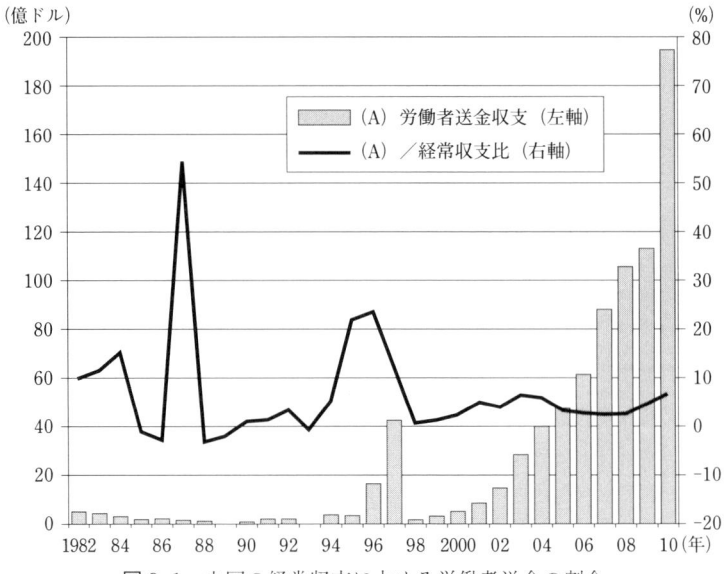

図 9-1　中国の経常収支に占める労働者送金の割合
資料：IMF（2012）Balance of Payments Statistics, CD-ROM ed.
引用：大橋（2012: 77）．

大橋，2012: 77)．もっとも，この労働者送金額には，労務輸出の定義には含まれない個人ベースで海外渡航した労働者等も含まれるので，労務輸出による労働者送金額を超える金額となっていることに注意しなければならない．しかしながら，中国の経常収支が大幅に黒字になるなかで，労働者送金もまた急激に増加していることは確かであろう．

3-3　輸出相手先国と対外援助政策の影響

中国の労務輸出先は，**表 9-2** にみられる．世界の地区別にはアジア地区が圧倒的に多く，ほぼ85％前後を占める．そのうち，日本がもっとも多く2011年度末では36.4％で，17万7560人であった．日本の登録外国人統計では，2011年度末の中国人技能実習生数は10万7601人，就労目的の中国人在留者数は19万5757人であった．技能実習生は中国の労務輸出制度上，労務派遣労働者として分類される．その他，この数値を見る限り，技能実習生以外の中国

表 9-2　輸出相手国別労務輸出人数（年度末滞在者数）

	2009		2010		2011	
	人数（人）	構成比（％）	人数（人）	構成比（％）	人数（人）	構成比（％）
総　計	450,277	100.0	470,095	100.0	488,409	100.0
アジア小計	385,257	85.6	397,694	84.6	420,443	86.1
日　本	161,942	36.0	171,747	36.5	177,560	36.4
シンガポール	62,856	14.0	65,410	13.9	71,463	14.6
韓　国	36,592	8.1	38,229	8.1	40,941	8.4
マカオ	47,908	10.6	47,913	10.2	58,103	11.9
台　湾	12,595	2.8	12,789	2.7	10,851	2.2
香　港	19,103	4.2	20,640	4.4	21,992	4.5
アフリカ小計	26,020	5.8	34,380	7.3	29,041	5.9
モーリシャス	5,667	1.3	5,454	1.2	4,931	1.0
ヨーロッパ小計	26,632	5.9	26,466	5.6	27,421	5.6
イギリス	1,202	0.3	1,135	0.2	1,027	0.2
ドイツ	4,529	1.0	4,878	1.0	4,978	1.0
ロシア	17,018	3.8	16,661	3.5	17,527	3.6
北アメリカ小計	4,387	1.0	3,726	0.8	3,172	0.6
アメリカ	3,475	0.8	3,190	0.7	2,672	0.5

出所：**表 9-1** に同じ．pp. 628-631.

人就労者も商務部認可の労働者派遣企業を経由している人が少なくないようであり，日本に在留し就労する中国人の9割はこの労務派遣労働者カテゴリーでカバーできる．

　この数値は，実態と統計の差が少ない例として受け止められる．比較的派遣人数が多い韓国やロシアでは，韓国あるいはロシアへの輸出人員と実際の受け入れ国での就労人員の乖離が大きいことはすでに指摘されている（太，2005: 76-78；堀江，2010: 157-158）．すなわち，韓国やロシアでは労務輸出枠外のルートで国外へ出稼ぎに出る労働者の比率が高いが，日本の場合は，中国人労働者の受け入れルートが近隣諸国よりも一元化されていることになる．こうした受け入れルートの一元化と，日本は韓国やロシアと異なって国境が海に隔てられているという地理的条件によって，中国人の不法就労者数は韓国やロシアと比較して非常に少ないのではないかと推測されるのである．

　労務輸出先の**表 9-2** と比較すると，請負工事受注に伴う労働者派遣国は大きく異なる（**表 9-3** 参照）．工事受注にともなうもっとも多くの労働者を派遣

表 9-3 受注先国別海外請負工事派遣労働者数（年度末滞在者数）

	2009		2010		2011	
	人数(人)	構成比(%)	人数(人)	構成比(%)	人数(人)	構成比(%)
総　計	326,861	100.0	376,510	100.0	324,018	100.0
アジア小計	142,741	43.7	157,113	41.7	150,496	46.4
日　本	463	0.1	497	0.1	104	0.0
シンガポール	20,808	6.4	20,709	5.5	12,666	3.9
韓　国	628	0.2	697	0.2	130	0.0
台　湾	4	0.0	22	0.0	7	0.0
サウジアラビア	16,472	5.0	18,422	4.9	24,363	7.5
ミャンマー	7,976	2.4	17,450	4.6	16,012	4.9
アラブ首長国連合	24,162	7.4	19,591	5.2	9,621	3.0
アフリカ小計	161,336	49.4	195,584	51.9	152,038	46.9
アルジェリア	46,039	14.1	40,625	10.8	31,858	9.8
アンゴラ	25,620	7.8	25,925	6.9	33,159	10.2
ヨーロッパ小計	8,939	2.7	8,810	2.3	7,606	2.3
スペイン	1,321	0.4	1,057	0.3	1,048	0.3
グルジア	16	0.0	96	0.0	752	0.2
ロシア	4,439	1.4	4,148	1.1	3,233	1.0
北アメリカ小計	785	0.2	742	0.2	461	0.1
アメリカ	743	0.2	633	0.2	350	0.1
大洋州・太平洋島嶼小計	2,862	0.9	3,680	1.0	4,491	1.4
パプア・ニューギニア	1,879	0.6	1,238	0.3	1,013	0.3

出所：表 9-1 と同じ．pp. 624-627.

している地区はアフリカであり，アンゴラ，アルジェリアが多く，次いでアジアでもサウジアラビアやミャンマーが多く，日本や台湾は極めて少ない．これは，中国の対外請負工事の受注は，単なる市場での取引行為として行われているのではなく，開発途上国への経済援助，軍事援助という政治目的から始まったことと無関係ではないからである．特にアフリカの資源国に対しては，その地の資源確保との取引でインフラ整備を請け負うという形の工事受注を行ってきた．

　これは，自国を開発途上国として海外から援助を受けながら，他方では南―南の間で援助という形で他国へ開発援助を行うという，中国の「国際開発援助の分野における二重の身分」（日本国際問題研究所編，2012: 105）ともラベリ

ングされるような性格を意味している．

　中国の政府統計で労務輸出を「労務合作」（労働者協力）と「協力」と表現している理由は，当初の労務輸出が請負工事受注にともなうものであり，その請負工事が市場ベースというよりも，国際協力の性格を強く持っていたからである．現在でも中国の対外援助は，「貿易，投資，援助三位一体型」ともいわれ，貿易が市場取引と援助の狭間におかれている（日本国際問題研究所編，2012: 21-23）．

　そこで，労務輸出政策が対外援助政策の影響を受けるとどのような性格を帯びるか考えてみよう．市場取引の場合は，取引主体は企業でもそこで就労する労働者もその取引から利益を得ることが当然視されるだろう．しかし，それが市場取引ではないとするならば，援助や友好促進といった政治目的が最優先されるのであり，利益活動は第二義的な位置に置かれる．したがってそのプロジェクトに関わる労働者は本音では経済的動機づけが目的であっても，プロジェクトに参加する限りその本音については表明できない．第2に，経済援助の主体は国家であるから，援助に関わる人は国家目的の下で働くことになり，そこには個人の選択，自発性の発揮の余地が非常に少なくなる．国家の命令のもとに，海外派遣の労働者として就労するという性格が強くなってこよう．

　以上の2点を考慮すると，日本に来日する中国人技能実習生の場合，労務輸出という枠組みで来日するのであるから，中国の労務輸出政策がその創設当時に持っていた性格の影響を受けていることは想像するに難くない．たとえば，来日目的についていくら質問されても，「先進国日本の技術を学ぶために来日した」としか答えないように厳しく指導されている．技術習得が本来の目的であるので，来日前の職業について，あるいは帰国後の職業について決められた答えしかしない，などの態度が見られ，自分たちの本音や生活実態を知られることについては極度に用心深くなっている．国家の制度的枠組みのなかで海外出稼ぎに来たという意識が非常に強くなっている．そして，金を稼ぎに来たという本音の部分が表面化しにくければしにくいほど，実際の就労場面では，賃金にこだわるという傾向を見せるのではないだろうか．

3-4 派遣労働者の業種,職種と技能レベル

　海外派遣労働者,すなわち労務輸出される労働者の業種と職種については近年の数値は明らかにされていない.2004年度の数値によれば(海外職業訓練協会,2009b),海外派遣労働者53万人のうち,製造業37.6％,建設業26.3％,農林漁牧畜業が13.6％の比率であった.この比率は,請負工事および労務輸出の両者の人数を合計した比率である.2007年のものは**表9-4**に整理したが,建設業36.3％,製造業32.4％,農林漁牧畜業が10.6％の比率であり,製造業と建設業の順位が入れ替わっているが,両者でほぼ1/3ずつを占めていること,農林漁牧畜業がほぼ1割であることがわかる.

　請負工事による派遣労働者がこの比率に含まれているために,建設業の占める割合が高く,また製造業の比率も高く,農林漁牧畜業の比率も第3位である.一方,日本に相当数流入しているIT関連技術者を含む情報サービス業などの専門職の派遣は少なく,全体として低熟練労働者が多い産業に集中していることがわかる.

　職種別統計にはアクセスできなかったが,小分類がある職種は次のとおりである.農林漁業では漁船船員,農業栽培,製造業では紡績工・縫製工,電子工,機械加工,交通運輸業では船員,航空乗務員,レストランサービス業では中華料理コック,科学・教育・保健医療業では看護師,漢方医などである.そのうち中国文化を代表する,中華料理コックや漢方医などについては,それらの職業別の派遣会社が中国各地区にあり,そうした会社を通じて海外派遣が行われている.船員もそうした職種の1つであり,韓国船籍の乗組員は多くが中国人船員であるとされている.ただし,こうした熟練職種の派遣労働者数は全体として見るとわずかである.また中国では刺繡技術が伝統工芸として長い歴史を持ち,紡績・縫製に関しては清朝時代からの伝統があるので,紡績・縫製工の労務輸出も伝統的になっている.さらに,工事請負で工場建設を受注した場合には,建設労働者ばかりではなく,工場稼働に必要とされる経営者や労働者も派遣される場合があり,それが製造業での派遣につながっている場合もあろう.たとえば,イラクへのプラント輸出に伴い,セメント工場,紡績工場,アパレル工場の経営・技術スタッフを派遣した事例があるという(丸川,1991: 38).

　日本の技能実習制度では農業,建設業,製造業での受け入れが可能であり,

表 9-4　2007 年度末在外派遣者業種別構成
(%)

農林漁牧畜業	10.6
製　　造	32.4
建　　設	36.3
ホテル・レストラン	3.7
科学・教育・文化スポーツ・保健医療	6.4
交通・運輸	7.3
設計・コンサルティング	0.5
情報サービス	0.2
その他	8.7

注：中国商務部対外投資統計より作成．
出典：商務部『中国サービス貿易発展報告 2008 年』．
引用：http://tradeinservices.mofcom.gov.cn/c/2009
-11-09/78191.shtml（2012 年 11 月 15 日参照）．

　狭義の労務輸出では日本への派遣人数が 1/3 強を占めていたことを考えると，表 9-4 の数値は日本の受け入れ業種の構成とも共通点が見られる．

　労務輸出される労働者の技能レベルの大半が低熟練職種に集中していることが特徴である．たとえばロシアの場合，極東の沿海地方ではロシア人労働者の供給不足で，建設業，農業，小売業の非熟練職種に中国人労働者が（正規の派遣者，不法就労者を含めて）構造的に組み込まれている．そして受け入れロシア側としては，①省レベルに労働力輸出に関する責任が分権化されていること，②質の低い中小企業が，研修の不十分な契約労働者を派遣していること，③国家指導が不十分であること，の 3 点について中国の労務輸出政策への不満があるとされている（堀江，2010: 158）．

　労務輸出される労働者の技能レベルについては，派遣先国の言語，文化の習得や派遣先で就業する職種の技能訓練などが送り出し省政府や送り出す市政府の努力で実施されている．しかし，上海市のように経済的に発展して，送り出し職種のなかでソフトウェア技術者，高級コック，漢方医などの専門職，技術職が派遣人員の 3 割を占めるような地区を除くと[4]，現状では派遣労務者の技能レベルはいまだ高くない．

4 労務輸出の歴史

ここで現在の労務輸出の性格を知るために，簡単にその歴史をみておこう．

4-1 前 史 1950年代～1979年

中国の労務輸出は，本格的には1978年の改革・開放後に始まったが，その前史ともいうべきは，1949年の新中国建国後の海外援助政策にある．1950年代からの，無償援助あるいは融資によるプロジェクト援助はアジアやアフリカの諸国やアルバニアなどの発展途上国への南─南援助であり，無産階級国際主義の理念のもとに，海外工事請負とそれに伴う労務輸出という形態で援助が行われた．トップダウン方式であり，かつイデオロギー優先の援助であったため，援助規模が大きすぎて国力を超えている，あるいは援助対象国の実需とはかけ離れた援助であるために，援助の効果に疑問がある，といった援助にまつわる批判がみられた．しかし発展途上国での工事請負の受注経験が，当初は中国の国営企業，その後は民間の建設請負企業に対して，海外請負工事受注と労務輸出のノウハウを蓄積させたことの意義はみられるという（馬，2007: 215-220）．

4-2 拡大発展期 1980年～1995年

海外への労務輸出は1980年以降，中国国内の市場経済への移行措置と重なって，当初は外貨獲得の手段として重視されるようになった．当初の労務派遣は，中央政府の対外貿易部によって，国営企業の各地の関連部門から人事異動命令という形で行われた．派遣者は，転勤の形で海外派遣され，派遣後は元の職場に復帰した．しかしこうした形での直接派遣では人数のうえでも制約があり，1985年から各省と市の対外経済連絡局が，「国際経済技術合作公司」という外郭団体を設立して労務派遣機関としての業務を担うようになった．ただその責任者と中間管理職のほとんどが各地の政府と対外経済連絡局の幹部によって兼担された（陳，2010: 106）．しかも，対外労務合作権は，各地域につき1機関にのみ付与されたので，事実上地方政府の独占状態であった．

この国際経済技術合作公司は商務部の認可機関であったが，このルート以外に新たに労働部（現，人力資源和社会保障部）による労務輸出ルートが1994

年に確立された．日本への研修生送り出しのみに限定すれば，外国専家局（国家人事部の管轄下の行政機関）ルートによる専門技術職の海外派遣という形で日本に労働者を派遣していた．しかし，これは対日本のみの輸出ルートにすぎない．当時の労働部は，海外派遣労働者の管理および保護を目的としており，工事請負以外の労務派遣については，労働部認可の派遣企業を通じても実施可能となったのである．これ以降，2008年に労務輸出業務が商務部に再度統合されるまで，労務輸出業務の認可を得た派遣企業は，商務部系列と労働部系列とに二元化されたまま併存した．労務輸出業務が，関係機関にとって大きな利益の源泉であったことは，こうした関係機関の動きからも想像される．

また中央政府は，「走出去（海外進出）」の対外政策を，改革・開放政策の一環として位置づけ，労務輸出政策も対外貿易促進の一部としてきた．具体的には第8次5カ年計画（1991-1995年）で，労務輸出政策を本格化させている．その結果，1991年末の労務輸出に伴う年末在外労務者数は6.83万人，95年末では22.59万人であり，この間，3.3倍に拡大したのである．

こうした中国国内の変化は労務輸出先である日本にも影響を与えないわけにはいかない．中央政府以外の各省，各市，また商務部系列の派遣企業，労働部系列の派遣企業と派遣機関が多様化していった結果，派遣企業間の競争もあり，対日労務派遣者数も増加していった．1980年代後半の好景気下での日本の中小企業の人手不足は中国人研修生（当時）・技能実習生にとってのプル要因であったが，他方，中国側の労務派遣政策の許認可の範囲拡大にともなう派遣企業の増加は，中国人研修生増加のプッシュ要因とみなせよう．日本では，研修生受け入れのための管理組織として1991年に財団法人国際研修協力機構（JITCO）が設立されたが，その中国側のカウンターパートとして中日研修生協力機構（CITCO）が1992年に設立されている．

4-3 労務輸出制度の整備期　1996年から現在まで

労務輸出人員は，年末在外労務者数でみると，1996年の24.66万人から2002年の41.47万人に順調に拡大した後，2000年代になってからはほぼ40-50万人のままで推移している．

労務輸出の権利，対外労務合作経営権は中央政府から地方政府へと徐々に授

権範囲が拡大し，民間企業にもこの経営権が徐々に許可されるようになったが，この時期以降，労務輸出業に参入する企業が増大したこともあって，労務輸出業を経営する企業への認可基準が明確化されるようになった．この背景には，2001年に中国がWTOに加盟したことも影響しており，世界の労務輸出先国に対して，労務輸出を拡大したいという意図もあったと考えられる．

　2002年に当時の労働部は「国外就業仲介管理規定」を制定した．これによれば，仲介機関は法人格を必要とするが，所有制にかかわらず労務輸出業務を申請することが可能となり，労務輸出業の市場化が図られた．ただし，この規定は新規参入者を規定するものであって，すでに商務部から認可を得て営業している企業，ないしはそうした企業の傘下にあり，独自の営業許可を持たないが，上部企業ないしは親会社の看板を借りて営業している企業にとっては特に必要とされるものではなかった．

　一方，商務部は2004年に「対外労務合作管理規定」を発表し，労務輸出業務への民間企業参入を許可するようになった．

　その後，2008年に許認可権限の二元化が廃止された．商務部は，労務輸出を管轄し，一方，人力資源和社会保障部は，国内労働者の職業紹介，保護にあたることに業務区分が再統合されたのである．またこの「対外労務合作管理規定」は2012年にも改正され，さらに規制が強化された．たとえば，資本金の条件が500万元から600万元に増額されたほか，派遣労務者の賠償金準備としての準備金が従来の100万元から300万元へと増額された．こうした規定に基づく労務輸出業の経営資格は，各地方政府の対外経済貿易主管部門によって3年ごとに見直され，優良企業にはAAAマークが付与される．

　こうした派遣企業の管理を通して，政府は労働者の保護を行い，労務輸出政策の安全な実施と拡大をもくろんでいると思われる．実際，労務輸出に名を借りた人身売買，死亡を伴う労働災害の発生，輸出先国での事前契約と異なる業務の強制，テロの発生など，労務輸出にはさまざまな危険がともなう[5]．日本の場合は，国内の治安が確保されていること，技能実習生を含む労働者に対する保護の法律とその実施が他の労務輸出先国よりも徹底されていること，などの諸条件が整備されている．そのため，技能実習制度に対する問題の指摘はあるが，技能実習生受け入れ機関である日本の派遣企業への規制強化の要望はそ

れほど聞かれない．そもそも日本の団体監理型受け入れ団体である派遣企業に対しては，「職業紹介資格の取得」が唯一の政府規制であり，中国の労務輸出業務許可のような許可制をとっていない．

中国の建国後の労務輸出の歴史をみると，その政策が徐々に規制緩和され，労務輸出の主体が，国家から地方政府へ，そして民間企業へと拡大していったことがわかる．しかし，輸出先国の1つであり最大の受け入れ国である日本の側から見ると，中国の場合，派遣企業の許可という行為を通じて，労務輸出に対する国家権力の影響する度合いが非常に大きい．日本の労働者受け入れ政策は，受け入れ職種の限定，受け入れ期間の限定という形で国家が外国人労働者受け入れを間接的にしか管理していない．中国の労務輸出政策のこうした派遣企業への厳しい管理は，社会主義国家という事実から発生しているともいえるが，それと同時に，労働者送り出し国として，海外で就業中の労働者の安全確保と保護を行うために必要とされる管理，労働者送り出し国に共通して必要とされる管理ともいえよう．

5　地方政府の労務輸出政策

5-1　出証権の認可

中国では，中央政府の法律がそのまま全国各地の企業へ影響するというよりも，各省政府，直轄市政府などの地方政府を介して現場に影響を与えることが多い．労務輸出政策についても例外ではない．現在では出証権（労務輸出経営権）の認可は商務部に一本化されたが，実際の認可は第1段階として，各地方政府の商務部系列である商務局や「対外貿易経済合作局」に書類を提出し，資格審査と書類上の不備がないかのチェックを受ける．その次の第2段階では，「対外貿易委員会」が審査を行い，最後の第3段階で中央政府である商務部の審査をうけるというシステムとなっている．したがって，実質的には各地方政府による認可が，労務輸出を業務内容とする派遣企業にとっては重要となっている．

前節でみたように，出証権は初期の国有企業の占有状態から徐々に地方政府やその関連企業，民間企業へも許可されるようになって，国有企業から民間企

業にも拡大した．それにともなって労務輸出企業数も増大した．しかし，こうした結果として逆に出証権付与に関する公的規制が強まり，2012年の「対外労務合作管理規定」のような形の改正が行われていることはすでに指摘した．

煩雑な審査過程を経た出証権の認可とその維持（3年ごとの審査をクリアする）のために多大な時間と労力が必要とされるだろうことは想像に難くない．そしてこの時間と労力は結局，労務輸出にともなう費用として計上されざるを得ない．一方，派遣会社の収入源は派遣労働者からの管理費用と斡旋先雇用主からの管理費用しかないのであるから，そのどちらか，あるいは両者の管理費用から，労務輸出にともなう諸経費が負担されていることになる．その結果，本来は派遣労働者の保護を目的として設置された制度が，他方では労務輸出費用を押し上げ，派遣労働者が海外で獲得する賃金から差し引かれるという実態となっている．この点は労務輸出政策上の矛盾であろう．

移民政策は，受け入れ国の受け入れ政策の側面でも種々のジレンマがあるが，送り出し国における送り出し政策の側面でやはりジレンマがある．それは，理念的には労働移動の自由が保障されている労働市場に対して，国家が出証権認可という形で介入し，国境を越えた労働移動に対して国家が制限を付すからである．出証権認可制度は，派遣労働者の出国費用を引き上げ，結果として労働者の家族への送金総額を引き下げている．海外派遣にともなう安全と保障の程度を高めれば高めるほど，労務輸出に伴う費用が増大するというジレンマが生じてしまう．こうした場合，国家は外貨獲得，雇用機会確保など労務輸出のメリットと，労務輸出に関する規制の在り方について，常にバランスのとれた判断を求められよう．

5-2 出証権なしの企業の存在

出証権の認可基準が厳しくなればなるほど，出証権認可企業の価値が高まり，他方，出証権をもたない企業が多数輩出される．ところで，労務派遣企業の業務内容だけをみれば，これは一種のブローカー業であり，格別な生産設備，場所を必要とせず，電話，ファックスなどの通信手段とそのための事務所さえあれば参入できる業態である．いわば資本を必要としないために，本来は参入障壁が非常に低い産業である．そのため，業界内の派遣企業のなかにはヤクザ組

織や犯罪組織に近い企業もあり，そうした不適切な企業を排除し，派遣企業の信頼性を高めるために出証権制度が設置されたといってよいだろう．

人材斡旋，海外労務輸出業が利益をもたらせばもたらすほど，参入障壁が低い業界への新規参入希望者が増大するが，一方では出証権認可は厳しくなるばかりであるので，意図せざる結果として，派遣業界での出証権なし企業の増加がみられる．出証権なし企業とは，企業規模5-6人で労務輸出業を営むブローカーといってもよいだろう．事業内容は出証権を持つ企業と同じで，労働者の募集・育成・研修・労務輸出先企業への紹介を行っている．出証権を持たないという事実が，必ずしも悪徳業者を意味するとは限らない．大手派遣企業で労務輸出を担当していた人が，自分の担当した日本の得意先企業を抱えて独立する事例などが見られる．しかし企業として出証権を持たないために，出証権を持つ大手派遣会社の名義を借りて実際の労務輸出業務を行っているのである．そして現実に名義を借りる場合は，貸す企業，借りる企業とも相互に営業圏を侵さないよう，他地域，他の省の異なる商圏を持つ企業間で出証権のやりとりをする傾向にある．

労務輸出企業の事業内容を見ると，その内容はどちらかといえば大企業よりも中小企業に適したものである．派遣労働者の職業訓練教育，語学教育などの教育と，パスポート取得などの事務作業については規模のメリットが働くが，派遣企業の主たる業務は，それ以上に派遣先企業が求める優秀な人材を確保することにある．そのため，派遣会社は現実には農村地域を回って海外への派遣労働者を掘り起こす業務と，労働者が海外就労中にそれぞれの送り出し家族のケアをする業務も行っている．現実的には，派遣労働者の側のニーズに即したこうした派遣会社からの細かな配慮がなければ，低学歴者中心の農村在住者を海外へ継続的に派遣する事業は成立しないであろう．そしてこうした配慮は，官僚制組織のなかで活動する派遣大企業ではなく，小回りのきくこうした小規模な企業でしか行えないような業務である．

以上のように，出証権をもたない中小規模の派遣企業でもそれなりの存在意義はある．また，中国の労務輸出業においては，名義貸しに対する罰則はみられない[6]．そこでこうした出証権なし企業の存在をどう位置づけるかは，先の「対外労務合作管理規定」では何も示されていない．その結果，各地方政府あ

るいは市によって出証権なし企業の取り扱いが異なる．たとえば，大連市はこうした出証権のない企業も，労務輸出業の供給源であると位置づけて，大連市独自の出証権認可を行い，経営資格を改めることによって業界の秩序形成をはかっている[7]．一方，威海市はこうした規模の小さい出証権のない企業は，派遣労働者の教育訓練が不足し，海外労働市場の情報不足で，労務輸出業界の発展上好ましくないと考え，排除する政策をとっている．

大連市も威海市もいずれも日本に毎年，多数の技能実習生を送り出している地域である．その2つの地域がこのように異なる政策をとっているということは，出証権なしの企業がどれほど多数存在しているか，またその管理がいかに難しいかを如実に示しているように思える．

5-3 労務輸出大企業と主たる労務輸出地域

労務輸出業は，大手企業から社長1人といった個人企業まで実は多数の出証権なし企業で構成されている業界である．そのうち，大企業は**表9-5**にみられるとおりである．その特徴は，以下のとおりである．

第1に，労務輸出が当初は経済援助と一体化し中央政府の独占であった歴史的経緯があるために，大企業は国営企業であることであり，また地方企業であっても，その設立・運営主体は省，直轄市，単列市など公営企業の性格をもっていることである．

第2に，日本のJITCOが認定している認定送り出し機関は，表中の国営企業はすべて含まれ，また地方企業では，遼寧省（大連市），河南省，山東省（威海市，烟台市）など沿海部に位置する企業が多い．たとえば，第3位にある大連国際合作股份有限公司は大連市が経営する地方企業で，2010年度の年間派遣者数は4419人，年末在外就業者数は6056人である．2008年に実施した同公司へのヒアリングでは，日本への派遣者数はおよそ毎年1000人で，在日実習生数はおよそ3000人であった．同公司派遣の在外就業者のおよそ半数は日本向け技能実習生であるということになる．

第3に，労務輸出業の大企業は，ほとんどが労務輸出業以外の業務を営んでいる総合商社型企業であり，日本向け労務輸出はその一部門にすぎない．他の業務は，広義の労務輸出を含む請負工事受注であり，これは請負工事も労務輸

表 9-5　大規模労務輸出企業名と派遣者数（2010年度） (人)

順位	企業名	国営・地方	JITCO認定送り出し機関	年間派遣者数	年度末在外就業者数
1	中海海員対外技術服務有限公司	国営	○	5,890	4,026
2	泉州中泉国際経済技術合作（集団）有限公司	地方		5,702	4,241
3	中国大連国際合作（集団）股份有限公司	地方	○	4,419	6,056
4	長砂市対外経済貿易有限公司	地方		4,097	6,115
5	中国河南国際合作集団有限公司	地方	○	3,725	3,825
6	威海国際経済技術合作股份有限公司	地方	○	3,637	6,183
7	珠海国際経済技術合作公司	地方		3,112	6,132
8	広州対外経済発展総公司	地方		3,104	3,496
9	湖南国際工程建設有限責任公司	地方	○	3,083	5,679
10	廈門海隆対外労務合作有限公司	地方		2,663	2,050
11	河南君誠対外経済技術合作有限公司	地方		2,457	2,060
12	上海遠洋対外労務有限公司	地方		2,435	2,266
13	中国山東対外経済技術合作集団有限公司	地方	○	2,337	4,674
14	中遠対外労務合作公司	国営	○	2,311	3,129
15	中国廈門国際経済技術合作公司	地方		2,300	4,384
16	北京鑫裕盛船舶管理有限公司	地方		2,266	2,081
17	中海国際船舶監理有限公司	地方		2,208	1,516
18	烟台国際経済技術合作集団有限公司	地方		2,201	4,635
19	中国国際技術智力合作公司	国営		2,005	4,958
20	中建国際労務有限公司	国営	○	1,916	3,316

出所：中国商務部（2011: 205），JITCOホームページ　http://www.jitco.or.jp/send/situation/china/sending_organizations.html（2012年11月26日参照）．

出も，元来は海外援助，海外投資のサービス貿易部門に位置づけられていることから当然であろう．その他の業務は企業ごとに異なるが，韓国向け，シンガポール向けの労務輸出，あるいは旅行代理店業務，船員派遣，中国料理コック派遣，輸入自動車販売代理店，派遣労務者の派遣前教育学校，職業訓練校など多種多様な業務を兼ねている場合がある．国営企業の場合は，管理職に限定して部門間の配置転換もある．

　こうした中国側の統計からみると，日本への技能実習生派遣はあくまでも労務輸出という形態をとったビジネスであること，そしてその主体は，地方政府が運営する大規模労務派遣会社を中心に，多様な規模の民間の人材派遣会社で

表 9-6 地域別にみた労務輸出による年末在外派遣者数　(人)

	2011年度地域別順位	2008	2009	2010	2011
総計		467,110	450,277	470,095	488,409
国営業種別国際公司計		26,728	27,909	28,195	28,418
地方公司計		440,382	422,368	441,900	459,252
山東省	1	72,580	72,612	75,737	81,741
吉林省	2	43,679	50,647	57,066	60,643
江蘇省	3	66,240	62,991	60,051	53,839
河南省	4	27,359	31,295	39,707	45,180
広東省	5	33,691	33,124	33,901	38,621
遼寧省	6	40,850	31,345	34,074	36,529
福建省	7	37,312	27,840	23,873	27,030
湖南省	8	14,158	14,568	16,381	18,681
上海市	9	20,165	17,893	17,417	15,932
四川省	10	8,925	9,754	10,734	12,123

出所：表 9-1 に同じ．p. 635.

あることが示されているだろう．

表 9-6 は，地域別にみた年末在外労務派遣者数である．2011 年度の場合，年末在外就業者数は 48.8 万人で，国営企業による派遣者数は 2.8 万人でわずか 5.8％にすぎない．したがって国営企業の場合は，大規模に労務輸出を行う企業が存在するが，その数はわずかで，労務輸出の 95％弱は地方企業によって行われていることが示されている．地方企業，とりわけ地方政府，その下部組織の市などが運営する公的な派遣企業，そして無数の民間企業が大きな役割を果たしていることが推測される．

在外就業者の出身地域を省別にみると，山東省，吉林省，江蘇省となっていて，やはり沿岸地域が多い．日本への労務輸出は，山東省，江蘇省，遼寧省が多い[8]．これはこうした地域が日本に近接して旅費が安くて済むからであると思われる．シンガポールなど東南アジアへの労務輸出にはより南の広東省や福建省，ロシア方面へは吉林省などそれぞれ近接する地域への労務輸出が行われていると思われる．なお，この統計は派遣企業を通じて集計されたものであるから，内陸部の地域出身で沿岸部の都市に就労している農民工が労務輸出の派遣労働者となった場合も，最終送り出し機関の派遣会社の所在地で出身地が分

類されてしまう．したがって**表9-6**は派遣労務者の真正な出身地ではないが，おおよその数値として見れば，間違いはないと思われる．

6　日本の技能実習制度への影響

　以上，中国の労務輸出政策を概観したが，最後に日本の技能実習制度との関連について触れておこう．

　中国の労務輸出政策が元来は，対外経済援助政策と一体化していたために，日本の技能実習制度の設立目的である，近隣諸国への技術移転という制度趣旨と中国側の労働者送り出し政策は，目的の抽象性という意味では相互にシンクロナイズしていた．しかし，送り出し国の中国側では，労務輸出事業が民間企業の手に委ねられ，ビジネス化して国家政策の一部というよりも，民間事業として利益追求のための経済活動という性格が強まった．こうした変化は，受け入れ側である日本にも影響を与えないわけにはいかない．受け入れ企業は，当初の技能移転という制度趣旨をいともたやすく捨て去り，技能実習制度を外国人労働者受け入れ制度として，コスト・ベネフィットを考えて利用するようになった．技術移転という言葉は，いまや技能実習生が外部の人間から来日目的を問われた際の模範解答としてしか使用されないのではないかと思わせるまでに，形骸化してしまった．したがって，今後いつまで技能実習制度設立時の制度目標を維持できるのか，はなはだ疑問である．

　また中国側の派遣会社に対する出証権認可という労務輸出企業への審査は，一方では企業への負担となり，それがひいては派遣労働者への負担増とつながっている．もちろん，派遣労働者に対しても，日本の技能実習生受け入れ企業からの信用を獲得するうえでも，何らかの政府規制は必要とされよう．しかし，その規制それ自体が別の面からみると，労働者への負担を増している．

　さらに法律上の規定にはないが，中国人技能実習生が日本で就労期間中に失踪者となることは，それに付随してさまざまな問題を派生させている．失踪者による損失は派遣会社にとって最大のマイナス点であり，信用の喪失に結びつく．自社の派遣労働者から失踪者が出ないことが派遣企業の信用性を高めることになっているとともに，失踪者が出れば派遣会社自身も管理費を徴収できな

くなる．そのため，派遣会社の失踪防止努力が時には人権侵害とつながる場合も見られる．また派遣会社から日本側の受け入れ企業を見た場合，失踪者が出るような受け入れ企業は問題先企業として分類され，その後の派遣を拒否するケースもある．失踪問題は派遣先国での労働移動が認められない労務輸出そのものの問題であり，またその派遣労働者を受け入れている技能実習制度の根底的な問題でもある．

そして最後に派遣会社間の過当競争の存在を指摘できよう．日本は昨今，その経済成長に陰りを見せたとはいえ，韓国，台湾，シンガポールなど他のアジアの外国人労働者受け入れ国よりも高い賃金水準を提供している．そのうえ，法治国家として安全が保障されている．国外出稼ぎ希望の中国人労働者の就業先国として日本の人気は高い．中国沿海部の工業化の進展によりその地域での雇用機会が増加し，賃金水準が急激に上昇したとはいえ，依然として農村居住者にとって国外へ，特に日本への出稼ぎは魅力的に映っているようである．

また省，市などの地方政府も（海外）「派遣基地」[9] と呼ばれる派遣労働者向けの職業訓練施設を設立する，あるいは海外就労のために当初必要とされる金を貸与金という形で融資する，などの施策を実施し，労務輸出を奨励している．そうした施策に後押しされた技能実習生が，日本の労働市場に参入するのであるから，どうしても派遣企業間の過当競争が起こりやすい．その結果として，2009年の入管法改正以前は研修生手当が低下した（第4章の図4-3参照）．現在は，技能実習生に対して来日当初から最低賃金が保障されるが，裏取引として最賃以下で就労することを前提に派遣会社と受け入れ企業との間で派遣契約が結ばれ，派遣会社は派遣労働者にそうした事情を説明し，納得した人だけを技能実習生に選抜し派遣する事例もみられた．日本派遣に対する過当競争がこうした賃金ダンピングを招いているといってよいだろう．

以上のように，日本の技能実習制度は送り出し国中国の労務輸出政策の在り方と密接に結びついている．日本における技能実習生の行動は，彼らを送り出した母国の労務輸出政策と切り離しては考えられないのである．そしてその労務輸出政策は，国家の政策とさらに結びついている．中国の労務輸出政策とそれによって派遣された労働者を受け入れる日本の技能実習制度との間には，労働者の供給と需要をめぐって相互に依存関係にあり，今後ともこの依存関係は

継続するものと考えられる．労務輸出政策への注視を継続していかねばならないだろう．

1) 法務省の「登録外国人統計 2011 年度版」によると，2011 年 1 月 1 日現在で日本に在留している技能実習生数（企業単独型・団体監理型を含め）は 14 万 1994 人であり，そのうち中国人は 10 万 7601 人であった．この人数は，就労目的で在留している中国人登録者の 55.0％であった．
2) 「対外労務合作は労働者の派遣を通じて技能をもって国際労働市場の必要を満たし，サービスを提供することによって，国家の外貨収入を増やし，国際経済技術交流を拡大するための高いレベルの対外経済活動であり，中国の対外経済貿易活動の重要な一部を成している」と 1994 年に行われた日本とのシンポジウムで，当時の中国対外経貿部国外経済合作局局長の陳永才が述べている（日本労働研究機構編, 1996: 130）．
3) いずれも，中国統計年鑑より引用．
4) http://baike.baidu.com/view/167357.htm#1 （2012 年 11 月 23 日参照）．
5) たとえば，近年では次のような事例がある．2011 年に発生したリビアの内戦の際に，現地での受注プロジェクトに派遣されていた中国人建設労働者が反政府軍に襲われ，中国政府は中国から飛行機を手当てして労働者のリビアからの脱出を図った．
6) 日本の技能実習制度では，書類上の受け入れ団体と実際に受け入れている団体が異なる場合は，「名義貸し」として入管法違反の事例に該当する．
7) 2005 年時点の通達であるが，大連市「対外労務合作仲介機能経営資格に関する通達」では，登録 1 年以上の法人で資本金が 50 万元以上の企業，直近 2 年間に，対外公司に 100 人以上の労働力を提供した企業，オフィス面積 100 ㎡以上，その他，職員 2 名以上，外国語ができる職員 1 名，法律専門職員 1 名以上を有する，などの要件が規定されている（常, 2005: 86）．これは商務省の「対外労務合作管理規定」よりすべての面で緩やかな基準となっている．一方，中央政府の規定は，資本金，職員数などこれを大きく上回る（小林, 2012）．
8) 日本向けの技能実習生の出身地は，江蘇省，山東省，遼寧省が多い．法務省「登録外国人統計 2011 年度版」によって各都道府県に在留する中国人のうち，技能実習生が 6 割以上を占める愛媛県，徳島県，福井県の 3 県に居住する中国人の出身地を見た．それによると，遼寧省，山東省，江蘇省の 3 省出身者がそれぞれ 57％，60％，55％を占めていた．
9) 派遣基地は海外派遣労働者向けの職業訓練機関でありかつ職業紹介機関でもある．各地方政府が直接運営する事例と，地方政府が民間企業と協力しながら運営する事例があり，後者の場合は，地方政府の下にある企業のうちから訓練に適切な工場を選んで派遣基地に指定している．日本の地方自治体が運営する認定職業訓練校は，職業訓練資格を有すると認定した企業に対して，自治体の援助の下に職業訓練を実

施しているが，中国の派遣基地も類似の性格を持っているものと思われる．海外派遣を希望する労働者は，比較的安価な登録料を支払えば派遣基地で訓練を受けられる．派遣会社は，①こうした派遣基地の登録労働者，②あるいは省内に自らはりめぐらしたネットワーク（省内の主要都市におかれた提携先の派遣会社）からの推薦者，の両者のルートを使用して海外の雇用主が求める人材を募集するのである．労務輸出に熱心な山東省の場合，2010年時点で省内の派遣基地は15カ所あり，2-3年のうちにさらに7カ所の増設を検討していた（2010年8月5日，山東省の派遣会社A社からのヒアリングによる）．

参考文献

【日本語文献】

明石純一, 2010, 『入国管理政策――「1990年体制」の成立と展開』ナカニシヤ出版.
安里和晃編, 2011, 『労働鎖国ニッポンの崩壊』ダイヤモンド社.
井口泰, 2001, 『外国人労働者新時代』筑摩書房.
伊藤欣士, 1994, 『技能実習制度』労務行政研究所.
伊藤正一, 1998, 『現代中国の労働市場』有斐閣.
稲上毅, 1992, 「経営戦略・外国人労働市場・雇用管理――事例からみたスペクトラム構造」稲上毅・桑原靖夫・国民金融公庫総合研究所『外国人労働者を戦力化する中小企業』中小企業リサーチセンター, pp. 114-181.
稲上毅・桑原靖夫・国民金融公庫総合研究所, 1992, 『外国人労働者を戦力化する中小企業』中小企業リサーチセンター.
茨木のり子, 1979, 『詩のこころを読む』岩波ジュニア新書.
氏原正治郎, 1966, 『日本労働問題研究』東京大学出版会.
大橋英夫, 2012, 「中国の非援助型対外経済協力――『対外経済合作』を中心に」日本国際問題研究所編『中国の対外援助』日本国際問題研究所研究報告.
尾形隆彰, 2005, 「中小企業の外国人労働者」石川晃弘・川喜多喬・田所豊策編『東京に働く人々』法政大学出版局, pp. 129-164.
岡室美恵子, 2011, 「中国の労働者送り出し政策」明石純一編著『移住労働と世界の経済危機』明石書店.
尾高邦雄, 1941, 『職業社会学』岩波書店［尾高邦雄, 1995, 『尾高邦雄選集第1巻 職業社会学』夢窓庵, に改訂掲載］.
海外職業訓練協会, 2009a, 『主要先進国における人材養成分野の国際協力施策調査報告書平成20年度中国編』海外職業訓練協会.
海外職業訓練協会, 2009b, 「各国・地域情報――中国：労働力送出・受入れについて」（2009年11月30日作成 http://www.ovta.or.jp/info/asia/china/laborsend.html 引用日2012年11月18日）.
外国人研修・技能実習制度に関する研究会（座長・依光正哲）, 2007, 『「外国人研修・技能実習制度に関する研究会」とりまとめ』経済産業省経済産業政策局.
外国人研修生権利ネットワーク編, 2009, 『外国人研修生 時給300円の労働者2』明石書店.
外国人研修生問題ネットワーク編, 2006, 『外国人研修生 時給300円の労働者』明石書店.
外国人雇用問題研究会（座長・岩村正彦）, 2002, 『外国人雇用問題研究会報告書』厚生労働省職業安定局.
梶田孝道, 1994, 『外国人労働者と日本』NHKブックス.

梶田孝道，2001，「現代日本の外国人労働者政策・再考——西欧諸国との比較を通じて」梶田孝道編『講座・社会変動7　国際化とアイデンティティ』ミネルヴァ書房．
梶田孝道・丹野清人・樋口直人，2005，『顔の見えない定住化』名古屋大学出版会．
梶田孝道・宮島喬編，2002，『国際社会1　国際化する日本社会』東京大学出版会．
加瀬和俊，2005，「漁業・水産加工業における外国人労働者問題についての一考察」『漁業経済学会ディスカッションペーパー』第1巻．
上林千恵子，1993，「日系ブラジル人労働者の雇用管理と企業内での役割」『情報と社会』第3号，江戸川大学．
上林千恵子，1998，「技能実習制度の成立経緯とその問題」『労働研究所報』no.19，東京都立労働研究所．
上林千恵子，2001，「外国人研修・技能実習制度と中小企業」NIRA・シティズンシップ研究会編『多文化社会の選択』日本経済評論社．
上林千恵子，2002，「日本の企業と外国人労働者・研修生」梶田孝道・宮島喬編『国際社会1　国際化する日本社会』東京大学出版会．
上林千恵子，2004，「外国人労働者と中小企業」堀江康熙編『地域経済の再生と公共政策』中央経済社．
上林千恵子，2005，『外国人労働者受入れ制度の定着過程』平成16-17年度科研費基盤研究（C）報告書．
上林千恵子，2007，「アジア諸国の労働者海外送出し政策の現状——中国を中心にして」『世界の労働』第57巻第10号，日本ILO協会．
上林千恵子，2009，「一時的外国人労働者受入れ制度の定着過程——外国人研修・技能実習制度を中心に」『社会志林』第55巻第1号，法政大学社会学会．
上林千恵子，2010a，「外国人技能実習制度の現状と今後の課題」『労働調査』2010年11・12月号，労働調査協議会．
上林千恵子，2010b，「外国人単純労働者の受け入れ方法の検討——日本の技能実習制度と西欧諸国の受け入れ制度との比較から」五十嵐泰正編『労働再審2　越境する労働と〈移民〉』大月書店．
上林千恵子，2012a，「外国人労働者の権利と労働問題——労働者受け入れとしての技能実習生」宮島喬・吉村真子編『移民・マイノリティと変容する世界』法政大学出版局．
上林千恵子，2012b，「中国人技能実習生の出身階層と技能実習の成果——母国への送金と職場規律・生活規律の修得」連合総合生活開発研究所編『経済危機下の外国人労働者に関する調査報告書』連合総合生活開発研究所．
上林千恵子・山口塁，2013，「岐阜アパレル産業における労働確保施策の変遷」ワーキングペーパー no.176，法政大学比較経済研究所．
亀田進久，2008，「外国人労働者問題の諸相」『レファレンス』第687号，国会図書館調査立法考査局．
川端直志，1989，「経済教室」『日本経済新聞』1989年7月15日付．
菊池高志，2009，「中国における労働市場政策の法——就業促進法の制定」『季刊労働法』224号，労働開発研究会．
清川雪彦，2003，『アジアにおける近代的工業労働力の形成』岩波書店．
漁業経済学会編，2005，『漁業経済研究』vol.50. no.2，漁業経済学会．

倉沢進，1987，「大都市東京の新しい活力」『東京都・2025年』東京都福祉局．
桑原靖夫編，2001，『グローバル時代の外国人労働者』東洋経済新報社．
厳善平（ゲン・ゼンヘイ），2008，「上海市における二重労働市場の実証研究」『アジア経済』2008年1月号，アジア経済研究所．
厳善平，2009，『叢書中国的問題群7　農村から都市へ──1億3000万人の農民大移動』岩波書店．
研修・技能実習制度研究会（座長・今野浩一郎），2008，『研修・技能実習制度研究会報告』厚生労働省能力開発局．
小池和男・中馬宏之・太田聰一，2001，『もの造りの技能』東洋経済新報社．
小井土彰宏，2002，「産業再編成と労働市場の国際化」小倉充夫・加納弘勝編『講座社会学16　国際社会』東京大学出版会，pp. 31-83．
小井土彰宏，2005，「エスニシティ」宮島喬編『現代社会学』［改訂版］有斐閣，pp. 120-141．
神代和欣，1992，「季節出稼ぎ労働者の地域別移動」『エコノミア』vol. 43, no. 3, 横浜国立大学経済学会．
国際研修協力機構編，1999，『海外研修生・技能実習生に対する技術・技能教育』国際研修協力機構．
国際研修協力機構編，2000，『2000年版　外国人研修・技能実習事業実施状況報告書──JITCO白書』国際研修協力機構．
国際研修協力機構編，2001，『2001年版　外国人研修・技能実習事業実施状況報告書──JITCO白書』国際研修協力機構．
国際研修協力機構編，2005，『外国人研修生・技能実習生受入れ実態調査──外国人研修生・技能実習生の受入れに伴う中小企業団体等の運営に係わる事例研究』国際研修協力機構．
国際研修協力機構編，2010，『2010年版 JTICO白書』国際研修協力機構．
小関智弘，1981，『大森界隈職人往来』朝日新聞社．
小林昌之，2012，「中国における人の移動の法制度」山田美和編『東アジアにおける人の移動の法制度』調査研究報告書，アジア経済研究所．
佐藤忍，2006，『グローバル化で変わる国際労働市場』明石書店．
佐藤忍，2010，「一時的労働力輸入に関する考察」『香川大学経済論叢』第82巻4号．
佐藤宏，2003，『現代中国経済7　所得格差と貧困』名古屋大学出版会．
佐野哲，2002，「外国人研修・技能実習制度の構造と機能」駒井洋編『国際化のなかの移民政策の課題』明石書店．
佐野哲，2008，「日本とアジア諸国における外国人単純労働者の受け入れ政策」『経営志林』vol.45, no.3.
ジェトロ編，2006，『アジアの投資環境比較（労働力）　タイ・マレーシア・インドネシア・フィリピン・ベトナム・中国・インド』ジェトロ．
式部信，1992，「『外国人労働者問題』と労働市場理論」梶田孝道・伊豫谷登士翁編著『外国人労働者論──現状から理論へ』弘文堂，pp. 137-168．
下平好博，1999，「外国人労働者──労働市場モデルと定着化」稲上毅・川喜多喬編『講座社会学6　労働』東京大学出版会，pp. 233-271．
衆議院調査局法務調査室編，2008，『外国人研修・技能実習制度の現状と課題』衆議院調査

局法務調査室.
常清秀，2005，「『研修生制度』と外国人労働力問題——中国山東省威海市の水産加工研修生を対象として」『漁業経済研究』第 50 巻第 2 号，漁業経済学会.
鄒庭雲（スウ・テイウン），2009，「中国における労働者派遣の法規制とその課題」『季刊労働法』224 号，労働開発研究会.
菅野和夫，2012，『労働法』［第 10 版］弘文堂.
鈴木宏昌，1990，「国際労働移動に関する理論展開について」『早稲田商学』no. 340, pp. 1-18, 早稲田商学同攻会.
総務省行政評価局，2013，『外国人の受入れ対策に関する行政評価・監視結果報告書』総務省行政評価局.
宣元錫（ソン・ウォンソク），2003，「外国人研修・技能実習制度の現状と中小企業」依光正哲編『国際化する日本の労働市場』東洋経済新報社.
太武原（タイ・ムゲン），2005，「中国における国際労務輸出について——延辺朝鮮族自治州からみた国際労務輸出の一断面」『大阪経大論集』56(3)，大阪経大学会.
田嶋淳子，2010，『国際移住の社会学』明石書店.
丹野清人，2007，『越境する雇用システムと外国人労働者』東京大学出版会.
丹野清人，2013，『国籍の境界を考える』吉田書店.
中馬宏之，2003，「労働市場における二極分化傾向——構内請負工急増の事例から」『フィナンシャル・レビュー』no. 67, pp. 57-74, 財務総合政策研究所.
陳立行（チン・リッコウ），2010，「中国における労働市場と労務輸出の変容」『日本福祉大学経済論集』no. 40, 日本福祉大学経済学会.
手塚和彰・駒井洋・小野五郎・尾形隆彰編，1992，『外国人労働者の就労実態』明石書店.
東條吉純，2007，「地域経済統合における『人の移動』の自由化——越境労働力移動に対する新たな国際的取組の形」REITI ディスカッション・ペーパー，07-J-008，経済産業研究所.
中村二朗・内藤久裕・神林龍・川口大司・町北朋洋，2009，『日本の外国人労働力——経済学からの検証』日本経済新聞出版社.
日本経済団体連合会，2007a，『外国人材受入問題に関する第二次提言』日本経済団体連合会.
日本経済団体連合会，2007b，『外国人研修・技能実習制度の見直しに関する提言』日本経済団体連合会.
日本経済調査協議会編，2008，『外国人労働者受入れ政策の課題と方向——新しい受入れシステムを提案する』日本経済調査協議会.
日本国際問題研究所編，2012，『中国の対外援助』日本国際問題研究所.
日本繊維産業連盟，2006，『「繊維産業における外国人研修・技能実習制度に関する状況調査」報告書』日本繊維産業連盟.
日本労働研究機構編，1996，『労働市場の国際化とわが国経済社会への影響』日本労働研究機構.
日本労働研究機構編，1997，『リーディングス日本の労働 9　労働の国際化』日本労働研究機構.
野村総合研究所，2009，『アジア諸国における労働力の国外送り出しに関する調査研究』経済産業省平成 20 年度産業競争力強化人材育成事業委託費調査報告書.

濱口桂一郎，2007，「外国人労働者の法政策」『季刊労働法』no. 218, 労働開発研究会，pp. 191-210.
範立群（ハン・リツグン）・橋本吉文，2006，「中国の海外への労働輸出の現状と政策動向」『世界の労働』56 巻 9 号，日本 ILO 協会．
堀江典生，2010，「ロシアの外国人労働移民管理と中ロ労働力移動」大津定美・松野周治・堀江典生編著『中ロ経済論』ミネルヴァ書房．
馬成三（マ・セイサン），2007，『現代中国の対外経済関係』明石書店．
毎日新聞東京本社社会部編，1989，『じぱんぐ』毎日新聞社．
町田幸雄，1988，「不法就労外国人の実態」『ジュリスト』no. 909, 有斐閣，pp. 18-25.
丸川知雄，1991，「中国の労働力輸出」『大原社会問題研究所雑誌』no. 389，大原社会問題研究所．
三木奈津子，2005，「水産加工業における外国人労働の実態と課題」『漁業経済研究』第 50 巻第 2 号，漁業経済学会．
宮島喬，2012，「外国人の〈教育を受ける権利〉と就学義務——その適用をめぐる諸問題」宮島喬・吉村真子編著『移民・マイノリティと変容する世界』法政大学出版局，pp. 47-69.
宮島喬，2014，『外国人の子どもの教育——就学の現状と教育を受ける権利』東京大学出版会．
山川隆一，2007，「外国人労働者と労働法上の問題点」『季刊社会保障研究』vol.43, no.2, 国立社会保障・人口問題研究所．
山下昇，2009，「中国における労働契約の解約・終了の法規制」『季刊労働法』224 号，労働開発研究会．
依光正哲，2003，「日本における外国人労働者問題の変遷と新たな政策課題」『一橋大学研究年報 社会学研究』41 巻，一橋大学社会学部，pp. 3-60.
依光正哲編，2003，『国際化する日本の労働市場』東洋経済新報社．
依光正哲編，2005，『日本の移民政策を考える』明石書店．
連合総合生活開発研究所編，2012，『経済危機下の外国人労働者に関する調査報告書』連合総合生活開発研究所．
労働政策研究・研修機構，2006a，『欧州における外国人労働者受入れ制度と社会統合』労働政策研究報告書 No. 59，労働政策研究・研修機構．
労働政策研究・研修機構編，2006b，『ものづくり現場における外国人労働者の雇用実態に関する調査結果』JILPT 調査シリーズ No.19，労働政策研究・研修機構．
労働政策研究・研修機構編，2006c，『アジアにおける人の移動と労働市場（2006 年）報告書』労働政策研究・研修機構．
労働政策研究・研修機構，2007，『アジアにおける外国人労働者受入れ制度と実態』労働政策研究報告書 No. 81，労働政策研究・研修機構．
労働政策研究・研修機構，2008，『諸外国の外国人労働者受入れ制度と実態』JILPT 資料シリーズ No. 46，労働政策研究・研修機構．
労働政策研究・研修機構編，2009a，『アメリカの外国人労働者受入れ制度と実態』JILPT 資料シリーズ No. 58，労働政策研究・研修機構．
労働政策研究・研修機構編，2009b，『外国人労働者の雇用実態と就業・生活支援に関する

調査』JILPT 調査シリーズ No. 61, 労働政策研究・研修機構.
渡戸一郎・鈴木江理子・A.P.F.S. 編著, 2007, 『在留特別許可と日本の移民政策』明石書店.

【外国語文献】

Brettell, Caroline and James Hollifield, eds., 2008, *Migration Theory: Talking across Disciplines*, 2nd ed., New York: Routledge.

Castles, Stephen and Mark Miller, 2004, *The Age of Migration*, 3rd ed., New York: Guilford Press.

Castles, Stephen and Mark Miller, 2009, *The Age of Migration*, 4th ed., New York: Palgrave Macmillan(関根政美・関根薫監訳, 2011, 『国際移民の時代』名古屋大学出版会).

Chaloff, Jonathan, 2008, "Management of Low-Skilled Labour Migration," in OECD, ed., *International Migration Outlook 2008 ed.*, Paris: OECD.

Cornelius, Wayne *et. al.*, eds., 2004, *Controlling Immigration: A Global Perspective*, 2nd ed., Stanford: Stanford University Press.

Doeringer, P. B. and Piore, M. J., 1971, *Internal Labor Markets and Manpower Analysis*, Lexington, Mass., Heath(白木三秀監訳, 2007, 『内部労働市場とマンパワー分析』早稲田大学出版部).

Hollifield, James F., 1992, *Immigrants, Markets, and States: The Political Economy of Postwar Europe*, Cambridge, Mass.: Harvard University Press.

Hollifield, James F., 2008, "The Politics of International Migration: How Can We 'Bring the State Back In'?" Caroline Brettel and James Hollifield, eds., *Migration Theory: Talking across Disciplines*, 2nd ed., New York: Routledge, pp. 183-237.

IOM (International Organization for Migration), 2005, *Labour Migration in Asia*, Geneva: IOM.

Kamibayashi, Chieko, 2008, "Foreign Female Trainees," *Women's Asia 21 Voices from Japan*, No.20, Asia-Japan Women's Resource Center.

Koshiro, Kazutoshi, 1998, "Does Japan Need Immigration?" in M. Weiner and T. Hanami, eds., *Temporary Workers or Future Citizens?*, New York: New York University Press.

Koshiro, Kazutoshi, 2004, "Does Japan Need Immigrants?" in M. Weiner and T. Hanami, eds., *Temporary Workers or Future Citizens?*, New York: New York University Press, pp. 151-176.

Ma Youngtang, 2006, "Recent Trends & Data of Economy, Labor Market & Migration in China for 2005," a country paper for JILPT Workshop on International Migration & Labor Market in Asia.

Martin, Philip, 2007, *Towards Effective Temporary Worker Programs: Issues & Challenges in Industrial Countries*, International Migration Papers, No.89, Geneva: ILO.

Martin, Philip, 2009, "Recession & Migration: A New Era for Labor Migration?" *International Migration Review*, vol. 43, no. 3.

Murakami, Eigo, 2007, "The Consequences of Policy Reform: Japanese Industrial Training Programs & Female Migrant Workers," *Journal of International Economic Studies*, no.21, Institute of Comparative Economic Studies, Tokyo: Hosei University.

OECD, 2008, *International Migration Outlook 2008 ed.*, Paris: OECD.
Piore, Michael J., 1979, *Birds of Passage: Migrant Labor and Industrial Societies*, Cambridge: Cambridge University Press (digital printed version 2008).
Portes, Alejandro, 1995, "Economic Sociology and the Sociology of Immigration: A Conceptual Overview," in A. Portes, ed., *The Economic Sociology of Immigration*, New York: Russell Sage, pp. 1-41.
Reuben, Edwin P., 1981, "Low-Level Work in Japan without Foreign Workers," *International Migration Review*, vol. 15, no. 4.
Reuben, Edwin P., 1993, "A False Alarm about Immigration into Japan," *International Migration Review*, vol. 27, no.1.
Ruhs, Martin, 2003, "Temporary foreign worker programmes: Policies, adverse consequences, and the need to make them work," *Perspectives on Labour Migration*, no.6, Geneva: ILO.
Spencer, S., 1992, "Illegal Migrant Laborers in Japan," *International Migration Review*, vol. 26, no. 3.
Weiner, Myron, 1998, "Opposing Visions: Migration and Citizenship, Policies in Japan and the United States," in M. Weiner and T. Hanami, eds., *Temporary Workers or Future Citizens?*, New York: New York University Press.
国家統計局貿易外経統計司編,2012,『中国貿易外経統計年鑑 2012』中国統計出版社.
中国商務部,2011,『中国商務年鑑 2011』中国商務出版社.

索　引

ア

明石純一　17
アジア系外国人　112-113
アジア人労働市場　28,30
異業種組合　139
移住労働者とその家族の権利保護条約　47, 203,222
一時的移民　248
　　――受け入れ制度　197-198,201
一時的受け入れ　137-138
　　――制度　204,234
一時的外国人労働者受け入れ制度　121-122, 141,147,222,240
稲上　毅　24,28,40
移民管理　8,23,221,245
氏原正治郎　202
大河内一男　202
尾高邦雄　20

カ

外国人受け入れ積極的政策　4-5,229
外国人恐怖症（ゼノフォビア）　233
外国人研修生権利ネットワーク　162
外国人集住都市会議　7
外国人の人権保障　6,19,141,158,187,195,211
梶田孝道　16,196,225
カースルズ，S.　18
家族呼び寄せ　77,82,201-202,230,243
機会費用　155
期間工　101,103-108,111-112,115
企業単独型研修　152
企業単独型研修生受け入れ　128
帰国担保　137,217,234
技術移転　55-56,58,89,122,152,155,166-167, 174,191,204,241,247,265
技術研修　15
　　――生　15,127-130,133,139
技能育成　58,242
技能移転　38,125-126,136-137,139,167,174, 197,204-205
技能形成　55-57,63,88,108,171,199-200,226- 228,241
技能実習制度　122
逆機能　190
清川雪彦　196
金銭獲得　180,183,188
空席補充論　23-24
経済人　181-182
原生的労使関係　38,157,196
厳　善平　169
小井土彰宏　20
神代和欣　25,226
国外就業仲介管理規定　258
国際研修協力機構（JITCO）　134,154,162, 191,209,216,257
雇用対策基本計画　2,12
雇用対策法　32-33,233

サ

再技能実習　199
再入国　38
採用基準　158,165
佐藤　忍　204
佐藤　宏　170
佐野　哲　137
残業収入　59,61,107,176,180-181
3K職場　61
式部　信　23
失踪　143,153,198,220
　　――問題　160,199,209-210,212,217,242,265- 266
社会的統合　234
　　――問題　34

索　引

出証権（直接労務輸出経営権）　246, 259-261, 265
常　清秀　164
鈴木宏昌　18
生活規範　156
送金　114

タ

対外労務合作管理規定　258, 261
多就業形態　82, 84
団体監理型受け入れ　259
団体監理型研修　152
　　——制度　15, 129, 133-134, 136, 147, 153
丹野清人　39
地域社会から隔離　214, 217-218
賃金の現物支給　209
定住化　36, 121, 136-137, 201, 203-204, 217, 233
定住者　99
　　——ビザ　14, 34, 36
低熟練労働者受け入れ　6, 8, 12, 31, 41-42, 127, 221, 248
　　——制度　135, 191
出稼ぎ　76-77, 79, 81, 86, 107, 115-116, 166-168, 172, 176, 185, 189, 251, 266
　　——労働者　12, 14, 25-28, 32, 38, 76, 79, 82-83, 85, 103, 164, 169, 171, 197, 208, 225-226, 230, 248
飛ばし　242
ドーリンジャー, P.　21

ナ

内外人平等原則　195
中村二朗　231
二重労働市場　169, 199
　　——論　18-23, 231
日系人　14-15, 33, 36, 39, 53, 99-100, 106, 203, 205, 208, 228
日本型移民政策　1
日本経済団体連合会　1, 6-7
日本語能力　177, 186
日本再興戦略（改訂2014年版）　1
入国管理法（1982年）　127-128, 130
入国管理法（1990年）　2, 12-13, 15-16, 28-29, 30-31, 33, 40, 99, 133
入国管理法（2009年）　3, 16, 31-32, 37, 161, 189-190, 197, 206, 233

ハ

派遣基地　171, 267
バックドア政策　16
ハマー, T.　195
飯場的性格　76
ピオレ, M.　19, 21-23, 182, 186, 192, 198, 219, 231-232
非社会性（asocial）　183-184, 192
非正規滞在者　236
不法就労　2, 133
　　——助長罪　13, 29, 31
不法就労者　3, 7, 13, 30, 33, 36, 48, 54, 64, 76, 87, 99, 121, 127, 131, 133, 136-137, 141, 143, 206, 221, 226, 228-230, 232, 234, 243
　　——対策　31
ブローカー　17, 52-54, 65, 71, 140, 260-261
ポイント制度　3, 41, 234, 237
貿易、投資、援助三位一体型　253
ホームシック　184
　　——対策　210
ホリフィールド, J.　19, 22
ポルテス, A.　20, 22

マ・ヤ

マーティン, P.　141
ミラー, M.　18
名義貸し　190, 261
依光正哲　29

ラ・ワ

ルーベン, E.　227-228, 239
労使対立　212
労使紛争　156-157, 186-189, 214, 240
労働組合　6-7, 183, 204, 207
労働市場テスト　234, 236
ワイナー, M.　225, 229

著者略歴

1973 年　一橋大学社会学部卒業.
1979 年　東京大学大学院社会学研究科社会学専攻博士課程単位修得満期退学.
1979 年　東京都立労働研究所非常勤研究員.
1991 年　江戸川大学社会学部専任講師.
1996 年　法政大学社会学部教授.
現　在　法政大学名誉教授.

主要著作

「日本の企業と外国人労働者・研修生」(梶田孝道・宮島喬編『国際社会1』東京大学出版会, 2002 年)
「外国人IT労働者の受け入れと情報産業」(駒井洋編『国際化のなかの移民政策の課題』明石書店, 2002 年)
「仕事の持つ意味」(宮島喬・島薗進編『現代日本人の生のゆくえ』藤原書店, 2003 年)
「情報技術 (IT) の発展と雇用の変容」(舩橋晴俊編『官僚制化とネットワーク社会』ミネルヴァ書房, 2006 年)
『よくわかる産業社会学』(編, ミネルヴァ書房, 2012 年)
「高度外国人材受入政策の限界と可能性」(小井土彰宏編『移民受入の国際社会学』名古屋大学出版会, 2017 年)

外国人労働者受け入れと日本社会
技能実習制度の展開とジレンマ

2015 年 3 月 31 日　初　版
2021 年 5 月 10 日　3　刷

[検印廃止]

著　者　上林千恵子

発行所　一般財団法人　東京大学出版会

代表者　吉見俊哉

153-0041 東京都目黒区駒場 4-5-29
電話 03-6407-1069　FAX 03-6407-1991
振替 00160-6-59964

印刷所　株式会社暁印刷
製本所　牧製本印刷株式会社

Ⓒ2015 Chieko Kamibayashi
ISBN 978-4-13-050186-6　Printed in Japan

JCOPY 〈(社)出版者著作権管理機構　委託出版物〉
本書の無断複写は著作権法上での例外を除き禁じられています. 複写される場合は, そのつど事前に, (社)出版者著作権管理機構 (電話 03-5244-5088, FAX 03-5244-5089, info@jcopy.or.jp) の許諾を得てください.

越境する雇用システムと外国人労働者 丹野清人		A5・5700 円
多文化共生の社会への条件　宮島　喬		46・3500 円
外国人の子どもの教育　宮島　喬		46・2800 円
他者とともに生きる　　大村敦志		A5・2800 円
外国人の子どもと日本の教育 宮島　喬・太田晴雄［編］		A5・3800 円
移民の社会的統合と排除　宮島　喬［編］		A5・3800 円

ここに表示された価格は本体価格です．ご購入の
際には消費税が加算されますのでご了承ください．